Jacques Brel

le livre du souvenir

Jacques Brel

le livre du souvenir

par Martin Monestier

Tchou

Un autre Brel... Demain !

Pendant longtemps il a parlé au vent et dispersé sa vie dans trois directions, l'amitié, l'amour et la liberté de dire et de faire. Il était chaleureux, quelquefois brutal, toujours gai et pourtant inconsolable.

A dix-huit ans, après de mauvaises études dans un collège religieux, il se trouve face à une destinée toute tracée. Commerce, argent, confort, insignifiance, c'est-à-dire l'ordre établi dans une famille bourgeoise. On est sûr qu'il s'en contentera.

Que se passe-t-il ? Un coup de folie ? Non, cet homme est *sage*, et il le prouvera. Mais il refuse de se laisser enfermer dans le destin qui lui semblait offert par une prospère cartonnerie... pardon, tapisserie paternelle.

Il choisit de s'enfuir. Il ne va pas très loin. Paris est tout près pour qui veut y accumuler les désespoirs et les dettes. Comme il écrit déjà, il monte lui-même sur la scène, et, à vingt ans, débute dans les tripots. Mais succès et popularité se font attendre. Pendant plusieurs années, il court sur les chemins et mène la vie rude, famélique, mais heureuse aussi, des nomades en marche. Il va puiser dans ses courses des tableaux naïfs et mouvants, des élans et des peines populaires. Mais toujours, il revient à Paris, son autre cœur, qu'enfin il va faire battre. Bientôt la trentaine et aussi trois enfants. Que lui reste-t-il à vivre ? Quinze ou vingt ans ? Moins encore pour bâtir son œuvre, car, dans les huit dernières années de sa vie, sa santé ne cessera jamais d'être précaire. Il faut faire vite. Il fera vite, très vite.

Avec son poids d'homme, son chargement de tendresse et de secrète dignité, il va s'épuiser, s'entêter, et même se blesser à attaquer et à défendre.

Ennemi déclaré de toutes les « retenues dangereuses » et de tous les mensonges, il s'élève en fléau du vice et du ridicule, son courage est en état d'insurrection permanente. Dans toute son œuvre, on le sent présent, *bataillant*, provocateur. Très appliqué quand il le faut, mais vulnérable, parce que trop humain, toujours !

Ses armes ? Un procédé d'expression inouï, une manière de manier le vers et de vous convaincre. Savoureuse, mordante, sa langue est en fait la meilleure que l'on puisse parler au théâtre. Elle multiplie les traits truculents, les attendrissements et les haut-le-cœur. Elle incarne la résignation qui se rebelle. D'une manière presque ingénue, large et simple, son verbe dissèque les grandes passions de l'humanité : les vôtres, les miennes.

Mais cet homme est aussi un interprète de talent. Tout son mime est ironique, tendre, narquois, méchant aussi, souvent.

Ses contemporains l'appellent le « peintre » tant il a su décrire certaines laideurs sociales. Souvent fatigué, quelquefois abattu, il n'a pourtant cessé d'employer son génie poétique à exorciser les tares bourgeoises et la médiocrité ; à se moquer des ridicules, des tartuffes, des dévots, des beaux esprits, à rager contre les maris trahis, les amis partis, les amours trichées.

Il fut un miroir redoutable mais salutaire. A la cinquantaine, toujours en discorde avec l'Église, il s'en est allé.

Seul reste ce qui fut joué et...

– Je vous interromps ! savez-vous quelle dernière prière Jacques Brel adressa à ses amis ! Il leur a dit : « si vous m'aimez, fermez vos gueules ».

– Mais... je vous contais la vie de Molière !

Martin MONESTIER

Litanie pour un retour

Pour tous ceux qu'on a laissé partir
sans regret ni chagrin.

Jacques Brel est mort dimanche.
Il avait dit : « si vous m'aimez, fermez vos gueules ». Et aussitôt, les amis, les gens du métier, la presse, le monde des arts, de la politique, vont *l'ouvrir* et lui rendre un hommage vibrant, fervent et amical.
A la radio, le jour même, Paugam nous fait entendre Cayatte, Coquatrix. Puis on écoute Barclay... Et d'autres encore parlent de l'homme et de l'œuvre.
Mais comme Brassens dira :
« On ne pouvait pas le laisser partir comme ça ! »...
Alors...

Le soir même, T.F.1. diffuse un de ses films, et Trenet, Leclerc, Manuel... et d'autres encore parlent de l'œuvre et de l'homme. Puis Averty et Crépineau lui dédient leur émission.
Sur Europe 1, Collaro, toujours intelligent et créatif, ouvre son micro aux auditeurs qui réclament les disques du disparu.
Un hit-parade en somme. Bécaud, Renard, Reggiani... et d'autres encore parlent de l'homme et de l'œuvre.
Mais comme Brassens dira :
« On ne pouvait pas le laisser partir comme ça ! »...
Alors...

Lescure se livre à une rétrospective émouvante d'une heure, et Alphonsi à la même, sur huit jours. R.T.L. dépoussière tous ses vieux commentaires et interviews. Clerc, Legrand, un ministre... et d'autres encore parlent de l'œuvre et de l'homme.
Mais comme Brassens dira :
« On ne pouvait pas le laisser partir comme ça ! »...
Alors...

Peysson, Drucker, mélodies à l'appui, font des évocations. Schu lui dédie une émission spéciale. Un Disque d'or lui est entièrement consacré. On y parle de l'homme et de l'œuvre.
Mais comme Brassens va dire :
« On ne pouvait pas le laisser partir comme ça ! »...
Alors...

A la télévision, on le célèbre sans tarder. F.R.3 renvoyant l'écho à T.F.1, et Antenne 2 recevant Canneti et Brassens, qui parlent de l'homme et de l'œuvre.
Et Brassens dit :
« On ne pouvait pas le laisser partir comme ça ! »...

Puis tous ces hommages, ces rétrospectives, ces flashs-souvenirs s'estompent et s'oublient. Alors apparaissent les bréviaires pour midinettes. En moins de temps que Dieu n'en mit pour faire le monde, ces suppléments à dix francs expédient l'œuvre et l'homme. On a reconnu des politesses commerciales, des dédicaces et des chagrins de circonstance, des élévations au culte du « marché », en un mot des mésalliances.

Et l'on entend, en écho de Brel, François Robert diriger un bizarre orchestre. C'est la formation des silencieux. En solistes, Lino Ventura, Juliette Gréco, Charley Marouani, Gérard Jouannest et quelques autres interprètent sans fausse note et sans public une étrange partition : « Observez le silence ; respectez le chagrin. »
Alors pourquoi ce livre ?
Mais parce que Brassens a dit :
« On ne peut pas le laisser partir comme ça ! »
— Vous vous servez de sa notoriété à votre profit !
— Il s'est servi des *Flamands*, des *Jojo*, des *Madeleine*.

J'ai essayé en écrivant ce livre de retrouver les *pourquoi* et les *comment* qui semblent avoir guidé cette destinée exceptionnelle. Parmi tous les hommages qui lui ont été *servis*, certains réfléchissaient le tact, la pudeur, la délicatesse et même la tendresse : ils montraient du savoir-vivre envers un savoir-mourir. Pour cela, ces textes ouvrent cet ouvrage, et, je l'espère, m'ont servi de modèle.

Au jour du grand voyage

Quand un artiste s'éteint, c'est comme si l'arc-en-ciel s'appauvrissait soudain d'une couleur. Quand un chanteur se tait, c'est comme s'il manquait soudain un instrument qui tenait sa partie dans le grand concert. La voix chaude, rauque et désespérée de Jacques Brel était inséparable des chansons tristes, brutales, provocantes où elle s'incarnait. Elle savait aussi se faire douce et caressante lorsque resurgissait, comme une rivière refait surface après avoir disparu sous terre dans une perte, le flot d'une tendresse profondément enfouie.

Brel aimait trop, de trop d'amour, l'amitié, l'amour, les femmes et les hommes, pour n'avoir pas été, très tôt, déçu et blessé par ce que les femmes, les hommes — et lui-même — étaient capables de faire de l'amitié et de l'amour. Son irrépressible besoin de solitude n'était qu'une immense tendresse inversée, parce que désabusée, qu'un élan du cœur refréné par l'expérience et la raison. Mieux vaut en rire, et même en ricaner, de peur d'en pleurer.

« On est deux à vieillir
Contre le temps qui cogne
Mais lorsqu'on voit venir
En riant la charogne
On se retrouve seul. »

On croyait, s'arrêtant un peu vite aux apparences, qu'il chantait le malheur d'être Belge, qu'il prenait pour cibles les bigotes, les Flamandes, les bourgeois.

Il faut bien donner des noms et des visages à ses haines, mais ce qu'il dénonçait, c'était en fait le malheur d'être un homme, l'hypocrisie, la bêtise, et la vie même qui fait de nous ce que jamais nous n'avions pensé être, ce que nous nous étions bien juré de ne jamais devenir, gros, laids, chauves, lâches — et vieux. D'une certaine manière, et alors même qu'il luttait désespérément pour faire lâcher à la mort sa terrible prise, au moins aura-t-il eu la consolation d'échapper à tout ce qu'il pouvait redouter comme une déchéance.

Dominique JAMET
L'Aurore

Le chemin des solitudes

Il était d'une tribu moins peuplée qu'on ne croit. Celle dont les ressortissants savent qu'ils vont mourir un jour. Ce savoir ne fait pas des êtres qui le possèdent des mort-nés. Il leur évite souvent de se costumer en pitre et en malveillant dans le but de rendre grâce à la toute-puissante médiocrité. Ils sont empêchés de bassesse.

Le public, note-t-on, a besoin de mensonge. Ce travers lui forge un destin de dupe. Il hisse sur d'innombrables pavois des hommes et des femmes qui ne méritent pas la confiance qu'on leur accorde, l'amour qu'on leur offre. Parfois — ô bien rarement — la lucidité l'effleure. Il reconnaît la sincérité. C'est le miracle. Le choix de Brel qui, pourtant, ne lui mâchait pas ses mots, fut un de ces miracles.

Il nous reste à dévisager la tragédie.

Louis NUCERA
Figaro-Dimanche

La pitié et la potence

Chez Piaf, on retrouvait les lieux communs de l'émotion à plusieurs : peu importait le langage. Chez Trenet, on s'assimilait à quelque lutin, amusé par les petits émerveillements quotidiens. Chez Ferré, on apprenait, comme chez Prévert, à rouspéter, au sein d'une société faite de simulacres et de tricheries. Brel était différent : la voix rauque et criarde mise à part, la haine écartée, on pouvait relire ses textes comme des poèmes, sans le support de la musique, un peu comme ceux de Brecht – privés des sonorités de Kurt Weill. C'est qu'un univers particulier traversait cet esprit, à la fois de notre temps et venu du Moyen Age.

Ce Moyen Age avait des accents de mort et de danse macabre ; Dürer était passé par là, ainsi que les bals de taupes, comme en décrivaient les Flamands qui tremblaient devant la Dame à la faux et qui, pour l'oublier, organisaient des kermesses. L'homme était pour Jacques Brel une denrée périssable : alors, dans Anvers ou dans Amsterdam, comme chez Breughel ou chez Jordaens, pourquoi ne pas s'empiffrer jusqu'à l'apoplexie — bière, femmes et singeries — au bord de la tombe ?

Mais il était profondément de notre temps. Il chantait l'absurde et le combattait par quelque chose de désarmant : une sorte de tendresse honteuse. Il s'accrochait à un copain idiot, à un bout de plaine plate très dérisoire, à des fiançailles qui allaient finir en eau de boudin. Il ne s'apitoyait pas : il disait, avec une maladresse directe et brutale, son immense solitude. A ses yeux, il fallait toujours s'excuser d'être en vie. Quand on le dérangeait, il lançait des anathèmes pour nous jeter dans la prison du ridicule. Il n'épargnait personne, par une solidarité à rebours où les jeux de mots avaient une flamme de paradis et d'enfer tout ensemble.

Il y avait du Villon en lui, du Ghelderode aussi : un poète qui nous étripait, comme pour mieux découvrir le secret d'un cœur déformé. Quelque part, il rejoignait notre silence hurleur.

Alain BOSQUET
Le Monde

L'ami des heures de brume

Elle s'amuse, tiens, la jeunesse ! Je parle naturellement de ma jeunesse. Des anciens combattants de ma classe. Des princes de l'acné juvénile qui me firent l'honneur d'avoir seize ans en même temps que moi.

Ceux qui s'appelaient « les copains ». Pas ceux de Jules Romains, ceux de Daniel Filipacchi.

A vous entendre, les copains, c'est à croire que nous ne mettions sur nos *Teppaz* que les disques des Chats sauvages ou des Chaussettes noires. D'après vous, on séduisait les amies de nos sœurs avec les mots de Johnny Hallyday chantant *Retiens la nuit.*

Eh bien, les copains, vous mentez. Vous êtes probablement devenus des gens tout à fait considérables,

n'aimant pas se faire traiter de menteurs, mais ça m'est bien égal : aujourd'hui, en votre nom, je vais dire la vérité. Parce qu'on lui doit bien ça à Monsieur Brel...

Johnny, Dick Rivers, Eddy Mitchell, Cliff Richard, les Shadows, c'était bon pour nos samedis, dimanches et jours de fête. Pour la parade.

Mais il y avait les autres jours. Nos Grands Soirs à nous, nos crépuscules d'amour.

Je nous revois, dans nos étages, avec Paris-sur-Automne au-delà des fenêtres. On s'allongeait sur le lit, on allumait une Gauloise, on ouvrait *Le Grand Meaulnes* (pour ceux qui avaient le cœur en enfance) ou *L'Etranger* (pour les autres, ceux qui avaient déjà léché sur leurs lèvres les amertumes philosophiques). Un verre de bière, les mains croisées sous la nuque, on se persuadait : « Personne ne peut me comprendre. Une petite fille m'a quitté ce soir, à la sortie du cours, et j'ai mal. Je suis tout seul. »

Mais non, aucun de nous n'était tout seul. Mais oui, il y avait quelqu'un qui nous comprenait. Quelqu'un qui ressentait comme nous les choses de l'amour, et qui les disait tellement mieux que nous !

C'était Jacques Brel.

Brel n'était pas catalogué « idole des jeunes ». Les grandes personnes l'écoutaient chanter, et elles trouvaient ça bien. Ce que les grandes personnes ne comprenaient pas (ce qu'elles ne comprennent peut-être toujours pas aujourd'hui...), c'est que Brel était notre fou du roi : il hurlait ce que nous n'osions pas (ou ne savions pas) murmurer.

Tenez, quand apparurent sur le marché les premiers magnétophones vendus à des prix abordables, on cessa d'envoyer des lettres à nos petites amies. On achetait des albums de Brel, on repiquait tel ou tel passage, on faisait une sorte de montage sonore, et on expédiait la bande à la petite sirène cruelle.

A la bourse des offrandes de l'amour, une chanson de Brel valait deux fois douze roses.

On a trop dit que nos porte-parole étaient James Dean, Elvis Presley ou Paul Anka. On ne comprenait pas très bien ce qu'ils disaient. Brel, en revanche, on comprenait. Mais on gardait ça comme un secret ; il était l'ami des heures de brume.

Que voulez-vous, toute adolescence est un plat pays...

Avant lui, il y avait eu François Villon et Rabelais, Rousseau et Voltaire (mais oui !), Rimbaud et Verlaine, puis Eluard, puis Prévert. Cet arbre généalogique vous étonne ? Pourtant, des millions d'enfants se sont reconnus en eux comme d'autres enfants — les enfants de l'audio-visuel — se reconnaissent en Jacques Brel.

Brel est mort, et il dormira dans la terre rude des îles Marquises. Mais moi, je sais bien que Brel n'est pas aussi mort qu'on le dit. Ses chansons lui survivront, mais ce n'est pas le plus important. Ce qui le maintient vivant, c'est autre chose. C'est d'être, *ad aeternum*, la musique et les paroles de nos amours, c'est d'avoir chanté nos premiers baisers, nos premières caresses. D'avoir gueulé, de sa voix cassée, nos premiers cris de désespoir.

Il se mouillait à notre place. Il allait aux premières lignes, sous le feu, le feu de la rampe et le feu de l'indifférence, et il tendait ses mains bizarres, livides et pleines de nœuds, ses mains un peu comme des arbres tragiques, et il disait :

« Quand on n'a que l'amour à offrir en partage... »

Et c'est vrai, dans le fond, que c'est notre seule richesse, l'amour ! Nous avons tous eu envie de crier ça.

Allez, allez, Monsieur, nous sommes tous des Jacques Brel, une fois !...

Didier DECOIN
V.S.D.

Brel : un Céline de la poésie

Le voilà enterré, docile, sous des chrysanthèmes de rhétorique. Jacques Brel, poète de l'amitié, aura demain des milliers d'amis : il était si gentil !

C'est tout le contraire : il savait être méchant. Les curés, les bourgeois, les militaires furent pour lui des objets d'injure. Il nous a fait grincer des dents, et les hagiographes de tous bords vont transformer cet acide en sirop. Ce serait trop commode.

Nous connaissons tant de déboires avec les vivants qu'il nous faut des consolations avec ceux qui ne sont plus. Jacques Brel, lui, ne se gênait pas pour déranger, pour attaquer, pour dire zut. On oublie trop qu'on l'a détesté : il faut aujourd'hui l'aduler. On se fait de faux souvenirs avec des vies imaginaires.

Comme un Céline de la poésie, il a craché sur la guerre et sur la paix, dénoncé l'hypocrisie, chanté les hommes de rien et les paumés de toutes sortes, démystifié les fausses grandeurs. Pour parler d'un port hollandais, il évoque les odeurs de bière et les hoquets d'alcooliques. Les dentiers et les rancunes, quand il s'agit des amours des vieux. C'est la vérité grossière.

Pourquoi veut-on faire des saints ? Jacques Brel n'est pas un saint. Un peu voyou, un peu poète, il nous rappelle à la nécessité première : être mal élevé. Il n'y a pas de raison d'inhumer les cadavres en smoking.

Renaud MATIGNON
Le Figaro

La chanson comme un combat

Il a écrit *Le Moribond, La Mort, Le Tango funèbre, Le Dernier Repas,* et surtout : *J'arrive*... Et il est arrivé, en effet, au terme de son galop d'enfer.

Car Jacques Brel a toujours porté *sa* mort en bandoulière, crânement, ostensiblement, telle l'ultime perle du collier de son destin... C'était peut-être sa façon à lui de l'exorciser. Et c'est pour cela que chacune de ses apparitions ressemblait à un combat, à une lutte contre la tentation du *mal faire*. Il y a des chanteurs-compositeurs qui se vautrent dans leur musique, qui s'en barbouillent leurs juvéniles babines, d'autres qui la chevauchent et se laissent porter par elle, et vas-y comme je te pousse ! Il y en a — la majorité — qui semblent esclaves des mots qui leur échappent, dominés par un verbe qui les écrase, prisonniers des phrases qui les ligotent, enfermés dans des rythmes qu'ils ne dominent pas et empêtrés dans une mélodie qui les méprise.

Brel, lui, face à nous, seul sur cette scène toute noire qui devenait l'écrin de sa solitude, son champ de bataille en quelque sorte, tout entier investi dans cette lutte acharnée et implacable que l'on appelle la création, sans truquage, sans filet, avec rage et fureur parvenait, à l'issue de la mêlée, à dompter sa musique, à dominer sa phrase, à triompher des mots, à plier le rythme et la mélodie à sa volonté de nous dire ce qu'il avait à nous dire, ni plus, ni moins. Et de cette empoignade sortait, tel un communiqué de victoire du cœur et du talent sur la pesanteur des choses, une chanson. Une chanson de Brel.

Au point que son combat contre la mort se confondait avec cette bataille-là, dont nous fûmes pendant vingt ans les profiteurs privilégiés.

C'est dire que Brel était un authentique poète et qu'il savait chanter avec des mots ce qu'il pouvait écrire avec des notes. Chez lui, la mélodie n'était pas seulement le réceptacle du message, mais sa sève.

Si d'ailleurs la poésie aujourd'hui, la poésie écrite que l'on publie en petites plaquettes, ne se vend plus, c'est en grande partie parce que la chanson projetée dans nos têtes par l'omniprésence des médias a pris sa place. Et la jeune fille romantique qui, au XIXe siècle, avait sur sa table de nuit, pour bercer ses insomnies sentimentales, les œuvres de Marceline Desbordes Valmore, possède aujourd'hui le dernier Le Forestier, le dernier Julien Clerc, le dernier Brel qu'elle fait inlassablement tourner sur son tourne-disque pour battre la chamade de ses états d'âme. On fredonne aujourd'hui *Le Plat Pays,* comme on récitait hier le sonnet d'Arvert, et pourra-t-on désormais se l'imaginer ce pays-là, sans revoir, au ras des vagues de dunes qui arrêtent les vagues, ce ciel si bas qu'un canal s'y est perdu ? Une chanson comme *Au suivant* joue à l'égard de l'institution militaire le même rôle qu'il y a cinquante ans une pièce de Courteline. *Les Bigotes,* c'est un peu le mini-tartuffe de l'ère du 45 tours... Il y a comme du Breughel dans *les Flamandes*, du Maeterlinck dans *Amsterdam*, du Géraldy dans *Ne me quitte pas*... du Brel, un point c'est tout, dans *Ils ont tué Jaurès*. Il fut un temps où la grande foule se retrouvait aux obsèques d'un Victor Hugo... parce que ses vers faisaient partie intégrante de la mémoire collective d'un peuple. « Mon père ce héros au sourire si doux »... « Waterloo, Waterloo »... Cela trottait dans les têtes comme le signe – parfois la révérence – qu'une génération faisait à l'autre.

Aujourd'hui, c'est la chanson qui joue un peu ce rôle de mémoire collective, fredonnant à notre oreille cette nostalgie sans laquelle le présent ne serait plus qu'un piège. C'est bien pourquoi résonneront longtemps en nous ces mots joliment couchés sur le divan de leur musique :

« Et je t'offrirai des perles de pluie venues de pays où il ne pleut pas. »

Et cela même si – la création ayant rappelé à elle le créateur – nous n'avons plus de raisons d'y ajouter « ne nous quitte pas, ne nous quitte pas ».

Jean-François KAHN
France-Inter

On m'a dit

On m'a dit Brel-gique. On m'a dit Brel gai, Brel triste, Brel fou, Brel malade.

On m'a dit ses nuits blanches à pas finir de raconter des histoires, ses bocks de bière jonchant les tables, ses tournées sur routes verglacées, lui seul à conduire dans toutes les Ardennes, parce que pari, défi, saltimbanque. On m'a dit son acharnement à retourner, en costume-cravate, dans l'eau glacée du Zoute, un mois de novembre, à cinq heures du matin, dix fois, onze fois, pour faire mourir *Frantz*.

On m'a dit que Brel était un homme de nuit, qu'il était un homme de jour, qu'il était famélique et qu'il était gourmet, qu'il avait mal à son miroir tous les matins et qu'il devenait beau sous les projecteurs blanc-violent de l'Olympia.

On m'a dit qu'il pouvait piloter des Boeings, jusqu'aux 747, et qu'il vomissait avant d'entrer en scène. *Chaque fois.*

On m'a dit que ses paysages étaient faits des eaux grises et mourantes de l'hiver, mais qu'il avait besoin du soleil, des tropiques, des Marquises torrides pour vivre, pour respirer.

On m'a dit qu'il n'aimait pas beaucoup les femmes, lui qui leur avait trouvé des perles de pluie venues d'un pays où il ne pleut pas.

On m'a dit qu'il avait rompu très jeune avec sa famille et que ses premiers cachets avaient servi à acheter une machine américaine pour l'usine de son père.

On m'a dit qu'il donnait son argent à tous vents, mais aussi que sa femme gérait pour lui ses biens, ses poèmes, ses trésors.

Je ne connaissais que l'ermite sauvage, ennemi de la presse, sans concessions et l'on m'a parlé des soirées de liesse qu'il avait animées.

Ce misanthrope, ce marginal fort, pur et dur avait payé trois cures de désintoxication à un jeune fou de rencontre qui lui avait un jour demandé de l'argent.

Lui, le mécréant, l'anathème, a gardé pour ami jusqu'à la fin un curé, un vrai, qu'il allait voir à chaque retour.

On m'a dit qu'il était laid, maladroit de son corps et, pourtant, des femmes très belles l'ont voulu, l'ont traqué, l'ont gagné.

Quand il est parti vivre si loin de tous, à trente-cinq heures de vol d'Europe, à huit jours de Paris avec les attentes, il écrivait à son ami d'enfance, Frantz : « A tout à l'heure » sur une carte postale.

On m'a dit qu'il avait passé des nuits entières dans une arrière-salle de cabaret, pour retrouver quelques copains, lui le grand cheval piaffant d'impatience devant les minutes, les jours, le temps, trop vite, toujours trop vite.

On m'a parlé d'un homme si pressé de vivre et d'un autre, le même, qui savait attendre des années pour tomber juste, au moment juste.

On m'a dit qu'il avait gagné partout, réussi toujours ce qu'il avait entrepris, lui qui ne chantait que l'échec, le désespoir appris par cœur, ou désappris, le désespoir, sans cesse revenu. Tout réussi, oui. Sauf *le Far West.* Et *le Far West,* on m'en a parlé aussi. On m'a dit que son cancer avait commencé à la fin du tournage. Qu'il le savait. Qu'il s'en moquait puisqu'il y avait encore des sous-marins à connaître et vingt mille lieues sous les mers et plein d'étoiles dans la voie lactée et courage, Brel, courage, et après ?

Ils m'ont tellement dit, Frantz, Pierre, Jacques, Edouard, Henri, Zozo, Janou, tellement, qu'à un moment, je me suis vraiment demandé qui c'était. J'avais les voix, les mots de ceux qui le connaissaient bien, j'avais leurs regards, leur accueil, leur mémoire. Mais le Jacques Brel qu'ils me tendaient, je n'arrivais pas à l'attraper, comme dans un rêve triste où le visage qui s'approche se transforme en porcelaine. Et puis, un de ses amis, juste avant mon départ, m'a projeté une ancienne interview de Brel. Trois heures. Pendant trois heures, il parle de sa vie, des gens et des choses qu'il aime. A un moment, en répondant à une question sur son métier, il dit, très vite, une phrase, et c'est la seule que j'ai vraiment retenue par cœur, peut-être pour la véhémence avec laquelle elle était prononcée : « Il *faut* se tromper, il *faut* être imprudent, il *faut* être fou. On est infirme, autrement. »

Joanne ESNER

Jacques Brel : le silence

« Mourir face au cancer par arrêt de l'arbitre. » C'est un des vers de *Vieillir*, l'une des chansons enregistrées par Jacques Brel, l'automne dernier, après dix ans de silence. L'arbitre a jeté l'éponge. Le Grand Jacques a cessé le combat. A quarante-neuf ans.

« Que personne ne parle de moi après ma mort », c'était son souhait. On ne l'a pas respecté. Tout le monde s'est cru obligé de lui donner du poète, lui qui disait : « Je nie la notion d'artiste, je tolère celle d'artisan. » Mais il survivra aussi aux hommages qu'on lui rend. Quelle grossièreté ont les vivants ! Sa voix diffusée jusqu'au vertige n'a pas cessé, le jour où il nous quittait, de répéter sur toutes les antennes la déchirante litanie de la rupture : « Ne me quitte pas, ne me quitte pas... »

Que faire ? Pour dire la peine qu'il soit parti, et le bonheur qu'il soit venu, pour évoquer ce baladin intransigeant jamais content, avec son sourire d'ogre que démentait le regard d'une assez intolérable lucidité. Il n'a jamais parlé que de lui, sa belgitude, sa solitude, la flamboyante grisaille du quotidien, la bêtise qui fait déraper la passion, il n'a jamais parlé que de lui, et, pourtant, il a parlé au plus grand nombre. C'est quoi ça ? Le talent ? Non, c'est autre chose, de mieux, de plus rare, d'indicible. Comment dire ? D'abord, ne pas se souvenir de lui à l'imparfait. Se rappeler sa présence. Au présent.

Danièle HEYMANN
L'Express

A mon dernier repas, je veux voir ces drôles dont je fus maître et roi

En ce mois de septembre, la saison des pluies est en retard, tout là-bas. C'est leur façon à elles, aux îles, de pleurer avec des larmes sèches. Plusieurs fois déjà, aux carrefours des villes et des ports, on avait vu un spectre le regarder hisser ses voiles : silhouette de « vieille fille ». Il la méprisait et la raillait en disant la « gueuse ». Elle répondait qu'on la moquait trop souvent et qu'elle pouvait, pour ses noces magiques, empoigner toujours l'homme qu'elle voulait.

Au soir, à l'heure où les chiens tournent à nos pieds et s'endorment, la « faucheuse », comme l'appelle le copain, est passée l'embrasser. On comprit qu'il était choisi.

Au matin, à l'heure du premier métro, on apprit qu'elle l'avait emmené. Ce jour-là, elle a simplement dit qu'ils partaient ensemble chez la « marquise », un ancien amour à Gauguin.

« Ils » décidèrent qu'on ne pouvait pas le laisser partir comme ça. Quand on a habité les mêmes valises, on ne se quitte pas sans un salut.

Alors, tous allèrent le saluer dans son vaisseau à quatre planches de bois. Les plus tendres s'approchèrent d'abord. C'étaient les marins aigris qui étanchent leur soif dans le port d'Amsterdam et les taureaux qui vont mourir sous le chaud soleil d'Espagne. Puis, à leur tour, s'avancèrent les connards, les putains, les sacrifiés que bousculaient les paumés du petit matin. Après les amoureux éconduits et les amantes tricheuses, entre les collégiens et les pédérastes, vinrent ceux qui ont rêvé une fois, rien qu'une fois, une fois seulement, d'être beaux et cons à la fois. D'autres se montrèrent, soldats encasernés, maris qui se demandent comment tuer l'amant de leur femme, dévotes avec leurs diamants entre les fesses. Place !... Voilà les Flamands enivrés. Enfin... Madeleine, tellement jolie, qui cette fois est venue. Et Mathilde, sacrée Mathilde ! Et puis Jef qu'il faut consoler. Et Fernand qu'on a enterré. Et Germaine avec ses bonbons. Place !... Pour Antoine qui moribonde, pour les ivrognes qui cahotent, pour les vieux qui ont quitté leur fenêtre. Même Titine est venue avec ses douze enfants.

C'est alors qu'il leur a dit :

« Quand je ne chante pas, je fais de l'avion, ou j'en rêve. Ce qui est beau, c'est de foncer en rase-mottes dans les nuages. On trouve des routes, on suit des avenues, on se perd. »

Mais eux ne comprenaient pas. Alors, en silence, ils se sont mis à attendre. Avant le lever de la lune, il s'est envolé vers l'archipel. On sait seulement que c'est de l'autre côté des Flandres, au-delà du canal. Alors, tous, qui étaient venus, furent consternés. Ils comprirent qu'ils souffraient d'une maladie honteuse. Une qui vous condamne à ne jamais pouvoir mourir au printemps. Une qui vous condamne à errer dans les mémoires jusqu'à la fin des temps, parce que vous représentez l'absurdité de tous les chagrins.

C'est la naissance de ces immortels que je me propose de vous raconter.

M.M.

Quand on a été élevé comme

moi dans la tradition...

La demeure de la famille Brel, Bruxelles 1929.

Mon père disait...

1929, c'est au temps où Bruxelles rêvait.

C'est la Belgique du roi Albert, le roi chevalier, et de la reine Elisabeth, les deux héros de la Première Guerre mondiale. C'est la Belgique de la monarchie, des cardinaux et de la banque. 1929, c'est aussi le charleston, les premiers meubles en tube nickel, les premiers cheveux courts pour les femmes, l'apparition des phonographes dont on remonte le mécanisme à la main, et le balbutiement du cinéma sonore.

Chacun tente d'effacer de sa mémoire le spectre épouvantable de la crise financière et sociale de 1926. On se prépare, dans une euphorie un peu forcée, à célébrer le centenaire de l'Etat belge par les expositions internationales de Liège et d'Anvers.

Le 8 avril 1929, alors que le cabinet du Premier ministre, Monsieur Marcel Henri Jaspar, est mis en difficulté à la suite de son projet de flamandisation de l'université de Gand, à Schaerbeek, au nord de Bruxelles, dans un quartier résidentiel datant du début du siècle, naît un enfant comme tant d'autres. Monsieur Romain-Jérôme Brel et sa femme Elysabeth Lambertine décident de prénommer ce fils Jacques. Monsieur et madame Brel sont mariés depuis le 3 décembre 1921. Ce « nouveau venu », est leur quatrième enfant. Un frère, Pierre, l'a précédé d'un peu plus de cinq ans. Malheureusement, un drame s'est abattu quelques années auparavant sur cette famille. Les deux premiers enfants, des jumeaux, Pierre et Nelly, nés au Congo le 13 août 1922, sont morts âgés de quelques semaines, les 23 et 25 septembre de la même année.

Les Brel, qui ont plus que beaucoup d'autres souffert de la crise, ne seront pas les derniers à recueillir leur part de la prospérité cahotante qui renaît. De « bonne bourgeoisie », la famille Brel possède quelques biens immobiliers, notamment leur demeure de Schaerbeek au 126, rue du Diamant, sur le chemin qui mène au parc de Laeken. Jérôme Brel, qui a décidé de tirer un trait sur ses vingt ans de négoce au Congo, s'associe avec son beau-frère, Vanneste, mari de sa sœur Léontine, pour fonder une fabrique de cartonnage dont l'importance va aller sans cesse grandissant. Chacun loue volontiers dans les milieux industriels de la ville son acharnement au travail. Grand, très fort, le visage énergique, les yeux bleu faïence, réservé jusqu'à en paraître secret, cet homme autoritaire est fort sévère justement sur tout ce qui touche au chapitre du travail. Chaque jour, il parcourt la cotation des valeurs boursières et certains journaux de langue anglaise dont il estime la lecture indispensable à ses activités. S'il parle rarement d'ordinaire avec les siens de ses affaires à la cartonnerie, c'est volontiers qu'il évoque ses aventures congolaises.

Gai comme le canal

C'est un homme fin et cultivé qui joue du piano pour se détendre, et d'une espèce de petit accordéon octogonal dont il se servait déjà en Afrique pour occuper ses longues soirées. C'est aussi un homme d'un autre siècle. Il est né en 1883. L'origine d'un individu, le climat dans lequel se sont déroulées son enfance et son adolescence, en un mot, les « antécédents », comme disent les magistrats, sont parties prenantes du développement de sa personnalité. Nul doute que les souvenirs exotiques de Romain Brel aient attisé le feu des premières rêveries de son fils Jacques. Quand on a dix ans, comment ne pas s'émerveiller des descriptions de la brousse congolaise avec ses zèbres qui fuient par millers, ses éléphants qui chargent, les *boys* qui vous ouvrent la route à coups de serpe ?

Souvent, Romain Brel emmène son épouse au théâtre de la Monnaie, du Parc ou des Galeries. De temps en temps, il l'accompagne au concert, au palais des Beaux-Arts. Pourtant il se méfie un peu des intellectuels et des *artistes* et restera complètement étranger au monde du spectacle dans lequel, bien plus tard, évoluera son dernier fils.

Les premières années de la vie de Jacques Brel sont de celles que l'on dit sans histoire. On est catholique et on va à la messe le dimanche, même si ce rendez-vous hebdomadaire marque davantage le respect d'une institution garante de l'ordre établi, plus qu'une conviction profonde. On connaît l'opinion de Napoléon, selon laquelle « un curé vaut trois gendarmes ».

En réalité, les Brel sont des libéraux. Le propre grand-père de Pierre et de Jacques Brel a même été un ardent militant du parti. Ce grand-père dont il dira : « Il était gai comme le canal, et on voudrait que j'aie le moral. » L'enfance des riches n'a rien à voir avec l'enfance des pauvres. La pauvreté rudoie, la richesse protège, isole. Libéraux donc, tolérants, mais conformistes.

Il ne peut s'agir pour les Brel de laisser leurs rejetons fréquenter une de ces *écoles sans Dieu* que sont les écoles publiques. La première *mise à l'abri* de Jacques s'effectue un jour d'octobre. En tablier noir sous son manteau de tweed, il fait sa première rentrée des classes chez les frères Saint-Viateur. L'année suivante, il prend le chemin de la rue du Marais où l'institut Saint-Louis, établissement jouissant de la meilleure réputation en Belgique, dresse sa rébarbative silhouette. Monde immense, démesuré, glacial pour le nouvel élève. Il y restera plusieurs années dans un va-et-vient incessant entre une chapelle aux odeurs d'encens et une cour de récréation. Immense quadrilatère pavé, sans un arbre, cerné sur trois côtés par les hauts bâtiments des salles d'études et sur le quatrième par un mur blanc de ciment, haut de dix mètres.

Derrière la ligne Maginot

En 1939, l'année des dix ans de Brel, une nouvelle guerre qui menace depuis longtemps vient d'éclater au mois de septembre entre la France et l'Angleterre d'un côté, et de l'autre, l'Allemagne d'Adolf Hitler, dont les troupes viennent d'envahir la Pologne.

Emmuré dans son collège, le jeune Brel grignote sa gomme et, comme tout bon écolier qui se respecte, mâchonne le bout rouge de son porte-plume en regardant par la fenêtre, seule évasion permise d'une classe triste et pesante. Parmi ses condisciples, *ceux qui ont la chance d'apprendre, dès leur enfance, tout ce qui ne leur servira pas,* il fait semblant de poursuivre ses études gréco-latines.

Fidèle à sa politique de neutralité, dite *indépendante,* la Belgique a refusé la *garantie* de la France et de l'Angleterre, espérant ainsi se préserver des foudres hitlériennes et se maintenir, cette fois, en dehors du conflit.

Alors qu'en septembre de cette sinistre année 1939, pour la cinquième fois de son histoire, la Pologne allait être partagée cette fois entre l'Allemagne et son nouvel allié, l'Union Soviétique, Jacques, au milieu de ses laborieuses études, va se prêter à un événement qui réjouit les familles : la première communion, qui vient inexorablement sanctionner ses années de catéchisme.

Pendant que retranchés, les uns derrière la ligne Maginot, les autres derrière la ligne Siegfried, Français et Allemands attendent, Jacques Brel, mains jointes, yeux baissés, brassard brodé et montre en or, est sacrifié au rituel. Il devient le héros d'un jour au déjeuner de famille.

L'hiver passe, tandis qu'il n'en finit pas d'effeuiller sa rose latine :

« *Rosa — rosa — rosam*
Rosae — rosae — rosae
Rosarum — rosis — rosis
C'est le tango des forts en thème... »

C'est l'époque aussi où, sur la ligne Maginot, les soldats allemands envoient à leurs vis-à-vis français des messages amicaux, poussant la manœuvre de séduction jusqu'à leur offrir l'audition des disques de leurs chanteurs favoris... Charles Trenet et Tino Rossi...

Ce qui n'empêche pas monsieur Brel, père, de continuer à penser que la chanson, « c'est un monde à part ».

Puis, tout à coup, le 10 mai 1940, à l'aube, Bruxelles est éveillé par des détonations. Dans le ciel du petit matin éclosent des nuages blancs. Quelques maisons commencent à flamber. Jacques — il s'en souviendra — saute de son lit et, se frottant les paupières, court à la fenêtre. Bientôt, on apprend par la voix d'un speaker de la radio que les troupes allemandes, sans ultimatum, ont franchi la frontière et se préparent à déferler sur la Belgique et la Hollande.

Pierre et Jacques Brel, 1934.

3

L'abbé Deschamp, professeur de mathématiques à l'institut Saint-Louis. Brel debout, mimant un peintre. (1).

Debout, troisième à partir de la gauche, Jacques avec l'équipe de football de l'institut Saint-Louis. (2).

Jacques Brel à la « Franche Cordée » jouant le rôle du capitaine Crochard. (3).

1942, troupe théâtrale de l'institut Saint-Louis. Jacques Brel au centre, en arlequin. (4).

4

PALAIS DES ACADEMIES

Notre ARTICLE RECLAME
Pour votre santé: MANGEZ des FRUITS et des LÉGUMES FRAIS
Pour votre intérêt: ACHETEZ-LES chez SARMA
Notre ARTICLE RECLAME
Rentrée des CLASSES
Heropening der SCHOLEN
FILEUSE

Regarde bien, petit

Le pays tout entier est envahi, balayé, et sera bientôt assujetti. Dans une effroyable confusion, la population s'efface devant les *Panzer*. En automobiles, en voitures attelées de chevaux, ou à pied, les uns poussant des brouettes, d'autres tirant quelques lamentables carrioles, les colonnes de l'exode naissent. Puis, pendant des jours et des jours, sur les routes ce sont des milliers de prisonniers qui passent, traînant les pieds, sales, hagards, haillonneux, les yeux vides.

Jamais Jacques Brel n'oubliera ce spectacle, cette désolation, cette image de la malfaisance humaine. Peu à peu, la ville retrouve son calme. Rien ne semble encore changé, du moins en apparence, mis à part les groupes de militaires et les défilés vert-de-gris. Les grands hôtels ont été réquisitionnés, les voitures particulières sont devenues rarissimes, mais les magasins des avenues sont ouverts, et les cafés, dans ce bel été 1940, débordent à nouveau de consommateurs. C'est comme si la tourmente s'était éloignée sans laisser d'autres traces que quelques immeubles détruits.

Deux choses pourtant vont frapper le jeune garçon. Deux faits qui, en soi, sont mineurs, mais qui, pour lui, marqueront cette époque. D'abord, les gros tramways jaunes recommencent à circuler en grinçant, et au milieu des bicyclettes qui maintenant envahissent les rues, des fiacres ont miraculeusement réapparu. Tantôt traînés par de tristes et osseuses haridelles, tantôt par de vieux percherons de labour.

Mais, surtout, son père en a définitivement terminé avec les récits héroïques de naguère. Il s'en passera. Ce père, grâce à ses merveilleux talents de conteur, lui a appris à maîtriser l'étrange pouvoir de l'imagination.

« Plus fort que les enfants
Qui racontent les guerres
Et plus fort que les grands
Qui nous les font faire
Il nous faut écouter
L'oiseau au fond des bois
Le murmure de l'été
Le sang qui monte en soi. »

Le cœur d'Anquetil

Désormais, Jacques Brel sera le propre créateur de ses songes, de ses irréalités.

C'est à cette période également que Jacques Brel, louveteau depuis un an, est promu au rang d'éclaireur. Il rejoint, dans la troupe, son frère Pierre.

Son emblème totémique est le morse, choisi par amitié pour son aîné qui s'est attribué le phoque.

Son imagination vagabonde a rapidement fait de transposer l'éclaireur en chevalier des nobles causes. *A cœur vaillant, rien d'impossible.* Et la première vertu de l'éclaireur n'est-elle pas la loyauté comme pour les chevaliers ? Culottes courtes, grand chapeau, foulard noué autour du cou, l'uniforme même n'est pas fait pour déplaire à un jeune garçon qui adore se déguiser.

Bâton en main, souliers ferrés et sac au dos, les éclaireurs brabançons dans d'étourdissants jeux de piste marchent chaque dimanche, à travers de *mornes plaines,* vers quelque clocher pointu, traversant les villages à la recherche des signes de craie qui les poussent toujours plus loin. Comme l'époque est austère, les jeunes éclai-

Bruxelles sous la « botte allemande ».

Et pendant ce temps,
« l'élève Brel » écrivait des poèmes.

reurs en profitent pour découvrir des œufs, du beurre, dont l'absence en ville se fait si cruellement sentir.

A travers ces randonnées, Jacques apprend le plaisir de la découverte. Durant toute la guerre, à chaque congé, avec son frère ou d'autres amis, il pédale sur son vélo. La bicyclette devient sa véritable drogue, l'instrument de son évasion vers les bois de la Cambre, vers Tervuren, dans la direction de la forêt de Soignes qui s'étend jusqu'à Waterloo.

Des randonnées de vingt à vingt-cinq kilomètres n'effrayent pas notre futur poète qui, à cette époque, songe à devenir champion cycliste. « Oh ! je n'avais pas les jarrets de Merckx ou le cœur d'Anquetil, confiera-t-il plus tard, mais je roulais dur. Je faisais des trucs contre la montre, j'étais très animal. Il m'arrivait de tomber à la fin, de ne plus pouvoir. »

Déjà, la reconnaissance de ses propres limites.

La rentrée scolaire approche normalement comme chaque année avec l'automne. Jacques, qui a eu onze ans au printemps, rentre en septième classique.

Il va retrouver son camarade de prédilection, Robert Stallenberg, qui demeurera toujours son ami et deviendra l'un des plus éminents cardiologues de Bruxelles.

Stallenberg s'est souvenu et a confié au journaliste Barlatier : « A cette époque, Jacques était long, maigre, dégingandé, il avait la tignasse épaisse et désordonnée, les dents en avant, mais déjà, dans ses étonnants yeux gris-vert, cette lumière qui en impose et le fait rayonner. » Il ajoute : « Il était frondeur, anti-conformiste, ennemi de toute organisation, sans cesse prêt à jouer un tour pendable, et à en rire, mais si gentil ! »

Ce premier hiver de l'Occupation est particulièrement glacial. Il faut remonter bien des années en arrière pour se souvenir d'un thermomètre descendu aussi bas. Il neige. La nuit tombe dès cinq heures. Tous les luminaires des rues passés au bleu accentuent encore l'impression de désolation que la ville dégage.

Malgré les prévisions des Allemands, l'Angleterre n'est toujours pas envahie. Déjà, sur les murs fleurissent mystérieusement des affichettes : « Belges, les boches perdront la guerre. » La résistance s'installe, le combat des ombres commence, tandis que les élèves de septième classique, isolés par les quatre murs nus et délavés de leur salle de classe, meurent de froid en traduisant les premiers chapitres du *De viris illustribus Urbis Romae* de monsieur l'abbé l'Homond.

Pendant que passent les bombardiers

Chaque soir, en sortant de l'institut Saint-Louis, devant l'interdiction de s'aventurer au dehors après l'heure du couvre-feu qui s'annonce, les *copains* se séparent rapidement. Jacques, une fois chez lui, fait quelques devoirs et, à l'heure du dîner, vient rejoindre sa famille autour de la grande table de la salle à manger. Le maigre dessert avalé — quand il y en a —, Jacques va dans sa chambre et se jette tête perdue dans la lecture de Jules Verne, de Fenimore Cooper, de Stevenson, de Melville, de Jack London et de tous les récits de voyageurs célèbres qu'il peut trouver. Il fait un festin de légendes et se donne des modèles.

Pendant qu'il rêve de devenir Vasco de Gama, et que, pendant d'interminables nuits, il s'invente ce qu'il appellera plus tard son *Far West,* le ciel de Bruxelles retentit des vols sourds et lourds de menaces des bombardiers à croix gammées qui foncent vers l'Angleterre.

Alors qu'enfin ses héros l'attirent vers un sommeil plein d'épopées, dans la pièce à côté, ses parents penchés sur un poste à galène essaient de capter les émissions de la B.B.C.

L'année 1941 débute et l'enfer s'étend.

Les restrictions alimentaires deviennent particulièrement éprouvantes. Alors que Jacques passe au tableau noir pour réciter sa leçon de géographie et les noms des lieux où se livrent au moment même de gigantesques batailles, de longues files d'attente se forment devant les très rares boulangeries ouvertes.

Pendant que toute une presse clandestine vomit l'envahisseur, le petit Brel écrit des histoires sur ses cahiers d'écolier.

La signature d'une punition

L'U.R.S.S. attaquée par les troupes allemandes rentre dans la tourmente. Puis le Japon et les Etats-Unis se heurtent. La *Wehrmacht* est à quelques kilomètres de Moscou. Romain Brel essaie de rassurer les siens et répète, lorsqu'il se sent en confiance, que « les Russes ont eu Napoléon, Hitler et ses troupes finiront par être gelés et par crever sur place ».

Le conflit, à présent, s'étend au monde entier.

A l'institut Saint-Louis, Jacques fait du football deux fois par semaine, et son enfer à lui reste le latin et la géographie. Son espoir, le vélo et sa consolation, les livres d'aventures.

Les notes du collège apprennent à ses parents que leur fils est distrait, étourdi, nul en néerlandais, bon en français et semble doué pour la musique. Hormis ce qui touche à la rédaction et la récitation des auteurs français, l'élève Brel travaille en dilettante.

Il va fêter son quatorzième anniversaire au printemps prochain, et entre en cinquième classique. Bientôt, l'année 1942 se présente avec son cortège d'horreurs, mais, pour Jacques Brel, se profile une rencontre salutaire : un professeur de mathématiques d'une tolérance et d'une ouverture d'esprit exceptionnelles, joignant à une vaste culture une profonde compréhension de la nature humaine. Monsieur l'abbé Deschamp est cette année-là responsable de la classe de Brel, et nul doute qu'il fut amené à jouer un rôle d'une importance primordiale dans l'épanouissement intellectuel et artistique de notre mauvais élève.

Alors que la guerre atteint une ampleur inimaginable, que chaque jour amène ses tombereaux de morts, l'abbé Deschamp, plongé dans ses fonctions auprès de ses jeunes élèves, semble ignorer la guerre et développe au tableau les principes d'Archimède.

Alors qu'une partie de l'humanité prend conscience de son autodestruction et réalise que, depuis le commencement des siècles, jamais autant d'hommes ne sont morts ensemble, Jacques Brel écrit sur son cahier d'algèbre un poème qui débute par « La mer est belle, et longue infiniment ».

Toute l'année 1942, il va travailler de plus en plus mal, sauf en ce qui concerne les compositions françaises pour lesquelles, en revanche, il ne ménage pas ses peines.

Ses maîtres s'étonnent même de ses dons d'écriture. Plusieurs de ses rédactions sont lues en classe à haute voix et données en exemple à ses jeunes condisciples. L'adolescent faisait déjà preuve d'une extraordinaire imagination descriptive. Il semblait peindre plutôt que raconter. Il en avait d'ailleurs conscience. Parvenu au sommet de sa notoriété, ne devait-il pas déclarer : « Je dessine mes chansons, plutôt que je ne les écris. »

L'abbé Deschamp écrit un jour à Pierre Barlatier qui préparait une biographie de Brel : « Jacques était assez grand pour son âge, une allure dégingandée, ses bras relativement longs avaient l'air de le gêner, ses yeux brillaient d'une gentille malice. »

Après avoir vanté ses facultés intellectuelles, il poursuit : « Il était aussi toujours prêt à plaisanter, à prendre les choses en riant, mais il avait la manière et il était impossible de lui en vouloir plus d'un moment. »

On a beaucoup relaté la célèbre anecdote des signatures, déjà significative d'une certaine forme d'humour.

Un jour, sa distraction chronique en classe de mathématiques fut sanctionnée d'un certain nombre de lignes à recopier et à faire signer de ses parents. La punition fut remise en temps voulu. Elle portait la signature de son père et de sa mère, comme l'abbé Deschamp l'avait exigé, mais aussi celles de sa tante, de son frère, de son chien et de son chat.

Dans un monde à part, « l'éclaireur Brel ».

A l'heure de la rentrée des classes...

On n'oublie rien

Les choses vont évoluer. A presque quinze ans, on est déjà un petit homme. Sa sensibilité, de plus en plus exacerbée, commence à le confronter à la terrible épreuve que subit alors la civilisation. C'est que la résistance, partout en Flandre comme en Wallonie, s'est organisée et prend de l'ampleur. Il ne se passe guère de semaine où l'on ne signale un attentat, un incendie, un sabotage contre l'occupant. Représailles collectives, emprisonnements, déportations, exécutions font partie du quotidien de tous.

Un après-midi comme tant d'autres, Jacques et son frère Pierre sont frappés de plein fouet par les événements. L'abbé Schoorman, aumônier de leur troupe d'éclaireurs, est emprisonné pour fait de résistance et déporté.

Quelque temps après, grand émoi rue du Marais. A l'heure des cours, une voiture de la Gestapo s'arrête devant la lourde porte de l'institut Saint-Louis. Quatre S.S. en surgissent et se présentent à la sœur tourière. Ils viennent arrêter l'abbé Vandergoten.

Par bonheur, il est absent. On fouille sa chambre, on s'empare de ses vêtements et de ses papiers. Pendant qu'« ils » sont occupés, un camarade de Brel arrive à se faufiler hors de l'institut et court prévenir l'abbé qui s'empresse de prendre le maquis.

Jacques, dès lors rentre aussi en guerre. Maintenant, le soir, il s'intéresse à la direction des avions qui continuent à troubler par leurs raids le ciel de Bruxelles. Il guette les escadrilles anglaises de la R.A.F. qui, à présent, rendent coup pour coup à l'Allemagne nazie. Plus le temps passe, plus il s'intéresse passionnément aux événements dont il suit avec beaucoup de minutie les péripéties sur les cartes de son atlas. Vif, toujours l'esprit en alerte, il discute maintenant avec son père, qui, toutes les nuits, capte la radio anglaise. A l'institut, dans la cour de récréation, le soir, tandis que les plus jeunes s'attardent en riant, Jacques et les *grands* engagent sur les événements des discussions animées.

Bientôt on apprend que les troupes du Reich sont encerclées à Stalingrad. Si monsieur Romain Brel exulte et peut dire : « Je vous l'avais bien dit », en réalité, l'Allemagne tient encore l'Europe.

En juillet 1943, les Alliés débarquent en Sicile, l'Italie met bas les armes, puis, l'Armée rouge, dans une irrésistible poussée, fait s'agenouiller la Finlande, la Roumanie, la Bulgarie et la Hongrie. Les Anglais libèrent la Grèce, pendant que la Yougoslavie se débarrasse elle-même de son occupant.

En Belgique, les ports, les gares de triage sont pilonnés sans arrêt. Dans les rues, rien ne roule, à l'exception de quelques rares bicyclettes. Les nazis, afin de pourvoir les usines du Reich d'une main-d'œuvre qui va en se raréfiant, organisent des rafles et frappent leurs victimes en pleine rue, ou au saut du lit.

Une farouche volonté de vivre

Epoque dénaturée pour les adolescents qui l'ont vécue et ne pourront jamais complètement l'oublier.

Jacques est de ceux-là. Il n'en continuera pas moins à faire du vélo, du scoutisme et, à chaque période de congé, à faire ample provision de livres à la bibliothèque de Saint-Louis, particulièrement bien fournie.

S'il n'a pas abandonné ses compagnons d'antan : Croc Blanc, Moby-Dick, Robinson Crusoe ou le capitaine Morgan, il dévore maintenant avec frénésie, grâce à l'influence de l'abbé Deschamp, les œuvres des grands poètes : Théophile Gautier, Chateaubriand, Rostand, Hugo, Verlaine et, bien sûr, Emile Verhaeren qui aime tant la Flandre. Brel s'en souviendra et écrira son admirable poème *Le Plat Pays*.

Au printemps 1944, les bombardements que l'on croyait à leur paroxisme s'intensifient encore.

La dictature de la *main allemande* sur le pays devient effrayante. Les élèves ne vont plus en classe, tant sont nombreux les risques quotidiens. Désormais, ils travaillent chez eux et vont seulement une fois par semaine à Saint-Louis présenter leurs travaux.

Jacques se sent prisonnier d'événements qui le dépassent. Mais, déjà, il a une manière efficace de contrer les circonstances. C'est à cette époque que germe dans son esprit et dans celui de son copain de prédilection, Stallenberg, l'idée de constituer une petite troupe théâtrale.

L'idée paraît excellente au merveilleux abbé Deschamp. La même semaine, la troupe rassemblée commence les répétitions. Elle se compose d'une dizaine de garçons de quatorze à quinze ans qui se montrent à un public à peine plus âgé qu'eux : les élèves des classes terminales.

Puis toutes les paroisses de Bruxelles les accueillent avec enthousiasme.

Partout le succès. Succès d'estime bien sûr, mais sympathie aussi pour ces jeunes adolescents qui incarnent d'une certaine façon une espérance devenue de plus en plus faible : l'espoir timide et refoulé que le monde n'est pas devenu fou.

Jacques Brel assume avec entrain le rôle du commandant Crochard dans *Tête folle.* Celui d'Escamillo dans *La Force du pendu dépendu.* Celui de monsieur Poitrines dans la *Grammaire* de Labiche. Ou encore le marquis de Kerhoz dans *Yvonneck* et le duc d'Elbœuf dans un sombre drame du dix-septième siècle.

Ses camarades d'alors reconnaissent que ce garçon, à la fois le plus secret et le plus gai du monde, a le théâtre dans le sang.

Sur les plateaux improvisés où il joue, sa timidité naturelle disparaît. Son grand corps désarticulé se fait l'interprète d'une sensibilité qu'il prend d'ordinaire toujours soin de cacher. Du même coup se révèle déjà son sens de l'expression corporelle artistique.

A son amour des livres (« mieux qu'un appétit, une volonté de lire, lire, lire... » dira son frère Pierre), Jacques Brel va joindre une seconde passion : amuser autrui. Dans un domaine où il est facile de tomber dans la niaiserie et la médiocrité, il témoigne non seulement d'une délicatesse peu commune chez un enfant de quinze ans, mais d'un refus complet de la vulgarité.

De temps en temps, la classe se reconstitue, et, sous la protection d'un professeur, part pour de longues randonnées en forêt.

Le voilà en Charlie Chaplin

Lors d'une de ces sorties, l'élève Brel emporte avec lui, en secret, un sac qui dissimule des hardes et des postiches. Alors que ses camarades, détendus, bavardent assis sur des troncs d'arbres abattus par les derniers bombardements, Jacques disparaît. Au bout d'un moment, son absence inquiète. Brusquement, il resurgit de derrière un arbre, costumé et grimé en Groucho Marx. Nouvelle disparition et le revoilà en Maurice Chevalier. Puis, alors que les nazis ont interdit la projection du film de *Ce sale Juif,* le voilà en Charlie Chaplin, se promenant goguenard, coiffé d'un chapeau de curé imitant parfaitement le célèbre melon de Charlot. Un morceau de papier noir collé sous le nez en guise de moustaches, il tourne parmi ses camarades hilares, marchant pieds écartés et s'appuyant symboliquement sur une canne de jonc, fabriquée à partir de bouchons enfilés sur une ficelle. On n'a pas encore fini de s'esclaffer qu'il apparaît maintenant en Adolf Hitler. On rit encore, bien sûr, mais cette caricature du Führer, en pleine Occupation, peut non seulement déclencher des représailles si cela venait à se savoir mais encore battre le rassemblement des esprits que les rires avaient éloignés du quotidien.

Oui, c'est toujours la guerre en 1944.

Quelques semaines après cette mémorable sortie en forêt, les fonctionnaires allemands du S.T.O. (service du travail obligatoire) se déchaînent. Comme beaucoup d'autres, épargnés jusqu'alors, le frère de Jacques apparaît sur leurs sinistres listes. Il doit partir travailler en Allemagne. Pour y échapper, Pierre Brel a élu domicile à la cartonnerie familiale et n'ose plus en sortir.

Un jour pourtant, au printemps de 1944, étouffant de cette incarcération volontaire, il décide d'aller passer quelques jours chez un ancien collaborateur de son père au Congo. Georges Dessart habite assez loin de Bruxelles, entre Liège et Namur, au pied d'une citadelle où, à cette époque, de nombreux otages sont détenus. Georges Dessart est le parrain de Jacques, et les deux frères décident d'y aller ensemble. Ce projet rend leur mère folle d'inquiétude. Mais rien ne les dissuade et le soleil se lève à peine quand ils partent à bicyclette. Ils ont soin de prendre des chemins de traverse, la plupart en terre battue. Le cadet roule devant, en estafette, à bonne distance de son aîné avec lequel il est convenu d'un signal, pour le cas où, le malheur aidant, ils rencontreraient une patrouille.

Leur excursion n'aura finalement rien de tragique. Ils ne feront aucune mauvaise rencontre, mais ce raid et la responsabilité dont Jacques s'était senti investi avaient eu pour lui comme un parfum d'aventure. Pendant ces courts moments, il était devenu l'un des personnages des lectures dont il s'abreuve depuis des années.

La Libération !

Vient le mois de juin 1944, avec la nouvelle du débarquement des Alliés en Normandie. Vingt-quatre heures après, on sait qu'ils n'ont pas été rejetés à la mer, et, par la même occasion, que la guerre ainsi touche à sa fin.

En Belgique, l'offensive sera rapide comme l'éclair. Ce sera d'abord l'inexorable délabrement d'une armée allemande en déroute. Chassés de France, les vainqueurs d'hier, traqués, harcelés, abrutis de fatigue, mendient des vêtements civils et des bicyclettes qu'on leur refuse. Ils déferlent par colonnes entières. Jacques regarde, bouleversé par tant de misère, et se tait.

Puis le dimanche 3 septembre 1944, en pleine période de rentrée des classes, les premiers chars Sherman apparaissent du côté de la gare du Midi : les *Tommies* sont là ! Les avenues, jusque-là désertes, se couvrent d'une foule immense qui commence à applaudir, à acclamer, à danser sur place. Fabriqués en toute hâte, des drapeaux surgissent aux fenêtres. Les Brel sont dans la rue eux aussi, merveilleusement heureux. Ils sont embrassés par des inconnus, et eux-mêmes, participant à l'immense explosion de joie populaire, étreignent leurs voisins qui rient et pleurent à la fois.

Pendant que la foule chante la *Brabançonne,* la *Marseillaise,* la *Madelon* ou l'*Internationale,* les chars alliés, au milieu d'un bruit assourdissant de chenilles, se répandent dans Bruxelles. Jacques, du haut de ses seize ans, dévisage ceux qui *ont vécu l'aventure.*

Noircis de poudre et de soleil, ruisselants de sueur, assis les jambes pendantes ou debout dans leurs tourelles, ils ressemblent aux chevaliers de ses premières lectures « loyaux, courageux, défenseurs des opprimés ». Ils ramènent le droit après avoir pourfendu le mal et les justices arbitraires. Ceux-là, bien sûr, ne sont pas mêlés aux horreurs de la guerre !

D'un côté les bons, de l'autre, les méchants. A seize ans, le monde mythique, c'est cela.

Mystifié, sans doute, Brel l'est, comme on peut l'être à son âge. Romantique aussi, fraternel, généreux, mais il s'est déjà forgé une révolte viscérale, que vont accentuer les continuels récits de ceux qui ont souffert, mais aussi, dans les semaines qui vont suivre, le spectacle des déportés, véritables squelettes vivants, ombres d'hommes dans leurs défroques rayées de bagnards.

Seize ans, c'est aussi l'âge que les grandes personnes appellent *ingrat.* Pourtant, c'est le temps où les jeunes gens prennent en pitié ou en haine ceux qui les ont précédés et qui conduisent si mal leur monde. C'est l'âge de prendre ses « *premiers partis* et ses *partis pris* ». « Est-ce ma faute si j'eus douze ans quelques mois avant la déclaration de guerre ? » s'excusera Radiguet dans les premières pages du *Diable au corps.*

On a toujours dit que les enfants grandis pendant les guerres ne sont jamais pareils à ceux dont l'épanouissement s'est accompli dans la paix. Cela est certainement vrai.

Mais comment Jacques Brel a-t-il pu rester, en partie, en marge d'un monde absurde, tout en en ressentant les secousses démentes ?

« Pourquoi ce train de pleurs
Pourquoi ce train de guerre
Pourquoi ce cimetière
En marche vers la nuit ? »

Mauriac lui tombe des mains

N'est-il pas remarquable que ces années de guerre qui auraient pu salir, éclabousser son premier âge ne l'aient entaché d'aucune façon ?

Non, la stature hors du commun qui lui sera reconnue plus tard existe déjà à cette époque.

Son cœur a des raisons que *sa* raison n'ignore pas. Il ressent confusément qu'il n'est pas un extrémiste du cœur, mais un révolté de l'âme. « Quand on voit la vacherie qui règne sur la terre, on a envie de se retirer en banlieue », écrira Marcel Aymé.

Pour le moment, ce qu'il désire surtout, c'est être heureux. A cet instant, son bonheur, qu'il ne peut définir, se réduit à l'immédiat, à l'accessible, plus encore qu'aux promesses de l'avenir.

Les deux années qui se profilent vont être d'autant plus pesantes.

De toutes les nations entraînées dans le conflit, la Belgique sera l'une des toutes premières à s'en remettre.

Mais comment Jacques Brel a-t-il pu rester partiellement en marge d'un monde absurde ?

Le souvenir de procès retentissants contre certains collaborateurs notoires s'estompe devant la magnificence du plan Marshall. En revanche, les vieilles querelles entre Wallons et Flamands, soigneusement entretenues par la propagande du Reich, deviennent de plus en plus préoccupantes.

Pendant que Jacques chaque jour traîne à nouveau ses pieds en direction de l'institut Saint-Louis, l'ensemble de la jeunesse, bridée pendant cinq années de black-out par les couvre-feu, les alertes à la bombe et la faim, les rafles et les avis d'exécution, s'intéresse moins à la politique qu'au jazz.

A Paris, autour du vieux clocher de Saint-Germain-des-Prés, dans les caves où les alertes ont si souvent obligé les gens à se terrer, ceux qu'on appelle les *rats* s'enivrent de *boogie-woogie* et de *be-bop,* laissant libre cours à une joie de vivre retrouvée, et Bruxelles a vite fait de rattraper Paris : caves, *night-clubs* mais aussi rivalités entre tous les quartiers de la ville qui organisent bals publics sur bals publics.

Alors que dans les vitrines des libraires bruxellois apparaissent les traductions des grands romanciers américains, Jacques Brel, entre un poème en classe de géométrie, une rêverie en classe de néerlandais et une pantomime en classe de français, découvre à la bibliothèque de l'institut l'anthologie de Van Bever et Paul Léautaud. Elle le guide vers les poètes symbolistes français, de Baudelaire à Rimbaud, de Verlaine à Mallarmé, de Rodenbach à Maeterlinck.

Tandis que les salles de spectacle attirent la foule en programmant des films *made in U.S.A.* doublés à la hâte par des artistes français, Jacques s'enferme dans sa chambre, avec Aragon, Eluard, René Char, quand ce n'est pas Loïs Masson ou Jacques Prévert.

Certains ouvrages sont pris et repris — pas tous. Lui qui avait lu les œuvres de Voltaire, à la lecture du premier volume de Mauriac qui lui est tombé sous la main, il s'écrie : « Ce mec-là, il faudrait l'enfermer ! »

En classe plus rien ne va. Ses maigres résultats s'aggravent. Il ne montre plus le moindre intérêt pour ses études... Pis même : il a l'impression qu'elles lui nuisent. Lancinantes, désespérantes d'ennui et dépassées à ses yeux, elles étouffent la perception des valeurs essentielles de la vie. Lesquelles ? Il ne sait pas encore, mais les pressent grâce à ses autres maîtres, ceux dont les leçons n'apparaissent pas aux programmes et qui sont pourtant sa pâture quotidienne. Henry Miller, dont on a récemment levé l'interdiction de paraître ; Sartre, Camus que la jeunesse européenne tout entière commence à dévorer ; Julien Green, Malraux, et bien sûr, Saint-Exupéry, dont l'enfance ressemble étrangement à la sienne. Plus avant dans sa vie, marié, il n'abandonnera pas *Le Petit Prince.* Pendant longtemps, lui et ses amis en reprendront la lecture à trois voix.

N'oublions pas Robert Desnos dont il s'empressera plus tard d'expérimenter la recette : « Unir le langage populaire à une atmosphère inexprimable ».

Tandis qu'à Paris, autour du vieux clocher de Saint-Germain-des-Prés...

Vivre debout

Nous sommes en 1947. Jacques vient de redoubler sa classe de troisième latine. Ses performances scolaires laissent envisager qu'il triplera à la rentrée.

Pour lui, le problème n'est pas là ! De toute façon, accéder à la classe supérieure ne représente que la même désespérance : celle de ne voir à longueur de journée que des murs ; et, si par chance la classe est bien située, peut-être un minuscule pan de ciel par la fenêtre.

Cette fois, il fera part de sa franche résolution. Il tranche et décide qu'il en a désormais terminé avec l'institut Saint-Louis de la rue du Marais.

Toute la famille est atterrée, et, comme l'écrit Pierre Barlatier dans son intelligente biographie de Brel « dans le regard des siens, le fils indigne peut lire avec indifférence la certitude de son ingratitude, de sa trahison des sacro-préceptes ». Colère du père.

« On s'efforce d'armer ses enfants pour la vie, de leur assurer cette garantie maximale de réussite que représente une solide instruction et ils en font fi. Bien plus, ils seraient tentés de vous le reprocher, en dépit des sacrifices que l'on s'est imposés. »

Mais Jacques, qu'une tendresse infinie lie à sa mère, a en celle-ci une conciliatrice douce et subtile. Elle n'aura pas grand mal finalement à arranger les choses. Cependant, cette famille ne sait pas encore quelle personnalité exceptionnelle elle nourrit en son sein, ni que ce garçon de dix-huit ans prépare déjà d'autres révoltes autrement plus graves et plus profondes.

De façon encore inconsciente, Jacques veut demeurer lui-même, seule voie pour les grands desseins.

Pour l'instant, une autre voie est de toute évidence tracée pour le jeune homme. Dans les familles bourgeoises, belges ou non, lorsqu'un membre ne réussit pas dans ses études, on lui fait prendre un autre chemin qui doit le conduire, à terme, à la direction de l'entreprise. On attend de lui, avec confiance, qu'il en gravisse tous les échelons.

« Jacques a parfois rué dans les brancards, mais il suivra le chemin tracé par son père et la tradition. On est sûr qu'il s'en contentera. » On pourrait le croire.

D'ailleurs, le destin offert par la florissante cartonnerie familiale est-il si tragique ?

Evidemment, il faudrait transformer cette fougue qui l'agite en un semblant de docilité, domestiquer un peu cet animal sauvage : « Se faire *encartonner* » dira Brel plus tard.

« La Franche Cordée »

Dès 1947, Jacques se rend chaque matin à l'usine paternelle. Il est affecté au service des ventes. Il travaille avec bonne volonté. Prend des cours de droit commercial à l'université de la capitale belge et, pour « faire plaisir », s'essaye à fréquenter le milieu des affaires et de l'industrie.

Quatre ans durant, en bon fils, il acceptera ce rôle qui ne l'inspire réellement pas.

A vingt ans, on ne prend pas facilement racine dans des dépôts de carton ondulé ! La routine quotidienne, qui vous conduit chaque matin à la même heure de votre domicile à l'usine, manque par trop d'imprévu. Bien sûr il y a le risque de succomber à la séduction des habitudes confortables, mais aussi les horloges de pointage, les courbes de vente, les bilans comptables. Piètre routine quand on rêve d'idéal, de voyages, de conquêtes. Sans compter qu'il est horriblement gêné et mal à l'aise de devoir commander à des subordonnés dont certains l'ont connu en culotte courte. Enfin, il ne s'est jamais senti l'âme d'un chef.

Si les jours paraissent s'écouler tranquillement dans cette existence, somme toute privilégiée, de fils de patron, en réalité il s'ennuie. Mortellement...

« Je m'ennuyais, dira-t-il, je vivais au sein d'une bour-

Prendra-t-il racine dans les dépôts de carton ondulé ?

geoisie prudente. Je m'ennuyais, je ne crachais pas sur ce que je vivais ni sur la bourgeoisie de mes parents, non, je m'ennuyais. »

En réalité, son passage à l'usine sera déterminant et marquera avant tout sa première rupture avec l'enfance.

Il commence à s'apercevoir que le monde extérieur existe et qu'on ne s'y installe pas commodément. Au fil des mois, ses yeux s'ouvrent et les déceptions pointent. Il ne sait pas encore qu'elles ne sont que l'expression de la réalité. D'une réalité bien médiocre. Petit à petit, le décor bascule. Ce chavirement lui demande de renoncer à ses rêves en forme de *bateaux fantômes* et de refermer les atlas en couleur où tous les bouts du monde sont à portée du rêve. Oui ! Il découvre que les existences ont des ombres, que la vérité n'est pas blanche ou noire. Pour la première fois, ce fils de bourgeois, grandi dans le luxe et l'abondance, plonge non seulement dans la vérité bourgeoise, mais dans le monde *des singes,* de « ces gens-là ». Il se heurte à la misère, à l'inégalité sociale. En un mot, et paradoxalement pour un homme dont l'adolescence s'est promenée dans les périodes troubles de l'Occupation, il aborde, sans préavis et dans toute son acuité quotidienne, le problème de l'homme. Confrontation difficile pour cet être sensible et généreux. En outre, l'époque de l'après-guerre devient de plus en plus rude, avec ses tempêtes et ses mœurs de spadassins.

Épurations, crises, faillites, discordes en tous genres secouent la société bruxelloise, comme les autres.

Dès le début de l'année 1947, Jacques Brel va chaque soir, chaque dimanche, prêter son dynamisme et son entrain à un mouvement de jeunesse mixte créé pendant l'occupation allemande, et qui s'est notamment donné pour mission de porter aide et assistance aux invalides de guerre, de distraire les vieillards dans les hospices, les enfants abandonnés dans les orphelinats, et, en règle générale, d'apporter un soutien à tous les déshérités de la vie.

S'il adhère à la « Franche Cordée », c'est bien sûr que tout son être est ému par tant de drames, mais c'est aussi, à n'en pas douter, en partie pour retrouver l'atmosphère de chaude camaraderie de la troupe de théâtre du collège Saint-Louis, et d'autre part pour survivre à son univers d'ennui et de monotonie. Première évasion d'un mode de vie héréditaire, première sortie du fonctionnariat de l'existence.

Chaque moment libre permet à la petite troupe de la Franche Cordée d'organiser des concerts-spectacles. Chacun apporte sa contribution au programme. Jacques Brel qui a manifestement des dons d'animateur et de comédien devient très vite l'un des *leaders* du mouvement, puis il ne tarde pas à en prendre seul la direction.

C'est à la Franche Cordée qu'il va faire deux rencontres qui vont bouleverser sa vie. La première, une jeune fille blonde et douce comme un tableau hollandais, Thérèse Michielsen. Nous reviendrons sur cet événement. La seconde, un instrument merveilleux dont la

Le monde extérieur existe...

mode commence à se propager : la guitare. Sitôt en main, cet instrument va devenir sa passion et le compagnon inséparable de son existence. Certainement lui servira-t-elle souvent d'exutoire, chaque fois qu'un trop-plein de bonheur l'envahira ou qu'un désespoir impuissant viendra tourmenter son cœur révolté.

Jacques Brel, que nous connaîtrons plus tard batailleur, provocateur, appliqué quand il le faut, mais vulnérable parce que trop humain, est né à cette époque-là.

A la Franche Cordée donc, Jacques Brel rencontre Thérèse Michielsen affectueusement surnommée Miche par la bande de copains.

Même s'il est déçu par ses premières approches de l'existence, survit en lui une certaine idée poétique de l'univers, notamment vis-à-vis de l'amour. C'est qu'avec l'amour peuvent resurgir toutes les joies, toutes les valeurs, toutes les couleurs de la vie. Il croit en son pouvoir magique. L'illumination d'une vie, voilà à cette époque ce qu'il espère en la femme, et il tombe éperdument amoureux de Miche. Nul doute qu'elle devient tout pour lui. Il est sincère et se risque dans cet amour en y investissant tout son être, son avenir et ses espoirs. Cela avec d'autant plus de conviction qu'il a une peur désespérée de ne pas plaire car il est affreusement complexé par ce qu'il appelle sa laideur.

Bien que cet amour lui ait été par la suite largement rendu, il ne sera pas tout de suite partagé. Mais il n'est pas de ceux qui abandonnent avant d'avoir livré bataille. Le timide, le pudique, va vaincre sa nature et conquérir la femme qu'il aime. Bien des années plus tard, quand Jacques aura épousé Miche, celle-ci confiera à un journaliste : « Je ne me souviens plus de quoi il m'a parlé lors de notre première rencontre, mais je sais qu'il me déplaisait souverainement et que sa vitalité, son agitation avaient le don de me porter sur les nerfs, moi qui suis d'un naturel calme. » Certainement, Miche a dû avoir bien du mal à s'adapter à sa violence.

« Une machine à fabriquer les idiots »

L'apprentissage social aura été pour Brel un dressage mené sous le joug d'institutions diverses.

Le collège Saint-Louis et la cellule familiale auront été les bréviaires qui transmettent la morale traditionnelle, les règles et les tabous qui permettent la continuité. Une autre de ses initiations à la société fut son encasernement.

En 1949, Jacques part pour le service militaire, cette dernière expérience devant si besoin était faire rentrer le fleuve dans son lit. Autrement dit, marquer une nouvelle étape dans la prise de conscience du gratteur de guitare.

Il restera un an sous les drapeaux, à Zellik dans la périphérie de Bruxelles, dans une unité de défense des aérodromes. Poétique et dure coïncidence à la fois. On le prépare à être un fusilleur du ciel, un gendarme de l'horizon, lui qui du temps de ses culottes courtes, pendant des nuits entières, sur le toit de la maison paternelle couvert de petits cailloux pour que la mousse y pousse, s'allongeait pour regarder les étoiles et accueillir les envahisseurs.

De son passage, une chanson, une phrase :
« Une machine à fabriquer les idiots. »

A son retour en 1950, sorti frais émoulu du service national, il réintègre l'usine et épouse Miche avec qui il aura trois enfants : Chantal viendra au monde l'année suivante, France en 1953 et Isabelle en 1958, alors que Jacques est déjà devenu une figure marquante dans le monde de la chanson. Mais n'anticipons pas ! Cette année 1950, il pose les deux pieds dans le commerce, l'argent, le confort, l'insignifiance et, comme nous l'avons dit, le mariage. C'est-à-dire l'ordre dans la famille bourgeoise.

Thérèse Michielsen, affectueusement surnommée « Miche », qui lui donnera trois filles...

Vivez la
des

Pas de solution sans amour

Va-t-il devenir un notable résigné, installé dans sa vie, sans péril, sans ambition, mais non sans volupté ?

Certainement pas.

On sait que son culte de l'amitié l'a poussé à instaurer ce qu'il appellera *le système de la porte ouverte.* Dans la petite maison qu'il occupe avec sa femme, au centre d'un quartier populaire, les amis entrent et sortent à n'importe quel moment. On récite des poèmes, on écrit des vers, on fait de la musique. On rit et on laisse courir son imagination pendant que Miche offre des sandwiches et des gâteaux qu'elle a elle-même confectionnés.

A l'usine, on sait qu'il continue à gratouiller la guitare et à écrire des poèmes musicaux entre deux études de bilan... mais rien de grave pour des yeux et des oreilles non avertis.

Pourtant le feu couve. C'est à cette période que se situe sa deuxième grave rupture avec son adolescence ou tout au moins avec le monde mythique qu'elle fait invariablement naître. Rappelons la phrase *sésame :* « Au début, il y avait moi, bêtement avec mes vingt ans, après il y a moi par rapport au monde extérieur. »

En réalité nous ne savons rien de précis du meurtre de son enfance. Si nous connaissons le contexte qui le détermina à réagir plus vigoureusement encore, il n'a jamais vraiment livré les heurts et les haut-le-cœur qu'il éprouva à cette période. Mais humain, trop humain comme il l'était, on les imagine aisément.

Au début, il aura bien essayé encore de reporter les échéances du quotidien. Il s'aperçoit que toute son enfance on l'a mis en couveuse, et qu'on a dressé entre le monde et lui un écran de pieux mensonges. On a voulu protéger son enfance et on a triché ! Aujourd'hui, les désillusions ont complètement sanctionné ses rêveries. En voulant le protéger, on l'a spolié. Nul doute qu'il éprouve maintenant une certaine lucidité sur un monde trop idéalisé. Ses mémoires enfantines ont chaviré en engloutissant des trésors. Sous un monde imaginaire, il y avait la trappe de la vérité. Pris au piège de celle-ci, il se sent une sorte de demi-solde d'un empire perdu.

Concours de chant à Knokke-le-Zoute. Le candidat Brel termine bon dernier.

En définitive, il fulmine contre ceux qui ne l'ont pas averti que la convention sociale récupère toujours les contes et les légendes.

Quelques années plus tard, il s'en expliquera un peu plus à Jean Clouzet qui lui posera la question suivante : « Quand vous parlez de l'enfance, vous faites souvent intervenir le mot *Far West.* Quel était ce *Far West,* lorsque vous étiez enfant ? »

Réponse de Brel à ce coup de couteau dans la plaie : « Mais je n'ai jamais eu de *Far West.* On me l'a volé. Ou plutôt on ne me l'a pas donné. On me l'a volé dès l'instant où on m'en a parlé, dès l'instant où on me l'a vaguement promis. On nous promet de la même manière le Père Noël et on nous avoue qu'il s'agissait là d'une farce. Quand j'étais petit, on a oublié de m'avertir que le *Far West* et l'amour n'étaient que des farces. Aujourd'hui, les enfants ont tellement « mal au *Far West* » qu'ils s'habillent tous plus ou moins en cow-boys. Mais il n'y a plus de *Far West.* Il n'y a plus que des cours d'usines, des feux rouges, des flics et la pension. J'aurais voulu avoir un vrai *Far West,* mais ce n'est pas possible, et c'est sans doute pour cela que, de temps à autre, j'ai de grands coups de pompe. Je sais qu'il n'y a plus d'un côté les bons et de l'autre les mauvais, il n'y a plus d'Indiens. Il y a des gens qui, par moments, sont Indiens et par moments Buffalo Bill. C'est peut-être aussi la raison pour laquelle mes premières chansons étaient plus entières que maintenant. »

En réalité, à travers ces quelques lignes de confidences, c'est contre l'éducation reçue qu'il dirige sa colère rentrée. Il ne sera jamais contre l'éducation en soi, mais contre l'éducation en série qui ne convient à aucun, sauf aux donneurs de leçons. L'homme qu'il est devenu à l'époque de cette interview ne peut pas penser qu'un monde mythique enfantin n'est pas nécessaire. Au contraire, mais il récuse un paysage en trompe-l'œil. Qu'on ne donne pas à l'enfant une vérité brutale et meurtrière, c'est une évidence, mais qu'on s'applique à le maintenir dans l'ignorance, c'est un crime.

Le fait est qu'en 1950, et durant les trois années qui suivent, la vie va être fastidieuse pour ce cow-boy exilé en Belgique. Anderlecht, c'est bien loin des Rocheuses. Toute sa vie Brel portera le deuil de son monde imaginaire, et certaines de ses chansons perpétueront le souvenir de son étreinte avec le songe.

Jacques Brel, durant ces premières années cinquante, épuise le réservoir du quotidien. Tantôt, il a des bouffées de vague-à-l'âme, tantôt des vertiges.

« Quand j'étais jeune, dira-t-il encore, je rêvais de devenir Vasco de Gama, les hommes sont faits pour ça. Je regardais les gens autour de moi, les voisins, les commerçants, les riches, les pauvres et je me disais : ce n'est pas possible que ce soit ça la vie ! que ce soit suffisant ! »

Sensible et écorché vif, il ne peut manquer d'apercevoir, dans la stagnation ou l'échec des hommes, la menace d'une déchéance personnelle. C'est la nuit qui s'avance, d'autant plus que les découvertes s'enchaînent.

D'abord, si de toute évidence la vie ne tient pas ses promesses, il découvre que trois diables régissent les existences humaines : la bêtise, l'égoïsme, et l'imposture. Et c'est pour les exorciser qu'il les chantera. Il va sans dire que les bourgeois, « ces cochons-là », rassemblent ces trois démons. Même à cette époque, il sait déjà que être bourgeois n'est pas un état social, mais un état d'esprit qui « engourdit l'existence », presque une maladie de l'âme, une sorte de dessèchement du cœur. On peut être bourgeois, quelles que soient sa fortune et sa situation. Il y a des bourgeois partout. « Il faut se payer la tête de ces gens-là, ne va-t-il cesser de crier, qui vivent debout à vingt ans, et qui, un jour, posent les fesses sur une chaise, à vingt-cinq ans, et ne bougent plus. » Encore une révolte individuelle, sentimentale, car, en réalité, Jacques Brel n'est pas en lutte contre la société, mais contre ce qui en lui le détermine à l'adaptation sociale. Quand on a vingt-deux ans et que l'on est si facilement « encaserné », ce face-à-face avec un certain esclavage a quelque chose d'héroïque.

« Les bourgeois, on peut pas les changer, tout ce qu'on peut faire, c'est les fuir, parce qu'ils sont ennuyeux comme la mort. »

Constatation qui s'impose d'autant plus profondément que Jacques Brel vient de découvrir son ennemi intime, un monstre féroce, celui contre lequel il va s'épuiser, s'entêter et se blesser à force d'attaque et de défense... *le temps*.

Le temps qui grignote les êtres humains, entraîne la dégénérescence de la vie, de l'amour, de l'espérance et, ce qui est plus grave, des désirs, des tentatives. Il le sait. Aussi éclate-t-il de plus en plus souvent en imprécations contre la réalité.

Il faudra bien se résigner à consommer ce « tonneau des Danaïdes » avant d'être consommé soi-même. De plus en plus, il commence à se persuader que la *vie vraie* ne peut être que dans l'aventure, dans le départ. Surtout ne pas s'engourdir. Ses départs, au début, ne sont que quelques fuites. Des fuites durant les heures de repos. Il compose, compose sans cesse des chansons. Quelque temps encore, il sera un personnage à double facette. Quand le soleil luit, ce comédien-né, dans un douloureux rôle de composition, joue les chefs de vente. Le soir, il chante où l'on veut bien l'entendre.

À travers la chanson, il trouve enfin l'élan vers le haut.

Tout ceux qui se sont penchés sur Brel, qui ont tenté de pénétrer l'impénétrable, ne peuvent être qu'unanimes sur ce point : « En fait, ce n'est pas la chanson en tant que telle qui l'attire, mais la possibilité qu'elle lui offre de concilier les désirs de musique, de littérature et de liberté qu'il sent en lui depuis longtemps. Il perçoit confusément qu'il a le moyen d'échapper à l'embourgeoisement, de faire céder le carcan des préjugés, des conventions qui menacent de l'étouffer. »

C'est vrai, il est entré dans le jeu complexe des circonstances et a choisi la chanson comme la pente la plus proche, le moyen le plus accessible à son affranchissement, à un premier départ.

A l'enseigne de La Rose Noire

Une question vient à l'esprit : comment ce jeune homme d'une stature si étrange, indécis sur ce qu'il veut réellement mais si sûr de ce qu'il doit refuser à tout prix, a-t-il pu rester quatre ans dans l'entreprise familiale ?

L'affection qu'il porte à son frère Pierre, à son père aussi, même s'il existe entre eux certains décrochages, la tendresse émouvante de sa mère, l'amour de sa femme, la naissance de ses deux premières filles n'expliquent pas tout.

En réalité, Jacques Brel a trouvé depuis un certain temps un exutoire qui, s'il lui permet de ne pas trop tirer sur ses chaînes, le prépare néanmoins sans qu'il le sache à sa dernière rupture, au vrai départ, à ce qu'il appellera « la déchirure ».

En effet, depuis le début des années cinquante, règne une certaine effervescence à Bruxelles. Il s'est constitué, dans le lacis des petites rues qui encerclent la grand-place, un territoire nouveau que l'on appelle l'Ilot sacré. Les masures aux portes basses et les antiques échoppes se sont recroquevillées presque à s'effacer, pour faire place à des cabarets, de minuscules restaurants de nuit, des bars dans lesquels des orchestres de jazz font vibrer toute la jeunesse d'après-guerre. Maintenant nombreux, les rayons multicolores des enseignes lumineuses fouillent chaque recoin des ruelles jusqu'alors obscures, presque mortes. Cette timide annexe belge du Saint-Germain-des-Prés parisien attire la jeunesse qui y court en bandes, et étonne les provinciaux désœuvrés qui s'y risquent.

De jeunes auteurs-compositeurs poètes et musiciens viennent y interpréter eux-mêmes leurs chansons ou rajeunir, à coup de talent, les vieux thèmes d'antan, l'ensemble constituant un répertoire à mi-chemin entre l'inspiration littéraire et l'expression populaire.

Dans l'Ilot sacré, Jacques et sa bande de copains peuvent respirer. Si, de boîte en boîte, ils vident force pots de bière, se moquent des bourgeois très dignes, parlent fort et toussent en allumant des cigares gros comme leurs rires, ils s'assagissent dès qu'apparaît, au détour de

Dans le lacis de petites rues qui entoure la Grand-Place, s'est constitué un « territoire nouveau ».

C'était encore l'époque des 78 tours.

la petite rue des Bouchers, l'enseigne de *La Rose Noire*. Toute la bande a une préférence marquée pour cet établissement. L'animateur est le frère du comédien Claude Laydu. Il est donc aussi frère de l'inoubliable interprète du *Journal d'un curé de campagne* et de *Nous sommes tous des assassins,* qui dirige l'orchestre style *New Orléans*.

C'est dans ce décor simple, vétuste même, composé grâce à de vieilles brocantes de l'Armée du Salut, dont le siège est tout proche, que Jacques monte pour la première fois sur une vraie scène. Le public, surtout composé de très jeunes gens qui créent une atmosphère de cordialité, l'a sans doute décidé à tenter cette évasion sommaire d'une vie sans but.

Il fait une telle différence entre son personnage, qui erre dans un quotidien sans résonance profonde, et le jeune homme de l'aventure qu'il engage, que, pour bien marquer cette distinction, il envisage de dissimuler son identité sous un pseudonyme. Il se contentera d'ajouter une lettre à son nom. Puis il y renonce, songeant certainement qu'il ne faut jamais se risquer dans l'imposture, si minime, si puérile soit-elle.

Le premier soir, c'est donc le fils de l'industriel Romain Brel, directeur d'une entreprise employant deux cents ouvriers, que les amis de sa famille, appartenant tous à la grande bourgeoisie d'affaires, viennent écouter par curiosité.

Mêlés aux habitués de la petite salle, ils vont l'entendre dire des poèmes, raconter l'histoire du Petit Mimile qui portait la casquette et son blouson à l'envers en faisant de la moto et quelques bonnes blagues belges comme s'en souvient Claude Laydu.

Mais surtout il va chanter.

Cheveux longs qui ondulent, petite moustache, strict costume de velours noir, pied appuyé sur un barreau de tabouret, guitare au poing, il lance ses premières chansons. Succès d'estime parmi les amis de la famille : « Il est original, mais charmant et plein d'entrain, le petit Brel ! »

Mais voilà qu'arrive sa chanson *Il pleut*. Alors il se déchaîne, malmène sa guitare en en faisant vibrer toutes les cordes et chante presque en hurlant « que les carreaux de l'usine, lui, il ira les casser. » Applaudissements parmi les habitués, murmures dans l'autre partie de l'assistance. Il y a certaines choses que certains jeunes gens, d'un certain milieu, ne doivent pas dire. On est scandalisé. Tout bien réfléchi, il a mauvais esprit, ce petit Brel. D'abord, il est arrogant. Et cette moustache... quelle allure ! Ce jeune homme est décidément bien choquant !

« Je crois qu'il est doué... »

Quelques mois à peine après ce succès mitigé, le 17 février 1953 précisément, notre jeune héros enregistre, toujours à Bruxelles, son premier disque. C'était encore l'époque des 78 tours. Sur la première face, une rengaine d'amour : *Il y a,* et une valse musette : *La Foire*. Pas de révolte, cette fois ! Sur la seconde face, *Sur la place* et le fameux *Il pleut* qui avait tant scandalisé ses riches compatriotes. On est saisi par la maîtrise qui a présidé à l'élaboration de ces quatre chansons. L'enregistrement de ce premier disque dont il ne tire guère satisfaction va lui permettre de faire son tout premier passage radiophonique.

Jean Thévenot produit à cette époque une émission qui s'intitule *Aux quatre vents*. Un jour, il accueille au studio une religieuse belge qui vient présenter les chansons de son petit cousin Jacques Brel. « Je crois qu'il est doué, dit-elle, sensible à d'autres chants que ceux du Seigneur. »

Thévenot partage cet avis. Une des quatre chansons passera sur les ondes.

Jacques sait maintenant que la chanson va combler en partie ses désirs et ses rêves. Il n'hésitera pas, si l'occasion se présente, à gâcher sa carrière de cartonnier pour réussir sa vie, quitte à ruiner les espérances familiales... Il sent qu'il faut aller plus loin. Il ne sera jamais un rêveur couché !

Une chance se profile.

Un collaborateur de Philips en Belgique écrit à Jacques Canneti, le fameux « découvreur de talents », pour lui faire entendre le premier disque du jeune Brel. Canneti dirige à cette époque le célèbre cabaret des Trois Baudets où tant de grands artistes ont fait leurs premières armes. Il raconte : « Jacques Brel m'est arrivé la première fois pour un disque souple anonyme que nous avons écouté un soir de mai 1953, à la fin d'une représentation. J'ai été tellement impressionné que j'ai téléphoné, à minuit, à Bruxelles pour demander à la personne qui m'avait adressé ce *souple* de dire à Brel de venir me voir. J'étais très accroché par les quatre chansons qu'il avait enregistrées et que l'on m'avait envoyées à son insu. »

L'enthousiasme de Canneti ne tarde pas à avoir raison de la faible résistance de Jacques Brel, tout prêt à être convaincu.

La décision

Après cet entretien, qui l'a définitivement ancré dans sa décision de venir tenter sa chance à Paris, il reprend le train vers Bruxelles, vers les siens à qui il doit maintenant faire part de sa terrible résolution. Que savons-nous de la tempête qui durant ce voyage agita tout son être ? Rien ! Pensa-t-il à ses compatriotes qui eux aussi avaient compris que pour un jeune Belge le chemin de la réussite passait obligatoirement par Paris ? Maeterlinck, France de Croisset, Georges Simenon, Henri Michaux, Félicien Marceau, Berthe Bovy, Fernand Gravey, Annie Cordy furent-ils ce jour-là ses compagnons de voyage ? Qui le sait ?

Quelques jours plus tard, il affronte son père. Celui-ci le voit bien s'échapper de l'usine depuis quatre ans pour des petits spectacles, mais ce qu'il entend, ce jour-là, le déconcerte. Il ne comprend pas les ambitions de ce fils et surtout son langage. Que veut dire « vivre debout » ? Que signifie « pas de solution qui serait sans amour » ? Que comprendre à « la transformation des choses par la force des sentiments » ?

Le père et le fils restent sur une sorte de *statu-quo*. En fait, la seule décision prise est que, quittant l'usine, Jacques ne toucherait plus de rémunération. Puisqu'il ne se résigne pas au dressage social, il doit être capable de se dresser lui-même. D'autres attaches qu'il faut bien couper aussi le retiennent encore. Sa mère, particulièrement, qui grâce à de très nombreuses mais modestes interventions financières lui permettra de tenir le coup à Paris. C'est elle encore qui veillera avec discrétion sur sa femme et ses deux petites filles.

Oui, Miche va rester à Bruxelles. Rupture égoïste sans doute, mais sa fougue, sa certitude « d'être bientôt un homme debout » balaye tout sur son passage. Pour lui qui est de nature tendre et émotive, l'abandon de sa femme est d'autant plus impressionnant qu'il est, non seulement libérateur, mais douloureux.

A l'inverse, on peut mesurer l'amour que sa femme lui porte. Tout au long de sa vie, elle entretiendra avec Jacques des relations tendres, affectueuses ou complices même, après que leur amour se soit dilué dans l'air du temps qui passe. Elle a toujours cru en lui et comprend son besoin d'exister. Ça lui coûte, mais elle admet que pour un homme comme lui la sédentarité est impossible.

Qu'il parte ! Elle attendra.

Et cette moustache... Quelle allure !

Un pied dans le ruisseau

Ça va, le Diable

Fin septembre 1953, Jacques Brel débarque à Paris, par le train qui deux ans auparavant l'avait emmené dans la capitale, à l'occasion du salon de l'emballage. La gare où s'accomplit la « dernière déchirure » est donc la gare du Nord.

Pour tout bagage, une valise appartenant à son frère Pierre, une guitare et une condamnation à réussir à tout prix.

Son premier assaut contre cette métropole trop vaste est timide. Il passe sa première nuit à l'hôtel le plus proche, hôtel borgne, dans un monde triste. Il pleut mais il n'a qu'à traverser la place en évitant l'eau qui reste emprisonnée en flaques sur l'asphalte. Cette première nuit à Paris, sans qu'il le sache, va lui faire emprunter un chemin radicalement contraire à celui de la presque totalité des autres artistes. La plupart des chanteurs et des comédiens sont sortis d'un milieu très modeste ou du ruisseau comme Piaf. Lorsqu'on part de rien et qu'on ne possède rien, la route est, sinon facile, du moins parfaitement claire. Elle se résume à se battre, s'extraire d'une condition pour satisfaire ses rêves créateurs. Avec Brel, rien de tel. Il est unique qu'un jeune homme, parce qu'il désire chanter, renonce à la sécurité et au confort pour faire l'apprentissage du dénuement et troque le rythme régulier des repas pour l'hypothétique sandwich-camembert.

Le deuxième jour de son arrivée, il dirige ses pas vers Montmartre dans le but de se rapprocher du cabaret des Trois-Baudets. Au numéro trois de la rue des Trois-Frères, dans un hôtel très modeste, il loue une chambre avec eau courante. Située au deuxième étage, son unique fenêtre s'ouvre sur l'auvent d'un cordonnier et... sur des perspectives de vaches maigres et de pain noir, bien que Jacques Canneti, fidèle à sa promesse, ne tarde pas à le faire débuter.

1953, c'est la séparation d'un duo célèbre. Le premier, Roche, va s'enfoncer dans les désillusions ; le second, tout en vivant dans l'ombre d'Edith Piaf, va connaître ses premiers succès d'auteur-compositeur, avec *Je hais les dimanches, Viens* et *Je veux te dire adieu* que chante Juliette Gréco. Il s'appelle Aznavour ou le Petit Charles. 1953, c'est l'année où un grand cinéma des boulevards, sous l'impulsion de Bruno Coquatrix, se reconvertit en music-hall : l'Olympia est né.

1953, c'est l'année où Gilbert Bécaud, un jeune homme qu'on va bientôt surnommer monsieur Cent Mille Volts, éclate brusquement. C'est l'année où Georges Brassens, révélé à la scène l'année précédente par Patachou, connaît le succès à la Villa d'Este avec *Gare au gorille* et *Mort aux vaches*. C'est l'année où Yves Montand s'affirme comme le numéro un de tous les interprètes de la chanson. C'est l'année où Léo Ferré est considéré par la critique comme le plus doué de sa génération. C'est enfin l'année où un critique va prendre la peine de dire une ligne sur Brel qui a déjà *dévoré* la moitié de son passage au Trois-Baudets : « Quant à monsieur Brel, nous lui signalons qu'il existe d'excellents trains pour Bruxelles. »

C'est un avertissement. Lui au moins n'est pas puni, comme ce grand garçon sympathique et prodigieux qui vient d'être condamné à cent mille francs d'amende pour « outrage aux bonnes mœurs » sur la plainte de la Ligue des pères de famille. *J'irai cracher sur vos tombes* à « méchamment déplu ». Son autre chanson *Le Déserteur* vient également d'être interdite sur toutes les ondes, et le disque sur lequel il l'avait enregistrée envoyé au pilon après saisie.

A Paris, ils vont être au moins deux à s'accrocher. Lui, Jacques Brel, et cet individu... Boris Vian.

A son arrivée à Paris, Francis Claude lui avait dit : « Si j'ai un conseil à te donner, c'est de ne jamais écouter personne. »

Plus tard, il avouera qu'à cette époque il ne cessait de se répéter : « Il faut faire des erreurs, il faut se casser la

Pour tout bagage,
une « condamnation » à réussir
à n'importe quel prix.

figure ; il faut avoir mal, il faut pleurer, il faut se tromper. Le fait d'exister, le fait de bouger, me paraissent quand même plus intéressants — dans la mesure où ça ne fait de mal à personne — que le fait d'être prudent. Il est urgent de ne pas être prudent ! Il faut être imprudent, voilà ce que je me disais. Il faut se tromper, il faut se casser la figure. On ne meurt pas de se casser la figure, on ne meurt pas d'humiliation. On meurt d'un coup de couteau dans le dos. »

En vérité, on doit dire que les débuts parisiens de Jacques Brel passent pratiquement inaperçus. Qui donc peut distinguer, dans cette silhouette raide et maigre, à la limite de l'épouvantail, autre chose qu'un Rastignac affamé d'espoir comme il y en a tant à Paris. De plus, une « gueule » pas possible, avec sa dentition à la Fernandel.

Quelle allure aussi avec ce pied droit collé au barreau d'un tabouret et ces grands bras qui éreintent une pauvre guitare qu'il se rentre dans le ventre.

Un jour il entend derrière son dos : « Tiens, c'est Brel, Dieu qu'il est moche ! »

Ce sera bien des années plus tard qu'il répondra à l'invective : « Je ne sais rien de plus abominable qu'un homme qui se trouve beau... et il y en a un certain nombre. Il y a des gens qu'on rencontre de jour ou de nuit et qui ont une espèce de noble assurance imbécile, qui parlent de leur virilité comme on parle de la colonne du Congrès. Je trouve ça d'une très mauvaise éducation. La vraie mauvaise éducation ne consiste pas à dire « va te faire f... ». La mauvaise éducation, c'est de mettre de fausses valeurs sur ce qui nous ressemble. »

« En fait, à cette époque, ma tête ne plaisait pas », conclut-il.

« Eh ! l'abbé, tu veux du saint-honoré ? »

Personne, sauf Jacques Canneti dans une certaine mesure, ne perçoit encore les qualités qui seront les armes de son futur succès. Violence et tendresse, sincérité et dérision, lucidité et déraison. Canetti, entre 1953 et 1958, mettra six fois Jacques Brel au programme de son établissement. Et puis, cet homme-là possède comme un sixième sens ; n'a-t-il pas le premier donné leur chance à Brassens, Gainsbourg, Devos, Béart, Ferré, Ferrat et au « scandaleux » Boris Vian qu'il admire ?

Pour ses débuts, Brel a adopté une curieuse tenue : « Une sorte de chasuble grise qui correspond assez bien, écrit Canneti, aux idées mystiques qui l'agitent. »

Brassens, qui passe également aux Trois-Baudets, le surnomme l'abbé Brel, Danièle Heymann a rapporté dans les colonnes de son journal l'origine de ce surnom qui va longtemps lui coller à la peau :

« Un soir, Brassens triomphant croise Brel débutant. La bande de Brassens est d'humeur taquine. Elle convie Brel qui est seul, intimidé, à la fin de son souper. Et ça démarre :

« Eh ! l'abbé, tu veux du saint-honoré ? ou un pet de nonne ? ou un coup de saint-émilion ? Ou un digestif peut-être ?... une bénédictine pour l'abbé ! A moins qu'il ne préfère une chartreuse ! » Brel se lève sans rire. S'en va. Les deux hommes un peu plus tard deviendront amis. »

Qui donc peut distinguer dans...

L'année 1953 touche à sa fin. Le premier passage aux Trois-Baudets est déjà loin. Au cours du seul hiver 1953-1954 Brel va passer quatre-vingt-deux auditions qui seront autant d'échecs. Tous se montrent réticents. Personne ne veut de lui, de sa voix, et souvent, expliquera-t-il, « c'est mon genre surtout qui déplaisait ! ».

On le repousse, qu'importe, il s'accroche ! Non, les refus et les difficultés ne le feront pas céder. A vingt-quatre ans, même s'il ne sait pas qu'il va devenir le héros du romantisme moderne, il lui en faut davantage pour briser sa volonté.

Mais c'est dur, très dur de cogner chaque jour à toutes les portes d'un monde sans tendresse ! Dans sa chambre

cette silhouette raide et maigre...

autre chose qu'un Rastignac affamé d'espoir ?

d'hôtel, pauvre, sauvage, Jacques se morfond de solitude et de fureur.

Sa volonté est certainement entretenue par l'amour que sa mère lui voue. Oh, je ne parle pas de ses nombreuses mais modestes interventions financières ! Mais elle lui écrit des lettres de quinze ou vingt pages, dans lesquelles elle raconte des choses qui ne la concernent pas directement, mais qu'elle fait *voir* pour entretenir une douce complicité avec son fils. Elle l'assure de sa tendresse, quoi qu'il arrive. Quelquefois elle laisse entendre, très discrètement — elle sait le prix que son fils « paierait pour une telle défaite » — que la maison est toujours là, intacte, avec sa grande porte et sa façade rassurante. Son père aussi, bien sûr, accepterait son retour avec satisfaction. Elle n'insiste jamais. Ils sont tellement semblables. Au dire de son frère Pierre, ils possèdent une même sensibilité, un même besoin de communication, un même sens d'observation des choses et des gens.

Non, il restera à Paris, continuera à courir dans le flot de ceux qui traquent le cachet. Ainsi se déroule le scénario classique. Sandwich-camembert dans les bistrots crasseux, où les prix sont moindres. Il écrit *à la bière,* tout en continuant à proposer ses *services.* Chaque jour, il vit sa chanson *Les Paumés du petit matin.* Une nuit, sans un sou pour payer sa minable chambre, il doit déguerpir. Il va passer quatre nuits sur un banc, en face du cirque Médrano. Autour de lui, en tout cas, personne n'en a jamais rien su.

Les paumés du petit matin

L'année 1954 vient de naître après un mois de décembre particulièrement éprouvant. La ronde infernale s'accélère. Sa conviction finit par emporter les résistances les plus hésitantes parmi les directeurs de spectacle. En revanche, à la villa d'Este, on lui redit qu'avec « sa tronche il ne réussira jamais dans le métier ». Mais bientôt, un, deux, cinq cabarets l'accueillent et raniment vigoureusement ses espoirs de réussite.

Les cachets sont plus que misérables. Chez Patachou, il est sifflé presque chaque soir. Mais l'hôtesse croit en lui et chaque fois monte sur scène pour faire taire le public.

Il se tourne vers Saint-Germain où l'accueil du Quartier latin paraît être plus encourageant. L'Écluse puis l'Échelle de Jacob. Tous ses moments libres sont utilisés à écrire, à composer, à travailler sur de nouvelles chansons. Enfin le revoilà sur la Butte. Chez Geneviève où il décroche un engagement pour plusieurs mois. Il chantera quatre chansons en lever de rideau, et pour bien mériter ses quelques milliers de francs, il devra également essuyer les verres...

Vite, plus vite encore. Alors, il court encore plus vite, poursuivant avec frénésie d'autres cachets, d'autres levers de rideau. Il remplace les copains malades, signe tout ce qu'on lui propose. Bientôt, au prix d'une course folle, il lui arrive de passer dans une dizaine d'endroits différents.

Il en profite, en se renouvelant chaque soir, pour essayer sur le public la totalité de son répertoire. Comme il chante cinq à six chansons à chacun de ses passages, c'est quarante-neuf chansons qu'il offre entre vingt heures et deux heures du matin. Ce marathon lui procure une intense satisfaction, celle de reculer chaque soir sa limite nerveuse en allant jusqu'au bout de sa force, de sa folie. C'était ça Brel, cette impression qu'il ne pouvait jamais s'arrêter. Le visage ruisselant de sueur, presque sans un geste à cette époque, il menait son combat immobile, commençant à faire don de sa fureur et de ses cinglantes moqueries. Devos, compagnon de ces temps-là, a gardé un souvenir attendri du Brel de cette année 1954 :

« Je l'appelais l'aventurier de l'esprit, parce qu'il me semblait qu'il digérait mal l'aventure humaine. Ce qui frappait, c'était son état de santé. Il était fragile. Il dormait peu. Il avait mal partout et je l'entends encore dire, il y a vingt ans de cela : « Je ne suis pas bien, je ne sais pas si je pourrai continuer. » Or, non seulement il dominait tout cela, mais je n'ai jamais vu quelqu'un en scène se livrer au public au point de se trouver mal. J'ai toujours eu l'impression qu'il était l'homme des défis, y compris envers lui-même. »

C'est vrai, il y aura toujours chez Brel le côté défi. Pour cela même, il n'arrêtait pas de dire que ça ne l'amusait pas de chanter. Et pourtant, durant toute sa carrière, avant chaque entrée en scène, il vomira pour exorciser son émotion. Lorsqu'on s'en étonnait, il répondait :

« Quand un homme n'a pas peur de coucher avec une femme, c'est qu'il ne l'aime pas. Avec la chanson, c'est pareil. »

Les cabarets commencent à le réclamer. On le voit une fois ou deux à la télévision, et on l'entend quelquefois à la radio, mais dans des émissions consacrées *aux autres*. La critique, enfin, sort de son indifférence pour jeter un regard sur ce drôle de type. Mon dieu ! qu'elle est humiliante et stupide cette critique... Immédiatement, elle lui colle des étiquettes : Brel le catholique, Brel le communiste, Brel le bourgeois en rupture de ban. Bien d'autres encore !

Patience, encore un peu de temps, et il fera craquer tout ce monde de médiocrité prétentieuse.

La patrie de notre héros est encore moins tendre pour ce fils perdu. Au festival de Knokke-le-Zoute, on va

Brel, le catholique ?
Brel, le communiste ? a demandé un critique.

décerner, comme chaque année, le Grand Prix 1954 de la chanson. Sept spécialistes composent un jury qui doit récompenser un nouveau talent.

Il y a vingt-huit candidats. L'un d'eux est éliminé d'office tant on l'a trouvé médiocre. Ce candidat malheureux, c'est René-Louis Lafforgue, le futur auteur et interprète de *Julie la Rousse.* Quant à Brel, cette éviction va lui permettre d'obtenir une place bien en vue, la vingt-septième, la dernière !

A Paris, s'il a maintenant un peu moins recours aux sandwichs-camembert et aux cornets de frites, ses privations passées lui ont valu de terribles gingivites. Ses rages de dents sont violentes. Il ne s'en plaint que rarement à ses amis, nombreux maintenant. Il y a chez lui quelque chose de chaleureux qui lui vaut immédiatement de solides sympathies.

Après le spectacle, au petit matin, lorsque Paris s'éveille, il prend souvent un dernier verre au Tire-Bouchon ou à la Cloche-d'Or en compagnie d'autres débutants nommés Béart, Gainsbourg, Mouloudji. C'est l'heure pénible où le combat paraît désespérant, inutile, parce qu'un directeur refuse de vous entendre, ou un impresario de vous recevoir.

Pendant ces matins de découragement, c'est en général Brel qui ranime l'espoir. « Des jours meilleurs ne sont pas loin » et il est d'autant plus convaincant qu'il en est convaincu. Son goût de la plaisanterie fait aussi de lui un copain séduisant. Mais, à l'inverse, il est redoutable avec sa façon d'aller jusqu'au bout.

C'est encore Devos qui se souvient :

« Tenez, par exemple, on avait l'habitude, avant le spectacle, de se faire des cadeaux. A l'époque de Mendès-France, je lui ai offert un litre de lait. Il m'a remercié avec un kilo de beurre. Surenchère de ma part, la motte. Dernier mot pour lui : il est venu avec une chèvre. »

Premier disque

Sur un coin de table, dans un bistro de Montmartre, Jacques vient de griffonner quelques corrections sur un texte de chanson qu'il polit depuis plusieurs jours. Il reste indécis sur le titre. Il doit encore y réfléchir. Cette chanson sans nom va lui offrir sa première chance. Par on ne sait quel cheminement obscur, elle arrive entre les mains de la muse de Saint-Germain-des-Prés : Juliette Gréco, dont l'étoile monte au ciel de la chance. Cette chanson lui plaît. Elle la transforme en rengaine et décide de l'inscrire à son répertoire qu'elle veut renouveler pour ses débuts à l'Olympia. Dans le futur Olympe de la chanson qu'est ce music-hall, ouvert depuis un an seulement, le nom de Brel est prononcé pour la première fois. – « Musique et paroles de Jacques Brel » ! — *Ça va, le Diable !* La petite dernière a enfin été baptisée.

Juliette Gréco sera, longtemps encore, la seule à avoir chanté une chanson de Brel. Tous les autres grands interprètes s'y refuseront.

Mais Brel n'est pas amer. « Je ne sais pas. Ils n'aimaient pas ça. Mais il faut bien se mettre une chose dans la tête : c'est qu'à ce moment-là, moi, j'étais une vedette. Mais j'étais le seul à le savoir. Tout type qui débute est, pour lui-même, une vedette, sans quoi il ne débuterait pas. Ou alors c'est un épicier, c'est un garagiste, c'est un type qui fait de la chanson comme on vend un boudin blanc. Et ça rate toujours, dans la chanson ou dans autre chose, parce qu'il y a un phénomène d'honnêteté qui ne trompe jamais personne. »

Quelques semaines après le passage de Juliette Gréco à l'Olympia, Jacques Canneti qui continue à suivre, même de loin, son jeune protégé, lui fait enregistrer son premier disque.

Satisfaction profonde pour Jacques. Il s'agit d'un 33 tours comprenant dix titres : *La Haine, Grand Jacques, Il pleut, Il peut pleuvoir, Il nous faut regarder, Le Fou du roi, C'est comme ça, Sur la place,* et, bien sûr, *Ça va, le diable !*

Son premier geste est d'envoyer un exemplaire à sa mère et un autre à sa chère Miche qui peut ainsi écouter le premier écho de la confiance qu'elle a toujours eue en lui. Il en offre aussi quelques-uns « aux copains des petits matins » et attend, mi-confiant, mi-désintéressé, que les autres se vendent. Désastre ! Ils seront en tout et pour tout, dans toute la France, deux cents curieux à les acheter.

Et toujours les « bides » !

Pourtant, cette même année 1954, le nom de Brel va résonner une seconde fois dans l'immense salle de l'Olympia. Oh ! modestement, mais, tout de même, son nom sera à l'affiche en supplément de programme, comme on dit.

Nous sommes en juillet. C'est le plein été. Dans la salle, un public clairsemé de provinciaux venus pour la tête d'affiche. Brel ? connais pas !

En lever de rideau, *le mouton enragé* paraît sur scène. Il attaque, debout, grand et long comme un jour sans pain, le col dégrafé, la cravate desserrée, sans une pause, sans un arrêt, il enchaîne ses cinq chansons sur un rythme d'enfer. A cette époque, il ne maîtrise pas encore l'extraordinaire jeu scénique qu'il porte en lui. C'est encore une *pierre brute.* Mais il est violent déjà, et prend d'assaut ce qui offense la vue, ce qui est susceptible de blesser le bonheur. Il touche aux plaies qu'il faut cicatriser.

On ne peut pas dire que ce premier passage à l'Olympia soit un succès. Quelques critiques vont bien souligner la conviction du jeune Belge, mais sans s'attarder, trop occupés qu'ils sont à surveiller Brassens, Béart ou Mouloudji.

Jacques Brel ne reparaîtra plus chez Bruno Coquatrix avant quatre ans.

Il a repris ses courses folles de cabaret en cabaret. Maintenant, il fait des tournées dans les principales villes de France. Et même à l'étranger ; en Afrique du Nord, notamment.

Sa situation financière n'est guère brillante, malgré quelques galops d'essai encourageants.

Durant l'hiver 1954, il glisse dans un escalier de son hôtel et se retrouve une dizaine de marches plus bas, sa guitare, cette partie de lui-même, sous lui. Brisée. Il est sauvé du désespoir par madame Lebrun, directrice de l'Echelle de Jacob. Elle lui prête les vingt-cinq mille francs nécessaires à l'achat d'une nouvelle guitare.

Jacques Brel, un « mouton enragé ».

Les premiers autographes...

Guitare rutilante, chansons nouvelles, un métier qui commence à s'affirmer, voire même un style, mais toujours des *bides* au milieu de succès d'estime.

Cette année-là, c'est dans son propre pays qu'il est engagé *en américaine.* Pour les fêtes de fin d'année et celles du nouvel an 1955, il a décroché un contrat aux Anciennes Belgiques de Bruxelles. Il passe dans le programme de Bobby Yan Schaepes, la plus grande célébrité flamande de la chanson.

Brel interpète la plupart des chansons de son disque et aussi *Si c'était vrai* et *Qu'avons-nous fait bonnes gens.* Il termine sa prestation par *Quand on n'a que l'amour.* Et voilà que le public belge applaudit chaleureusement.

Il est d'autant plus heureux que toute sa famille est dans la salle. Son père a ce mot admirable, le mot d'un homme qui a pardonné à son fils, mais pour qui toutes ces choses restent peu sérieuses, il dit : « Vraiment les Anciennes Belgiques n'ont pas changé ! ». Pourtant son fils se prépare à ébranler l'archaïque monde de la chanson.

C'est avec difficulté cette fois qu'il quitte Miche et les enfants ; Chantal a quatre ans et France trois ans. Comme le temps passe...

Il décide de les faire tous venir auprès de lui, maintenant que les choses ont l'air d'aller un peu mieux. Trois mois plus tard, en mars 1955, il déniche dans la banlieue ouvrière du nord-est de Paris une maison de bois, dans le fond d'une cour. Il va y rassembler les siens.

Trois jours après avoir enregistré un second disque qui passera inaperçu, il achète une deux-chevaux Citroën. Bien qu'il ait toujours assuré qu'il n'était pas fait pour la vie de famille, Jacques trouve auprès des siens une tendresse qui, peu à peu, efface le souvenir des chambres d'hôtel montmartroises.

« J'aurai débuté cinq ans ! »

Et il écrit, compose et écrit encore.

Pour que les personnages évoluent à l'aise, il choisit les paysages que sa mémoire de môme a retenus.

« Mes chansons sont inspirées par ce qui m'arrive ou m'est arrivé il y a longtemps. J'ai des sensations qui me reviennent avec deux ans de retard. »

Surtout, il s'applique à composer des chansons dont le public retiendra les paroles tout en en comprenant le sens. Aucune passion de la minutie. Il ne raconte pas sa vie au jour le jour, au mot à mot, il délivre des impressions de vie.

« Moi, j'emploie des mots courants. Je crois qu'il est essentiel d'écrire comme on parle, comme on respire. Effectivement, si je dis « putain de merde » dans la vie, je ne vois pas pourquoi je ne l'écrirais pas. »

Les tours de chant en province deviennent de plus en plus fréquents. Il adore ces voyages qui n'en sont pas. Il y rencontre des gens avec qui il aime traîner, tout en se sentant libre. Louis Nucera, qui en 1956-1957 habitait Nice, se rappelle que Jacques parlait plus de Céline et de Camus que de music-hall. Et qu'ensemble ils cherchaient le secret du feu. Son sentiment était que Brel un jour serait romancier. Dix ans plus tard, ayant triomphé de tous les obstacles, il avouera en effet : « je voulais écrire un livre, mais il ne s'est jamais laissé écrire ».

Pour l'heure, dans les tournées qui se succèdent, il n'est encore que le *petit* qui accompagne Philippe Clay, Catherine Sauvage, Pierre-Jean Vaillard, Suzanne Gabriello, Zizi Jeanmaire, Raymond Devos ou les Trois Ménestrels. Lorsque ses déplacements l'emmènent vers Bruxelles, il ne manque jamais d'aller serrer sa mère dans ses bras. Cette mère qui suit avec inquiétude la difficile destinée d'un fils qu'elle adore.

Louis Nucera se souvient encore :

« En 1956-1957, Brel venait chanter à Nice. Il passait en première partie sur les scènes du Palais de la Méditerranée, ou du Théâtre de la Verdure. Dans les articles que j'écrivais alors je lui consacrais l'essentiel de la place qui m'était réservée. Attitude qui devait être peu fréquente, car de Belgique sa mère m'adressait de longues lettres, d'une écriture serrée, afin de me remercier. »

Toutefois, le public commence à retenir le nom de cet artiste qui monte. Jacques Canneti précise qu'entre ses débuts et 1957, Brel, à lui seul, a participé à plus de deux cents représentations du Festival du Disque en province et à l'étranger.

Enfin, le palmarès de l'Académie Charles Gros devait attirer sur lui l'attention du grand public en récompensant son dernier disque qui comprenait notamment : *Qu'avons-nous fait bonnes gens* et *Quand on n'a que l'amour*.

La première apparition de Brel a eu lieu à la Rose Noire, en 1952. En 1957, son plus célèbre discours après le prix qui vient de lui être décerné sera : « J'aurai débuté cinq ans. »

Il est vrai que la carrière de Jacques Brel, si hésitante jusqu'alors, démarre brusquement après ce couronnement.

Les services commerciaux de Philips, perplexes depuis ses débuts, pour ne pas dire réticents, peuvent respirer. Chez les disquaires, on commence maintenant à réclamer *ces chansons pas comme les autres* qui vous déshabillent de l'intérieur.

Aux commerciaux qui essayent de cerner son public, il répond : « Je plais à ceux qui ont soif. »

Il gardera de ses contacts avec la célèbre firme des souvenirs entachés d'amertume.

« Qu'est-ce que j'ai dégusté chez Philips, les conseils, les humiliations. » Il confiera à Jacqueline Cartier :

« La première année, j'ai vendu quelques centaines de disques, et le directeur artistique de la firme m'invita à manger une pizza dans un petit bistro. La seconde année, j'ai atteint quelques milliers d'exemplaires, et le même directeur artistique me convia à un bon déjeuner dans un restaurant réputé. La troisième année, je devenais millionnaire du disque, et le directeur artistique m'invita dans sa maison de campagne où le Président-Directeur général de la firme me tapa sur l'épaule : "Alors, ça va ?" ».

Sa virulence éclate d'ailleurs contre les éditeurs de musique en général. « On me refuse mes chansons parce qu'elles ne se dansent pas et ne pourront pas se vendre en Amérique. Ce ne sont que de vulgaires marchands sordides, tous, parfaitement intelligents, qui n'ont qu'une idée en tête : *le tube*. »

La première « carte-postale »...

Le premier reportage officiel !

1

2

3

Une maison de bois
dans une cour de la banlieue nord... (1.2.3)

« Je plais à ceux qui ont soif ! » (4)

Six cabarets par nuit
et neuf chansons par passage. (5)

Aux Trois-Baudets,
avec Devos et Béart. (6.7)

Ecrire, composer et écrire encore... (8)

4

5

6

7

8

1

2

3

« Qu'est-ce que j'ai dégusté chez Philips ! » (1)

Les paumés du petit matin. (2)

« Alors, ça va ? » (3)

Dans ses chansons, ses souvenirs d'enfance. (4)

Ses tours de chant en province deviennent de plus en plus fréquents.

« ... Son "Je t'aime",
il faut presque le hurler. »

Cité Lemercier, véritable oasis de paix.

Début 1958. Miche est de nouveau enceinte, et sa grossesse touchant à sa fin, elle repart pour la Belgique avec leurs deux petites filles.

Jacques liquide alors la maison de bois de Montreuil. A deux pas de la place Clichy, dans un quartier populeux, il a découvert une véritable oasis de paix. La cité Lemercier, merveilleux petit jardin plein d'arbres et de fleurs qui ignore les voitures. Il y loue une chambre. Pas très grande, mais suffisante pour y loger ses montagnes de livres, sa guitare et des bouteilles pour les copains.

« J'aime les amis, je suis pour la vie commune. Je crois aux copains comme les enfants. Je m'emmerde dans le monde des adultes » répète-t-il à cette époque.

Beaucoup ne comprennent pas qu'il puisse vivre éloigné de ses deux filles et de sa femme. Quel amour peut-on avoir pour une famille, mis à part le séjour à Montreuil, qu'on ne voit que quelques jours par an et ce depuis des années ? Si ce n'est pas un abandon, cela y ressemble étrangement, non ?

Il répondra un jour à Jean Clouzet à cette même question posée différemment. Réponse superbe qui mettra un point final à toutes les questions touchant à ce chapitre de sa vie privée :

« La paternité n'existe pas. C'est une vue de l'esprit. La maternité, elle, existe, et la tendresse de la mère est indispensable. Par contre, il est presque impossible pour un père d'établir un dialogue véritable avec ses enfants. Evidemment, vous pouvez toujours faire *guili guili*, mais ça ne va pas très loin (...) Des enfants, ça doit se séduire, comme une femme ou comme une salle. Or je ne vois pas bien l'intérêt pour des enfants de voir revenir à la maison, chaque soir, un monsieur qui ne leur dira rien de passionnant parce qu'il est quotidien, qui va s'asseoir, mettre ses pantoufles, roter à la fin du repas, s'installer devant la télévision en criant : « Allez les enfants au lit » (...) Je tiens à prendre avec moi mes filles à l'occasion de tournées par exemple. Là, elles peuvent me voir en tant qu'homme exerçant sa fonction d'homme (...) Il vaut mieux être élevé par un chirurgien qui opère que par un chirurgien qui joue au billard (...). »

L'année 1959 passe, longue, difficile et morne. Tout en continuant à chanter dans plusieurs cabarets, Brel paraît, successivement, une première fois sur la scène de l'Alhambra en supplément de programme, et une seconde fois en *américaine* dans un spectacle dont Philippe Clay est la tête d'affiche. Un certain public commence à s'habituer au couplet *coup de poing* de ce débutant qui porte la Flandre au fusil. « Pourquoi tant de fureur dans vos chansons ? » demande un journaliste.

« Les Méditerranéens n'ont pas besoin de mots violents car leur paysage est violent. La Flandre est grise et plate. La plaine donne envie d'une enflure, d'une démesure. A Menton, on dit : « Je t'aime » à une fille. A Ninove tout est gris, il pleut, il pleuvra demain, son « je t'aime », il faut presque le hurler. »

Alors qu'il commence à connaître les rappels, les « une autre », son destin bascule sur un incident de parcours. En décembre 1959, Francis Lemarque tombe malade, et Brel est engagé pour le remplacer. La valse enragée n'aura pas mille temps, ne durera ni cent ans ni vingt ans, mieux qu'une reconnaissance de son talent, il va y gagner son premier vrai public.

Et voilà que toutes ses chansons deviendront précisément des tubes internationaux, malgré les augures, et en dépit de sa propre analyse : « La chanson est essentiellement latine. Elle n'existe que dans un territoire qui va de la Grèce à dix kilomètres au-dessus de Bruxelles. Ailleurs c'est de la musique pour danser. »

Pour le moment nous n'en sommes pas là. Si ses titres expriment déjà ses indignations, s'il est violent, il ne s'est pas encore tout à fait dégagé de sa timidité ou, pour être plus exact, de sa pudeur.

La famille Brel au grand complet.

« La paternité n'existe pas, c'est une vue de l'esprit... »

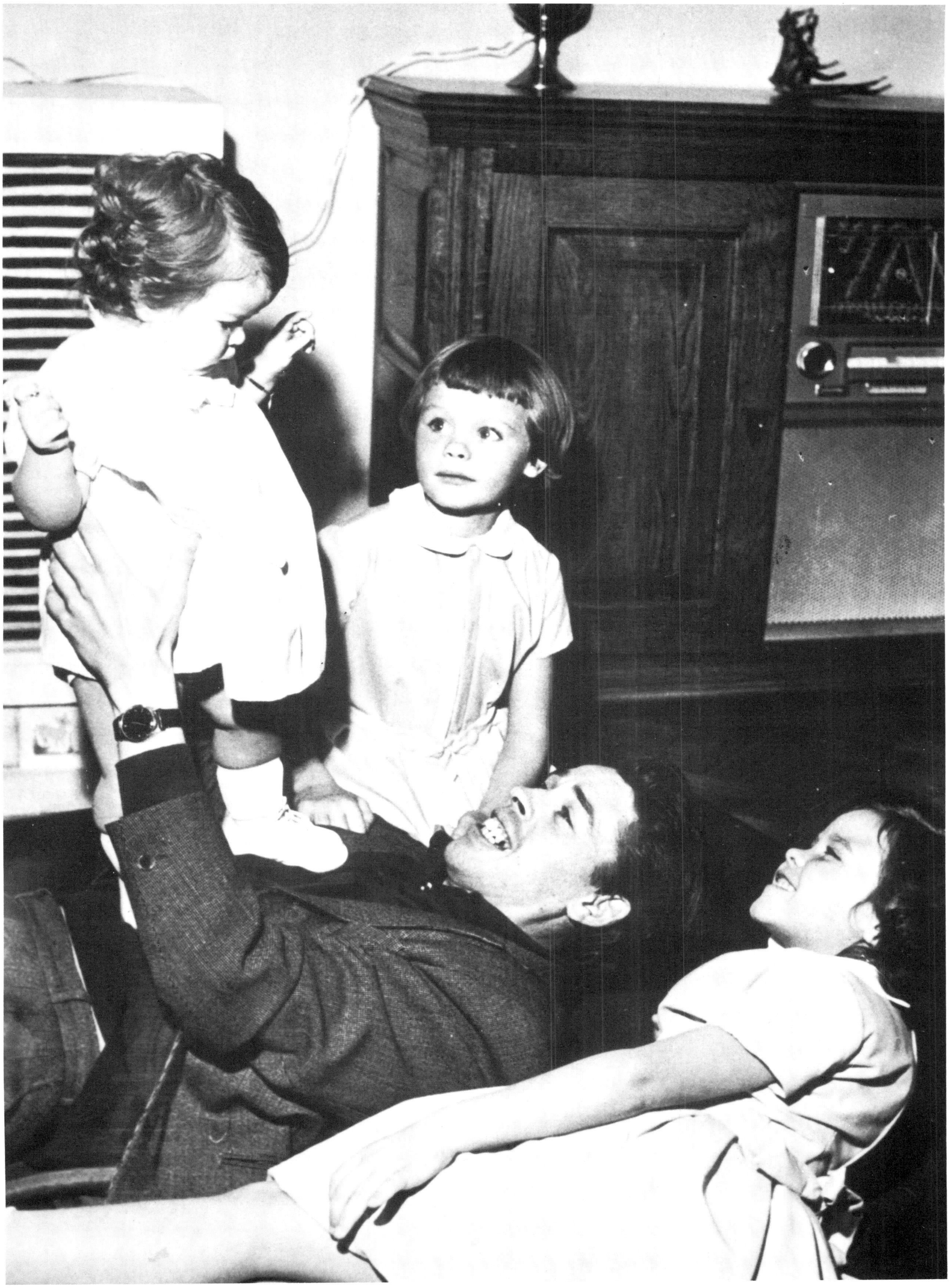

*« Mes filles doivent
me voir en tant qu'homme,
exerçant ma fonction d'homme. »*

1

2 3

« Je suis un mec comme tant d'autres mecs. » (2)

Il commence à gagner
son premier vrai public. (4.5)

Jacques, « Miche » et leurs trois filles :
Chantal née en 1951
France en 1953 et Isabelle en 1958. (1.6)

La vie à mille temps

Les Flamands (ou l'histoire d'un malentendu)

Bien mis dans son costume bleu marine, qui exorcise une cravate rouge vif, il détaille avec autant de maîtrise que de talent des poèmes et des musiques tout nouveaux. Il a écarté certains *bedeaux* et *éminences* qui limitèrent, un temps, ses ambitions. Sa voix délivre des mots qui paraissent broyés entre ses dents comme pour en exprimer mieux l'après-saveur.

Derrière tous les masques, les refoulements, les complexes qui auraient pu dresser un mur infranchissable entre Brel et les autres, la foule, en dix chansons, a reconnu un homme dont les colères et les plaintes sont les siennes.

Quand on n'a que l'amour, La Valse à mille temps et *Les Flamandes* lui valent chaque soir une fantastique ovation.

Le soir de la générale, les bravos n'en finissent pas. Six rappels lui décernent ses étoiles de tête d'affiche. Hagard, brisé par l'émotion, dans la lumière crue des projecteurs, il manque d'éclater en sanglots. Un critique écrit : « Ce garçon-là réchaufferait de sympathie une porte de prison. »

La consécration s'avance.

Philips jubile et met sous presse des microsillons par milliers. *La Valse à mille temps* inonde le marché ; cinq cent mille exemplaires. On veut le *récupérer*. On dit, on écrit que son public est syndicaliste, communiste, clérical, anticlérical. On veut l'engager de l'extrême-droite à l'extrême-gauche. Il rétorque simplement : « Je ne délivre pas de message, je laisse ça aux facteurs. »

Couronné par Paris, il scandalise une partie de ses compatriotes. En Flandre, on l'a mis à l'index. Il y est interdit. Pendant un temps, *Les Flamandes* sont prises à partie. Les journaux reprochent à l'auteur (les imbéciles) de renier son pays, de bafouer la religion, d'insulter les mères de famille et de ranimer les querelles linguistiques. Conséquence : les Bruxellois à leur tour lui font un triomphe.

Belge avant toute chose,
il se veut belge ce flamand francophone,
avec sans doute du sang espagnol,
survivance de l'occupation castillane
des XVIe et XVIIe siècles.

Les Flamands l'interdisent sur la côte, (sa côte à lui c'est Ostende et Knokke-Le-Zoute) et Brel, pour leur montrer comme ils sont stupides, menace de les interdire à son tour en Angola portugais. « Il nous enquiquinent parce qu'il font davantage d'enfants que les autres », conclut-il en riant.

Le moment est venu d'interrompre un court moment le récit de sa vie pour rappeler que Brel n'a cessé de se déclarer belge. Belge jusqu'au plus profond de lui-même. A plusieurs reprises au cours de sa carrière, il a évoqué sa belgitude. Rappelons simplement ce qu'il en a dit à Henri Lemaire en 1972 pour la R.T.B.

« D'abord, j'aime les Belges et je suis Belge depuis bientôt vingt ans. J'écris des choses qui ne sont pas congestionnantes d'intérêt, mais qui existent et qui parlent des Belges ou de la Flandre. Et il y a un certain nombre de gens qui, eux, n'ont pas du tout envie d'être Belges finalement, qui regrettent de ne pas avoir été élevés à Oxford. Moi, j'en parle de ce pays avec l'accent parfois, mais de manière précise. Comme *Le Plat Pays*. Comme le film que je fais. J'ai voulu qu'il se fasse en Belgique, cela me paraît très important. Il y a des gens qui refusent cette condition de Belges : c'est désolant. Ça ne me plaît pas beaucoup. Parce que, quand on est de quelque part, si on veut que cela change, on fait une révolution, mais on ne passe pas toute sa vie à râler. On fait 1789, ou 17 en Russie — je ne suis contre rien —, mais on ne passe pas sa vie à gémir. Ça fait des gens qui sont aigris à quarante ans ! Il y a des gars qui disent : "Nous, les pauvres Belges, qu'est-ce qu'on est ? On n'est rien du tout. Tout le monde se f... de nous !" Ce qui est vrai, c'est que tout le monde ne sait pas où est la Belgique. Il faut être humble. C'est comme quand on se rase le matin. On découvre sa tête derrière le savon : pof ! ça calme. Quand vous arrivez au Pérou ou à San Salvador, les gars ils savent vaguement où c'est, la Belgique. Alors moi, je débarque et je parle... Maintenant, ils croient tous qu'Amsterdam c'est en Belgique. Cela dit, toute cette série de gars qui jouent à ne pas être belges, ils « m'escagacent » comme on dit dans le Midi de la France. »

On ne peut pas être plus clair ! Pourtant certains Flamands restent persuadés que Brel ne les aime pas.

« Comme la guerre est finie, je ne suis pas obligé de me promener avec une étoile jaune... et je ne vais pas me promener avec mes papiers d'identité. Mais de race je suis flamand. Ma famille est originaire de Zandvoort, ma mère était de Linkebeek. Quand je dis que je suis flamand de pensée, je ne peux évidemment pas le prouver... Mais quand un type passe vingt ans à parler du plat pays ou des Flamands... Je ne parlais tout de même pas des Alpes ni de l'Adriatique ! Il me semble que j'ai le droit, moi, Flamand de race, de raconter tout ce que j'ai envie en français. Je crois du reste savoir, à moins que je ne sois un sacré imbécile, qu'un certain nombre de Flamands ont fait la même chose. Je ne vois pas là un crime de lèse-majesté, je ne vois pas là de quoi fiche quelqu'un en bas des falaises de Douvres. Je ne suis pas le roi, mais si j'étais le roi — que j'ai vu une fois et qui est un homme très bien —, je réduirais à six mois le service militaire et pendant les six autres mois j'enverrais les gars de Flandre en Wallonie et les gars de Wallonie en Flandre. Ça arrangerait pas mal de choses parce que tout le monde a mal aux dents de la même façon, tout le monde regarde sa mère de la même façon, tout le monde regarde une femme de la même façon, tout le monde aime ou n'aime pas les épinards de la même façon. »

Dans son dernier album, il s'en prendra aux « Flamingants ». Ce seront les mêmes « gens ». Ceux qui n'ont pas compris qu'il était viscéralement épris de cette terre flamande que nul mieux que lui n'a chantée !... Les Flamingants, ce sont ceux qui n'ont pas compris qu'il aimait les Flamands et que certains d'entre eux ne se montraient pas à la hauteur de son amour. Ses Flamingants ce sont tous ceux qui n'ont pas compris qu'il répliquait avec la démesure d'un amoureux déçu.

« S'il s'en est pris quelquefois aux Flamands, commentait un de ses amis, c'est tout simplement parce qu'il les aimait et que certains d'entre eux ne se montraient pas à la hauteur de son amour. Jacques est capable de se montrer particulièrement exigeant vis-à-vis des gens qu'il aime. C'est un être entier qui ne sait pas dissimuler et devient facilement agressif. »

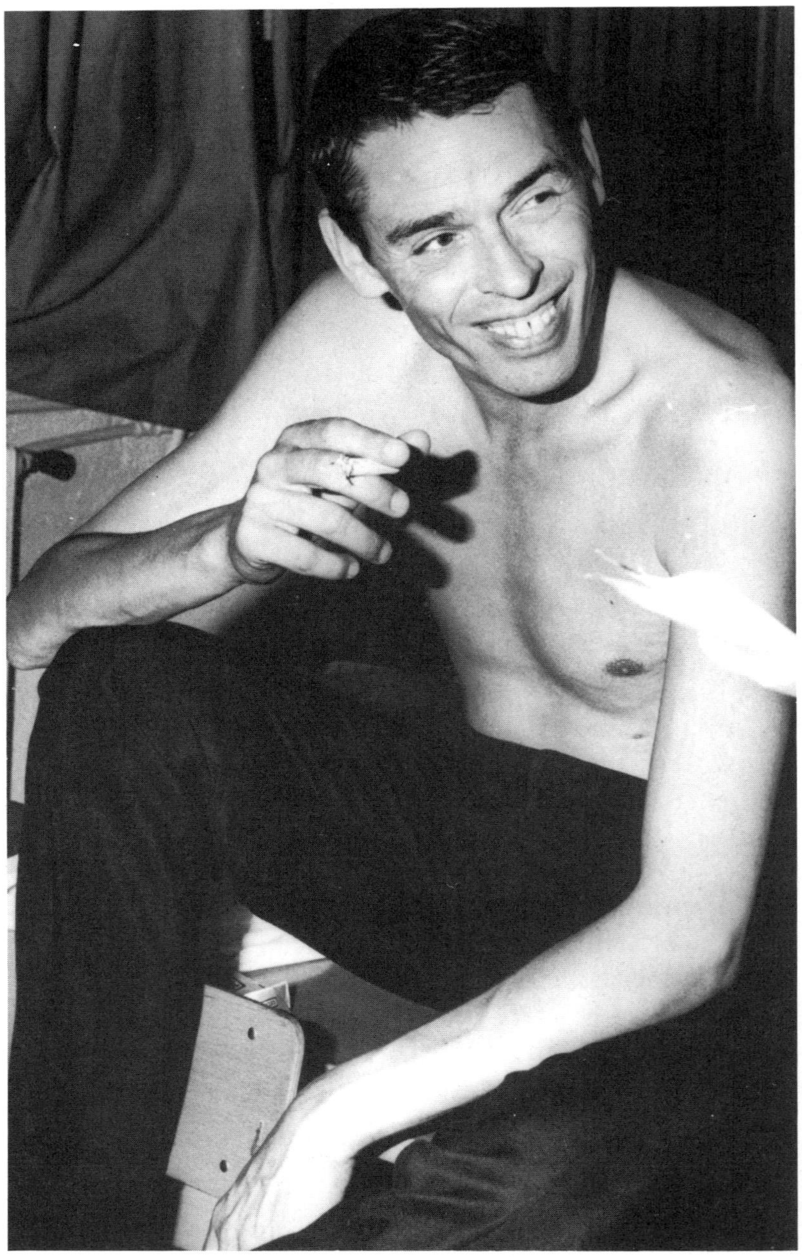
1

2

Souriant et détendu après son tour de chant. (1)

Portrait officiel pour sa maison de disques. (2)

3

4

5

Et toujours,
serrant sa guitare contre lui... (3)

Anxieux, avant son passage. (4)

Récompensé par les fameux
« Bravos du music-hall ». (5)

Qu'avons-nous fait, bonnes gens ?

1960. Tout un public commence à comprendre que les vérités que Brel assène sont le reflet de celles qu'il voit dans son propre miroir. Il est maintenant de plain-pied avec le monde du music-hall. Territoire du camouflage, à alternance d'ombre et de lumière. Comment va-t-il s'y adapter ? Comme un char traversant un champ de blé ! Et toujours de l'humour, parce qu'il considère que c'est la forme la plus saine de la lucidité : « C'est bon comme une douche froide. »

Une partie de la presse française s'intéresse à Brel. Pas longtemps, juste quelques semaines. Mais suffisamment pour souligner que ce jeune Belge sait être brutal dans ses gestes comme dans ses réparties. Lorsqu'on lui demande une nouvelle fois de définir son public, il répond :

« Je ne suis pas un porte-drapeau. J'ai un nombril qu'a pas de trou. »

« Pourquoi chantez-vous ?

— Ce n'est pas gai, les gens qui ne réalisent pas leur rêve.

— Le succès est-il grisant ?

— Je ne travaille pas pour les applaudissements. Ils me font plaisir. Mais je suis heureux comme un bottier à qui l'on dit : Vous m'avez fait des chaussures formidables. Chanteur, c'est un métier d'artisan.

— Alors, que représente « réussir » pour vous ?

— D'abord, réussir quoi ? Il faut s'entendre sur le mot réussir. Je crois qu'on ne réussit qu'une seule chose : ses rêves... Je suis convaincu d'une chose : le talent, ça n'existe pas. Le talent, c'est avoir envie de faire quelque chose. Je prétends qu'un homme qui a envie de manger du homard a le talent qu'il faut à ce moment-là pour manger convenablement un homard, pour le savourer convenablement. Avoir envie de réaliser un rêve, c'est ça le talent. Et tout le reste, c'est de la sueur, de la transpiration, de la discipline. L'art, moi, je ne sais pas ce que c'est. Les artistes, je ne connais pas. Je crois qu'il y a des gens qui travaillent à quelque chose, qui travaillent avec une grande énergie. Mais l'accident de la nature, je n'y crois pratiquement pas.

— L'argent commence à arriver. Cela vous procure-t-il des satisfactions ?

— Je me fous complètement de l'argent. J'ai peur de l'argent, peur qu'il me bouffe.

— Vous aimez choquer ?

— Je suis un chanteur. La chanson me permet d'exprimer mon indignation. Mais je ne m'en prends pas à des personnes précises. Il ne s'agit pas d'une femme, mais d'un type de femme, pas d'un homme, mais de dix hommes. Lorsque j'emploie Dieu, c'est comme notion extérieure parce que je suis symboliste, comme tous les Flamands. L'homme a envie de miracle sans arrêt, et puis le miracle n'arrive pas. Dieu n'arrive jamais. Alors je cite aussi Dieu, bien qu'il n'ait jamais rien écrit. Dieu serait une cocotte-minute, je parlerais de cocotte-minute si la cocotte-minute avait pour les gens la même signification que Dieu. Dieu, c'est un mot pour moi. »

Désormais, ceux qui l'intervieweront ne se contenteront pas de noter l'idée exprimée, toujours frappante, mais ils retiendront le moindre mot de ses formules truculentes.

Automne 1960. Johnny Hallyday, l'idole qui monte, vient, comme disent ses fans, de « faire un malheur » à l'Alhambra-Maurice-Chevalier, en première partie du spectacle Devos. Le jeune homme hystérique, beau comme un dieu, pantalons de cuir moulants, chemise de dentelle transparente, a scandalisé une partie du public. Des *croulants* se sont levés, l'ont sifflé, invectivé. L'autre moitié de la salle, celle des blousons et des jeans, a déliré de plaisir en le voyant mordre son micro, se rouler par terre, hurler, pleurer, miauler à grand renfort de guitare électrique.

« Je ne suis pas un porte-drapeau, j'ai un nombril qui n'a pas de trou. »

1

2

3

4

Sa femme, qui a toujours cru en lui, est son meilleur supporter. (1)

Premier reportage télévisé. (2)

Enregistrement en direct, sans play-back ou autre « tricherie ». (3)

Souriant au public qui, maintenant, l'applaudit chaleureusement. (4)

Sacré « Dieu du *rock* », Hallyday emmène dans son sillage toute une adolescence. Du moins le croit-on. Les journaux le hissent en tête des hit-parades. Le *rock* est devenu à la mode. Lors de ses tournées en France, le spectacle est autant dans la salle que sur la scène. Quelques mois plus tard, le *Elvis Presley* français passe en vedette à l'Olympia.

Le premier soir, ses supporters s'enivrent de rythme et de hurlements, cassent les fauteuils, envahissent la scène. Ravie malgré tout, la direction appelle police-secours. Tous les soirs, désormais, la police alignera ses longs cars bleu marine boulevard de la Madeleine. Le rock triomphe.

Les *fans* de Hallyday sont innombrables, et Edgar Morin popularise une expression qui va faire fureur : le *yéyé*.

Pour interrompre cet « abrutissement pestilentiel », comme l'écrit un journaliste, l'Olympia engage pour son prochain spectacle Marlène Dietrich. Il faut au moins une vedette de cette dimension pour succéder au délire que l'on vient de connaître. Mais la Grande Dame se fait petite, et se récuse au dernier moment. Bruno Coquatrix se tourne alors vers Brel.

Evidemment, Brel n'est ni une grande vedette, ni précisément un *yéyé*. On peut s'attendre au pire avec ses chansons à fines dentelles, aux mots joliment noués qu'il faut, non seulement entendre, mais écouter. Tout le monde pense secrètement qu'il va se *ramasser*. Les mauvais augures vont être étranglés. C'est un triomphe. Il faut remonter aux débuts de Bécaud pour se souvenir d'un tel *rush*, boulevard des Capucines. A son répertoire seize chansons, parmi lesquelles : *Les Bourgeois, Le Moribond, L'Ivrogne, Marieke, Ne me quitte pas, Les Flamandes* et, bien sûr, cette machine de précision qu'est *La Valse à mille temps*.

Le soir de la première, tandis que deux mille personnes applaudissent à tout rompre, dans les coulisses, alors que Brel s'est retiré derrière le rideau rouge, on entend son frère Pierre, arrivé de Bruxelles pour la circonstance, lui dire : « Bon, alors. C'est fini maintenant les bêtises ? Quand est-ce que tu rentres ? »

Pendant trois semaines, il va jeter son monde au visage et au cœur d'un public fasciné. A coups d'enfance engloutie, d'amours contrariées, d'illusions noyées, d'espoirs brandis comme pour faire pièce au malheur, il va chaque soir, dans un corps à corps d'une heure trente avec la salle, faire admettre *ses* vérités. Il s'épuise dans ces matchs au *finish* qui laissent chaque fois les spectateurs K.O. Il confie à ses amis : « Un acte d'amour, s'il n'est pas suivi d'épuisement, c'est qu'il n'a pas été complet. Si un tour de chant n'a pas été suivi du même épuisement, c'est qu'on ne s'y est pas donné tout entier, qu'on n'a pas été entièrement sincère avec soi-même. »

Sa sincérité, quelle est-elle ? Que la guerre c'est bête, que les femmes ça peut être méchant, les amis déserteurs, les bourgeois cons ?

Ces procès aux adultes pourraient ne rien avoir d'original. Mais voilà, aucune image éculée, mais une palette inédite. Sa voix forte et franche, rompue à toutes les nuances, laisse échapper une véhémence tendre ou agressive, une lucidité féroce ou narquoise. Elle clame le mal d'être, mais aussi la nécessité d'être. Pour cela, il est tour

à tour déchirant et déchiré, fait s'entrechoquer les mots dans un langage dont la sincérité assassine et révèle un homme en quête d'amour. En quelques mots : il émeut chacun de nous parce qu'il est nous-même.

Et comme, à ses yeux, la retenue, la mesure, ne sont pas persuasives, il ne prêche pas ses chansons, il les vit. Il les mime, les raconte en utilisant ses grandes mains, son corps souple. On est loin des premières apparitions, lorsqu'il demeurait rivé à son tabouret de scène. Même ses jambes ont l'air malicieux. Sans elles, il ne serait pas complètement l'amoureux transi, la Flamande bigote, le danseur de tango, le chasseur de biches, le singe ou le vieillard qui voit la vie se rétrécir comme une peau de chagrin. Le gestuel règne en maître et tout son corps souligne la force étrange de ses mots.

Un public directement agressé par ses propos place désormais Brel parmi les plus grands. D'un seul coup, le voilà hissé sur ce podium immatériel qu'est la notoriété. Le triomphe, c'est si difficile d'y accéder, si difficile de s'y maintenir, il est si fréquent de perdre l'équilibre par son propre fait ou sous la poussée des autres.

Le music-hall et les journalistes qui l'ont ignoré pendant cinq ans font une sorte de complexe vis-à-vis de lui. Maintenant, ils veulent rattraper le public qui les a débordés. Ils ne peuvent plus se tromper. N'a-t-il pas connu un succès foudroyant à l'Olympia, cette colline sacrée qui désigne ceux que l'on doit ceindre de lauriers ?

L'immense chœur de louanges peut commencer et les mécanismes de la société de négoce se mettent en branle. Pendant que Philips, maintenant rassuré, se prépare à jeter ses disques sur le marché par dizaines de milliers (certains seront vendus en six mois à trois cent mille exemplaires), les grands journalistes lui délivrent leurs palmes. Honneur suprême pour un chanteur, il se voit octroyer un brevet de poète. Les radios diffusent des *hosannas*.

Tout cela respire bien un peu le manque de naturel et semble un peu forcé, mais dans un monde de passe-passe et de baudruches enflées, le succès a mis au point les décrets de sa dictature comme l'écrivit Pol Vandromme. On assassine la personnalité, le genre, de façon méthodique : « Brassens, c'est Villon ressuscité ; Ferré, Baudelaire amélioré ; Barbara, Verlaine réincarné ; Trenet, le prince de... » Si Brel se laisse faire, on peut en faire un Rimbaud actualisé ou une mère goethienne de la jeunesse, ou... Quoi ! qu'est-ce qu'il dit ?

Stupeur dans le Landerneau du music-hall et des chroniqueurs : « Je ne suis pas un poète, je n'ai pas besoin de concentration.
— Que vous manque-t-il donc pour devenir poète ?
— Y croire !
— Qui êtes-vous alors ?
— Un poète raté, peut-être ; enfin, voyons, si j'avais du talent, est-ce que je ferais des chansons ?
— Etes-vous un artiste ?

— Je nie la notion d'artiste, je tolère celle d'artisan. Les gens qui font des chansons sont des témoins, des photographes. Un témoin n'est pas fait pour durer. Nous, c'est la vente de l'électrophone qui a fait notre gloire. Il y a cinquante ans, on aurait été des inconnus comme Jouy, comme Bruant. Nous vivons parce que nous sommes dans une époque mécanique.
— Mais enfin, vos procédés d'écriture, votre maîtrise, votre adresse diabolique du rythme ?
— Ah oui ! si j'écrivais avec le style de Montherlant ou composais seulement quelques mesures à la manière de Debussy !
— Et votre inspiration poétique ? Vous ne pouvez pas la nier ?
— Non. Je suis un artisan. Un honnête artisan. Je me souviens, je glane une idée à droite, une à gauche, et j'en fais une chansonnette. Rien de plus. Et encore huit par ans, pas davantage. Après je radote. Je n'ai pas tellement de choses à dire. »
Vraiment ce type-là n'est pas possible !
Et il s'agissait pourtant d'une modestie authentique.

Un temps encore, les médias bulletins paroissiaux du culte des idoles, vont essayer de franchir le *barrage Brel.*

On voudrait créer une mythologie rentable, tout savoir sur lui. Mais son existence parisienne est d'une platitude désespérante pour les amateurs de pittoresque. On sait qu'il s'est acheté une 404 noire, mais aucune anecdote croustillante. Il restera l'un des personnages, parmi les artistes contemporains, dont la vie privée sera la moins connue, la plus énigmatique. Et lui d'ajouter : « Ce n'est pas grand la vie, pas long non plus... En fait, ce n'est rien du tout la vie. Et puis des mecs, il y en a partout. Et je suis un mec comme tous les mecs ! Seulement, quand il m'arrive parfois de penser à ceci ou à cela, je tiens à le dire, parce que peut-être que je serais un salaud si je ne le disais pas. »

Toute la presse va bientôt savoir qu'il y a des chanteurs dont on parle et d'autres que l'on écoute.

Le public ne s'y trompe pas. Pour lui, Brel incarne l'homme des vérités. Bientôt, c'est le triomphe permanent de l'un des plus grands paroliers et compositeurs de l'après-guerre. Les tournées innombrables et harassantes se succèdent ainsi que les galas, à la chaîne. Il habite sa valise, comme il dit.

Son corps souligne
la face étrange de ses mots.

Ses chansons,
il les mime, il les vit...

Paris, qui a été si dur à ses débuts, se montre un peu plus tendre.

Après son récital, avec sa femme et ses copains : « Jojo » et Charley Marouani.

Trois heures de répétition par jour, et quelquefois même une dernière retouche à sa musique avant l'entrée en scène. (1)

Durant toute sa carrière, Jacques Brel n'a jamais pu entrer en scène sans avoir lui-même ciré ses chaussures. (2)

Marlène Dietrich l'ayant lâché, Coquatrix se tourne vers un jeune débutant. (3)

Premier passage dans le plus grand music-hall français. (4)

Ses affiches groupées, signe d'une renommée qui grandit. (5)

1

2

3

4

DERNIÈRE SEMAINE
AUJOURD'HUI
MATINÉES
14h30 17h30
Soirée à 20h45

5

A 40 METRES
28. Bd des CAPUCINES
LE THÉATRE OLYMPIA
BREL

Désormais, chacun de ses passages à l'Olympia, à Bobino, comme en province ou à l'étranger, déclenche l'enthousiasme. Pourtant, il s'oblige à un travail toujours plus exigeant, à un tour de chant toujours mieux rodé. Celui qui confiera qu'il est devenu compositeur faute de trouver un musicien pour mettre de la musique sur ses poèmes, et chanteur faute de dénicher un interprète, est devenu un artiste total, un professionnel impeccable.

Alors que cette année-là Georges Brassens ne s'est produit que trois fois en public (une fois au profit d'un jeune chanteur blessé dans un accident d'auto, une autre pour les anarchistes, la troisième en faveur d'anciens bagnards), Brel a fait au cours de ses tournées cent trente mille kilomètres. Désormais, chaque année, il en fera autant, sinon plus. Sans un jour de manque, cet homme va, entre le premier janvier et le trente-et-un décembre, paraître, en moyenne, plus de trois cent soixante-dix fois, en matinée ou en soirée, et donner le meilleur de lui-même.

Pourquoi ce train d'enfer ?

Parce que Brel pense que la chanson n'est pas faite pour être lue dans un fauteuil. Elle n'accède à la vie que si on la met en scène. Pour lui, elle ne peut exister en dehors de la relation interprète-public. Par la faute de la radio, la chanson gâche ses chances !

Seule la musique surnage, le texte sombre et se perd corps et biens. Alors, par amour pour son métier, pour un public qu'il veut chaque fois nouveau, il tient à se montrer dans les plus petites villes de province, dans les *trous* où les autres refusent d'aller.

Comme tout vrai créateur, il ne se satisfait jamais. Son public *des hameaux*, peu familier avec la notion même de spectacle, peut faire renaître le doute. Ce qu'il veut, c'est prendre une salle, la basculer, la posséder. Mieux vaut cent personnes manifestant un intérêt véritable qu'une salle entière de fidèles.

Mais sa course effrénée est aussi provoquée par un immense sentiment de solitude.

« Quels que soient les amis que j'ai — et ma faiblesse est de croire que j'en ai un certain nombre —, je me sens parfaitement seul. J'ai une vie assez ouverte. Mon travail fait que je peux rencontrer beaucoup de gens. Je ne suis pas du tout solitaire. Mais je me sens parfaitement seul. Oui, personne ne répondra jamais à mes questions. Je crois que pour avoir une réponse à ces questions et pour ne pas être seul, il faut être ou marxiste ou croyant. Ne pas être seul c'est s'en remettre à l'autorité de quelque chose. Un communiste s'en remet au marxisme et un croyant s'en remet à Dieu... Si j'ai décidé d'aller sur scène, c'était parce que j'en avais tellement assez d'être seul ! C'est un peu ma « grand-messe » à moi. Il y a des choses qu'on ne peut dire qu'à deux mille personnes et qu'on ne peut pas dire à une personne. Pire, il y a des choses qu'on peut se dire à soi quand il y a deux mille personnes qui vous donnent l'impression de vous cautionner quand vous vous les dites... Mais après, je suis encore plus seul qu'avant. »

Quelquefois, malgré tout, il perd son pari. Il n'emporte pas son public.

« Il y a plus de gens qui pètent que de gens qui chantent, actuellement. Je reviens d'une tournée en Russie. Il y a des soirs où j'étais triste, parce que personne n'avait rien

Pour Brel, la chanson n'est pas faite pour être lue dans un fauteuil.

compris. Je me suis défoncé le corps en scène à Bakou. Je voulais faire un cadeau à ces gens qui sont des Turcs. J'étais à un doigt de pleurer. »

Jour après jour, il s'astreint à un travail toujours plus exigeant. Et toujours sa fantastique inspiration qui multiplie les chansons. Une invention qui s'accomplit n'importe où, n'importe quand, dans un square, en avion, en voiture. Il est incapable de se mettre à une table de travail. Il compose à n'importe quel moment. Quand une idée, quand une expression tourne dans sa tête, il la note, puis il la laisse sommeiller jusqu'au jour où il peut élaborer son texte. Parfois cela se fait très vite, parfois lentement. Mais plus le temps passera, plus il soignera ses textes. Ainsi que la musique, bien sûr. Brel est un excellent musicien. Dès ses débuts, il a pris grand soin de l'encadrement musical de ses chansons. C'est en 1956 qu'il a fait la connaissance de François Robert et de Gérard Jouannest, musiciens et arrangeurs de grand talent, avec lesquels il coopéra toute sa carrière.

« Les yéyés, c'est comme les huîtres... »

Souvent, durant les années qui vont suivre, dans un petit appartement de Vanves, juste derrière la porte Brancion, chez Gérard Jouannest, Brel en chaussettes, parce qu'il a horreur des *godasses,* viendra mettre au point ses musiques, chercher le rythme de telle ou telle chanson. Jouannest, premier prix du Conservatoire, se met au piano, et toute la bande travaille, passant du tango à la polka, de la mazurka à la valse. Dans toute l'œuvre de Brel, il n'y aura jamais de fox-trot, que Jouannest détestait. Et comme dit Brel : « Ces types-là ne m'obéissent absolument pas ». Même lorsqu'ils travaillent, ils ne se prennent pas au sérieux. Les jours où ils sont en forme, toute la bande *fusille.* Ils décernent à des gens, rencontrés les semaines précédentes, des peines fictives. Cela va de six mois de prison ferme jusqu'à la peine capitale. C'est l'ambiance de sa chanson *Jef.* Et puis il y a Jojo, le pote. Celui-ci a le titre d'administrateur, mais on ne sait pas très bien en réalité quel est son rôle. Lorsque Brel est fatigué, il conduit la voiture. Il s'occupe des éclairages lors des tournées. C'est lui aussi qui remonte le moral, les jours où ça ne va pas. Sans lui, certains jours, tout s'effondrerait. Jojo est de tous les voyages.

Brel maintenant est acclamé en Russie, de la Sibérie au Caucase. On le réclame dans la moitié de l'Afrique ; l'Europe occidentale et centrale lui voue une admiration sans borne. Une partie de l'Asie l'applaudit. Le continent américain, tout entier, du nord au sud, l'ovationne à chacune de ses apparitions.

En plein cœur de l'année 1963, Jacques enregistre *Le Plat Pays, Le Taureau, La Fanette, Les Bigotes.* En tout, huit nouveaux titres. Il a trente-quatre ans, dix ans de métier, et a écrit plus de deux cent-cinquante textes. A raison de trois cent-cinquante représentations en moyenne par an, il a chanté plus de cinq mille chansons cette année-là, en conciliant l'inconciliable : plaire aux intoxiqués du *twist* et du *rock*, comme aux autres. Pourtant, il déclare à Danièle Heymann de *l'Express* : « Plus tard, je veux m'arrêter de chanter.

— Pourquoi ?

— Pour cesser d'être un adolescent. »

Dans ces années 1960, il est l'un des rares, avec Edith Piaf, à ne pas subir le préjudice de l'engouement insensé provoqué par le *yéyé.* Ce raz-de-marée qui durera des années oblige plus d'un talent à se confiner dans de misérables chambres d'hôtel. Les journaux *yéyé* atteignent des tirages jamais vus dans la presse française. Lorsqu'on interroge Brel sur ce phénomène, il répond : « Leur apparition nous a débarrassés de la fausse chanson, du fourre-tout. A présent, il y a la chanson d'un côté, la musique et la danse de l'autre. » Toujours, il essaye d'abord de ne pas blesser. Puis son humour grinçant reprend le dessus. Il ajoute : « Ce que je pense des *yéyés* ? Eh bien les *yéyés*, c'est comme les huîtres : on aime ça ou on n'aime pas, mais de toute façon ça ne fait pas penser. »

D'autres ne mâchent pas leurs mots : « Le *yéyé*, c'est l'idolatrie de la nullité, organisée par des crétins massmédiatiques pour la glorification de marmousets de brocante et pour le défoulement d'une plèbe infantile. Le *yéyé* est une bêtise d'époque que solennise la jeunesse pour mieux se rendre niaise. »

Jour après jour, il s'astreint à un travail sans cesse plus exigeant. Plus le temps passe, plus il soigne ses textes.

Brel et son copain Jojo.
Ensemble, chaque année, ils parcourent cent trente mille kilomètres pour donner, en moyenne, trois cent soixante récitals.

Jojo, le secrétaire-chauffeur, aime les « belles machines ». Ils posent devant la Rolls du duc de Bedford.

1

2

3

La télévision et la radio réclament la nouvelle vedette. « Les Raisins verts » de Jean-Christophe Averty. (1)

Jacques Brel, Georges Brassens et Cora Vaucaire, réunis pour tenter de convaincre la direction des salles de music-hall de ramener le prix des places lors des récitals des grands artistes à celui des billets de cinéma. (2)

Avec Michèle Arnaud et Cora Vaucaire, il remet un exemplaire de chacun de ses disques à la Discothèque de France. (3)

« 36 Chandelles », de Jean Nohain. (4)

4

Brel, c'est l'homme aux mille visages, mais, enfouie en lui, comme il l'avouera, une solitude infinie...

Première rencontre sur la plage avec Sylvia Montfort.

« Ma côte à moi, c'est Knokke-le-Zoute. »

« Mais, plus tard, je m'arrêterai de chanter. »

Amsterdam

1964 restera une année Brel. Elle marque le sommet de sa carrière artistique. Son triomphe est total, sans réserve ni mesure.

Nous sommes le 16 octobre. Pendant près de deux heures, il vient de régner sur les deux mille spectateurs de l'Olympia. Il commence sa quatorzième et dernière chanson. C'est une des trois inédites de son programme. Celle-ci s'appelle *Amsterdam*.

Elle déclenche une ovation de la part du public qui, huit minutes durant, réclamera un *bis*.
« On ne demande pas de rallonger une pièce de théâtre ou de rajouter un acte particulièrement réussi. J'ai dit ce que j'avais à dire. C'est fini. »

Fidèle à son principe, il ne cède pas. Pas de fausse sortie. Une spectatrice dira : « Il apporte tout. Tout ce que je veux entendre. » Eddy Mittchel, l'un des princes *yéyés* du *rock*, déclare : « Je l'aime beaucoup, car il a en scène tous les principes du chanteur de *rock*. Il attaque. » On commence à remarquer que ses chansons deviennent plus travaillées encore, mais aussi plus noires, plus désespérantes. On le lui fait remarquer, tout en lui demandant de s'en expliquer.
« Je ne suis ni sociologue ni philosophe. Je suis chanteur. Mais les choses étant ce qu'elles sont, je trouve qu'il est pratiquement impossible de vivre. Cela dit, le fait d'être momentanément désespéré, ou même parfaitement désespéré, n'a rien de triste. Ce n'est pas plus triste que d'être bêtement optimiste. Il reste les hommes... la chaleur des hommes. Pour chanter « les lendemains qui chantent », il faut se mettre des tas de choses dans la tête. C'est là que les chansons deviennent souvent les plus noires. Mais dans mon esprit, ça ne l'est pas. Si les choses ne sont pas noires, elles sont pires : grises. Elles ressemblent à l'ennui. »

Toujours cette notion d'ennui qui le poursuit depuis l'enfance. A cette époque, les étudiants l'interrogent pour les *Cahiers Universitaires* :

« Il apporte tout,
tout ce que je veux entendre. »

« Avez-vous l'impression d'avoir beaucoup évolué depuis vos premières chansons ?
— Ça, j'ai pris des années sur la tête, c'est certain ! Mais le fait d'avoir des années en plus n'est pas dû à la chanson. Ce n'est pas le fait de chanter qui me fait bouger. J'ai eu vingt ans... Aujourd'hui, j'en ai trente-cinq. Je suis beaucoup plus *animal* qu'à vingt ans, beaucoup plus végétatif. A vingt ans, je voulais penser à tout prix. Cela m'a passé. Penser, c'est une vraie maladie. Une maladie de chien que d'avoir vingt ans. C'est terrible !

A trente-cinq ans, on va peut-être plus loin dans les risques ; au lieu de dire *merde* à je ne sais qui en lançant un pétard dans la rue, on n'hésite pas à aller plus loin, parce qu'on n'a presque plus de temps à perdre, presque plus de temps pour lancer ses pétards. On a encore tout son avenir, bien sûr... mais derrière soi ! »

« Ils ne sont pas fous... »

Décidément, l'enfance, l'adolescence sera toujours sa corde sensible. Face à ces garçons sympathiques, lui qui n'est plus tout jeune et se souvient des illusions qui ont bercé ses jeunes et fougueuses années, il ne peut s'empêcher de leur dire, comme pour les prévenir, comme s'il levait une pancarte « attention danger » :

« Votre drame, c'est que vous êtes trop nombreux. Et c'est seulement ça, votre drame. Car les gens *tablent* toujours sur la jeunesse. Les marchands surtout, mais aussi les politiciens et jusqu'aux parents. Il ne faut pas les *louper*, ces jeunes. Il faut qu'ils votent *machin*, qu'ils achètent ceci, qu'ils apprennent à pisser contre tel mur ! On fait trop de bruit autour de vous, à mon avis. Il y a aussi un envahissement certain du matérialisme parmi vous. Beaucoup pensent à leur petit confort, à leur petite voiture, à leur petit cul, à leur petite tête, à leur petit boulot, à leurs petites vacances. Ils ne sont pas fous, fous ! »

*Adoré dans le métier pour son humour,
ses coups de gueule et son entrain.*

« Je suis un mec comme tous les mecs,
seulement je serais un salaud
si je ne disais pas certaines choses. »

Une ombre vient assombrir cette glorieuse année 1964. Ses parents n'ont pu assister à son triomphe à l'Olympia. En janvier, puis en mars, ont disparu successivement son père et sa mère. C'est un coup très dur pour lui, mais au moins sa peine profonde est-elle atténuée par deux satisfactions. La première concerne son père, à qui il aura eu le temps de prouver qu'en quittant l'usine, il se réalisait pleinement. Et l'autre, envers sa mère, qui, avant de disparaître, l'avait vu désormais libéré des mandats qu'elle lui envoyait à ses débuts.

Il est exact que Brel gagne beaucoup d'argent. A la bourse du *show business*, il vaut très cher. Mais il est tout aussi vrai que, d'une façon générale, il a toujours insisté pour que le prix d'entrée, lorsqu'il se produit sur scène, soit le moins élevé possible. Il n'en finit pas non plus de donner des galas gratuitement au bénéfice de telle ou telle œuvre charitable, passant d'un sanatorium aux orphelins des Anciens de la France libre. Dans la seule année 1963, il aura ainsi *perdu* soixante millions. Qu'importe ! D'ailleurs ses disques ne se vendent-ils pas par centaines de milliers d'exemplaires ?

« Moi, la mort, je m'en fous ! »

1965, c'est l'année ou Mme Georges Simenon, qui lui demande pourquoi il s'impose trois heures de répétition chaque jour avant de chanter, s'entend répondre :
« Parce que je veux réussir complètement et vite. Et je crois, moi, que *tout vient trop tard, à qui sait attendre.* »

Durant les mois qui vont suivre, son ton change, plus encore. Ses chansons deviennent de plus en plus grinçantes. Pourquoi la mort est-elle toujours si présente ?
« Si j'en parle, c'est pour souligner l'absurdité de tous nos chagrins. Tout va s'arrêter, ce n'est pas important de vivre. Ça ne sert à rien, à personne, pas même à soi. Alors je parle de la mort. C'est la justice, la vraie justice. Si je l'utilise dans mes chansons, c'est parce que c'est l'idée la plus absurde qui soit accessible à tout le monde. La théorie ondulatoire, c'est sûrement étonnant, mais qui connaît ? La mort est bien plus étonnante encore et tout le monde connaît. Mais la mort, moi, je m'en fous, je m'en contre-fous...
J'ai pas bien peur de la mort. D'abord parce que la mort, c'est la seule certitude que j'aie. Il est évident, par contre, que je n'ai pas envie de souffrir pendant des années. Je n'aime pas la souffrance. Je serais fou d'aimer la souffrance, je serais maso. Ce serait un truc dément. Cela dit, je n'ai pas peur du fait de ne plus rien être. Voilà : ce soir, je vais m'endormir et demain je ne me réveillerai pas. Ça me paraît dans l'ordre des choses. En plus, comme je crois qu'il n'y a absolument rien derrière, ça ne me dérange pas, cette notion de mort. »

Aux intervieweurs, il s'amuse à répondre n'importe quoi. Brel en a marre. Cela se sent. De quoi au fait ? Du métier ? Oui, peut-être. Mais de lui, certainement. Il a peur de devenir un vieux chanteur à Knokke-le-Zoute... Depuis 1960 d'ailleurs, il répète :
« Ecrire, je ne pourrais plus m'en passer, mais chanter je vous jure que je m'arrêterai le jour ou je l'aurai décidé. Et il faudrait alors que je crève de faim pour remonter sur scène, car je ne veux plus avoir faim. Je suis persuadé que chanter ne me manquera absolument pas. »

Ses disques se vendent maintenant par centaines de milliers. Maurice Chevalier va jusqu'à Knokke-le-Zoute lui dire à l'oreille que, demain, il sera parmi « les plus grands ».

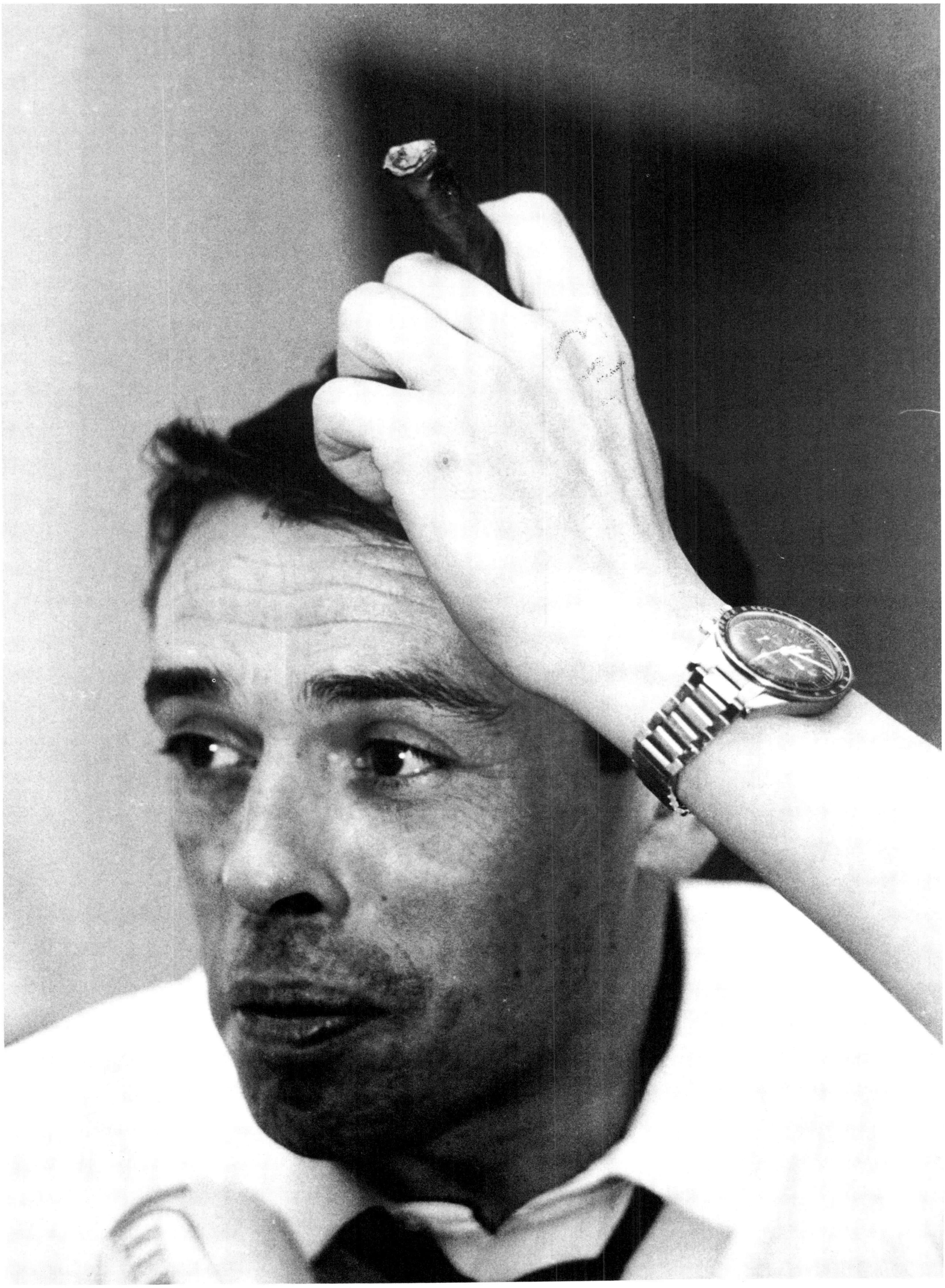

« Mais, Bon Dieu, qu'est-ce que c'est réussir ? »

1

Au printemps 1965, les lecteurs du magazine *Music-Hall* lui discernent les fameux *Bravos*, deux mains de bronze figées dans un geste d'applaudissement. Il n'en continue pas moins ses étranges déclarations.
« Je me sens devenir fonctionnaire d'un truc, et ça je ne le supporte pas. »

Et puisqu'on s'obstine à lui donner du *poète*, une mise au point s'impose.
« Faire un poème, c'est s'asseoir, prendre une plume et se laisser guider par son imagination. Le vers libre offre une très grande liberté (...), il n'y a rien de plus fastidieux que de mettre une note de musique au-dessus d'un mot. Parmi tous les arts, je n'en connais aucun qui soit aussi figé que la chanson. Enfin, n'oublions pas que celle-ci est destinée à passer à la radio, c'est-à-dire dans des circonstances telles que tout le monde l'entende, mais que personne ne l'écoute, et à être donnée dans les music-halls : intercalée entre un équilibriste et un jongleur. Tout cela est très compliqué... Pour moi, la chanson n'est pas un art, c'est un domaine très pauvre, parce que bridé par toute une série de disciplines. Je vous mets au défi d'expliquer clairement la moindre idée en trois couplets et trois refrains... »

C'est dans cet état d'esprit qu'il va affronter la plus terrible épreuve qu'un chanteur puisse rencontrer au cours de sa carrière. Epreuve qui peut aussi amener la consécration mondiale définitive. Ce défi à l'homme des défis, c'est le Carnegie-Hall de New York.

L'Amérique séduite

Décembre 1965. Trois mille huit cents spectateurs sont venus jauger cet homme de trente-sept ans qui, en réalité, a plus à perdre qu'à gagner devant ce public considéré comme le plus blasé, le plus connaisseur du monde. Deux mille personnes n'ont pu entrer, qui voulaient assister à la confrontation. Parmi les admis, dix pour cent seulement comprennent le français.

Suant, postillonnant, torturant son grand corps, faisant vibrer les planches avec cette même ardeur qui a électrisé tant de salles, Jacques Brel va donner un spectacle inoubliable.

L'émotion ressentie par tous est si profonde qu'une ovation fantastique clôt la représentation. Désormais, il est au premier rang de la chanson internationale.

Le *New York Times* écrit : « Un événement qui marque non seulement l'ouverture d'une ère nouvelle dans la chanson moderne, mais aussi l'avènement d'une technique inédite. C'est une joie de savoir que le vrai talent existe. »

Le journal américain complétait ainsi le jugement émis par un critique soviétique, l'année précédente.
« Toute l'impétuosité, tout le caractère chaotique, la nervosité du vingtième siècle circulent en lui comme les impulsions d'un moteur. »

Le *Washington Post* surenchérit : « Ce jeune homme a laissé son auditoire pantois et plein de respect. Il a crevé la scène avec la violence d'un orage magnétique. »

Oui, Brel-chanteur est devenu fantastique. Mais Brel-homme reste égal à lui-même, ce qui est autrement remarquable. Adolescent, il s'était élevé contre la déci-

sion de son père d'acheter une nouvelle machine pour la cartonnerie.
« Pourquoi livrer encore deux hommes au chômage ? » disait-il alors.
« Si tout le monde passe seul, comment les débutants boufferaient-ils ? » fait-il remarquer après son *one man show* new-yorkais.

Les Américains, tombés sous l'étrange charme de Brel, vont l'élever à la hauteur d'une institution, lui consacrer une comédie-spectacle qui portera son nom. Nina Simone et Barbara Streisand, super-stars de la chanson, vont reprendre à leur répertoire certains de ses titres dont : *Ne me quitte pas*. Même les jeunes iconoclastes de la musique *pop* considèrent *Amsterdam* comme un véritable chef-d'œuvre, qu'ils n'aborderont qu'avec d'infinies précautions.

La découverte
d'un moyen d'évasion et d'aventure. (1)

Brel devient l'idole
d'une grande partie des étudiants bruxellois. (2.3)

Il continue à passer
dans les petits cabarets de ses débuts,
ici à l'Echelle de Jacob. (4)

Ses amis lui offrent une pièce montée
pour fêter le succès d'une tournée. (5)

2

4

3

5

La statue

1966. Professionnel parvenu au plus haut sommet de la réussite, Jacques Brel, homme riche qui flirte avec la gloire, et que l'on s'obstine, envers et contre lui, à considérer comme un des grands poètes contemporains, déclare brutalement :
« J'abandonne le tour de chant. Je ne remonterai pas sur une scène. Je ne chanterai plus en public. Je fous le camp. C'est tout. »

Ces mots sont tombés quelques semaines avant sa toute prochaine rentrée à l'Olympia. Le public qui en prend connaissance est comme traumatisé par ce discours. De très nombreuses déclarations antérieures, et cela dès 1960, allaient dans ce sens et laissaient pourtant prévoir cette décision à plus ou moins long terme. Mais pourquoi ce forçat comblé, qui a paru trois cent vingt-sept fois en scène l'année précédente, a-t-il décidé de se taire ?

Les journalistes assaillent Brel de questions. Par humilité, par respect pour un public qui lui a tout donné, il va répondre. Réponses incomplètes mais satisfaisantes jusqu'à un certain point, parce qu'elles reflètent un état d'âme.

C'est vrai, il en a assez de chanter.

Depuis longtemps déjà, Brel aime, après le spectacle, traîner les boîtes les plus infâmes ; le fait de fréquenter ce qu'il y a de plus moche, de plus laid, de plus bas, lui redonne, lorsqu'il revient à l'air frais, le goût de vivre ; c'est une façon d'aller chercher un peu d'optimisme, d'énergie dans les bas-fonds.

« Ce n'est pas normal de chanter. C'est normal de chanter dans sa salle de bains, parce qu'on est heureux, parce qu'on est seul, mais en public, non ! » Et encore : « Lorsqu'on soupire trop souvent il faut faire ses valises. Je pense avoir sauvegardé ma dignité tout le temps que j'ai fait ce métier. Maintenant j'étouffe. J'ai besoin d'être logique avec moi-même. Je veux être en accord avec ce que je pense dans ma manière de vivre. »

En résumé, il dit que la chanson devient pré-fabriquée. Qu'il risque de chanter par habitude, et de perdre son enthousiasme, sa sincérité, en un mot, de truquer. Brel chante depuis quinze ans, a écrit cinq cents chansons, en a enregistré plus de deux cents. Il ne veut pas devenir un fonctionnaire de la chanson, une mécanique du music-hall.

Il a tout fait, toutes les villes, des plus vastes aux plus humbles, une fois, deux fois, cent fois ! Il y a laissé chaque fois une partie de son jus, de son énergie. Il a trente-huit ans. Désormais, il va se consacrer à autre chose.

On voudrait qu'il livre une réponse plus précise, moins intellectuelle. Alors on le pousse dans ses retranchements. Est-il écœuré par le milieu de la chanson ? Un an auparavant n'a-t-il pas déclaré : « Si j'avais une mitrailleuse, je tuerais le music-hall. C'est con, c'est pourri. C'est con comme la mort, comme un chien, comme une valise sans poignée ! »

Cette fois, il va être moins péremptoire, plus nuancé :
« Ecœuré ? Pas vraiment. Il s'y passe de vilaines choses, bien sûr, mais je pense que cela existe dans tous les métiers (...) Malgré tout, l'essor du disque a fait un bien fou au music-hall. Brassens qui bourre le T.N.P., c'est fantastique. Impensable il y a quinze ans. »

Mais qu'est-ce qui agite Brel ?

Alors c'est la pirouette, l'acrobatie qui évite de répondre précisément :
« Les animaux sentent l'orage ; les hommes aussi. J'allais devenir un industriel du *show business*. Au fond, je suis un type d'instinct. J'ai toujours constaté qu'en suivant mes pieds je faisais moins de conneries que lorsque mes pieds suivaient ma tête. »

Deviendra-t-il un industriel de la chanson ?

« La chanson, c'est un acte d'amour, c'est un acte de tendresse » (...) Actuellement, il y a plus de gens qui pètent que de gens qui chantent. Moi, je ne veux pas montrer mes fesses. Il faut garder une certaine dignité.

Mais Brel n'est-il pas un être agressif, passionné, outrancier ? Brel n'est-il pas un être anormal, aux réactions toujours surprenantes ? Brel n'est-il pas un paquet de nerfs ?

Pense-t-il réellement s'éloigner en pleine gloire ? On ne peut, on ne veut pas le croire, et pourtant...
« Jusqu'ici j'ai beaucoup voyagé, mais toujours sur une « route parsemée de contraintes. Je veux maintenant me balader pour voir. Pas pour bouffer des kilomètres. En voyageant, explique-t-il encore, je me suis d'abord dit que si l'homme était libre il serait nomade. Et puis j'ai compris. L'homme libre *est* nomade. Alors je choisis la liberté avant qu'il ne soit trop tard. »

Et, quand on lui demande si sa liberté nouvelle, cette possibilité des grands départs, ne lui est pas donnée par l'argent, il répond : « Ce que je fais ne repose pas sur l'argent. Vraiment ! Puisque n'importe qui peut aller à Hong Kong aujourd'hui. Le plus dur, ce n'est pas de trouver l'argent du billet, c'est de partir. »

Mais l'une des véritables raisons de ces adieux prématurés n'est-elle pas qu'il sentait déjà pousser en lui le champignon insidieux et vénéneux du cancer ?

A-t-il eu besoin dès lors de tout le temps qui lui restait pour réaliser enfin ses rêves d'adolescent : partir en avion, fuir en bateau, vivre *son aventure* ?

Peut-être, si l'on écoute son copain des débuts, Brassens : « Il était fatigué, plus vite qu'avant, alors il n'a pas voulu avouer qu'il était fatigué, parce que c'était un type très fier, il n'a pas avoué qu'il était malade. Il a fait semblant de partir sur un coup de tête. »

Mardi 1er novembre 1966. Une date qui restera dans l'histoire du music-hall.

A l'Olympia, Brel fait ses adieux sur les planches mêmes où il a débuté réellement, il y a quinze ans. Le public, dès son apparition, est saisi d'une intense émotion. Il sait qu'il vit un moment qui deviendra inoubliable. C'est bien la première fois qu'un artiste parvenu au faîte de sa carrière quitte volontairement la scène. Les faux adieux, on connaît ça dans le milieu du spectacle, et plus particulièrement dans celui de la chanson. Tous les grands, un soir, ont fait les leurs : Chevalier, Trenet, Joséphine Baker et bien d'autres. Ils sont toujours revenus. Beaucoup pensent encore que ceux de Brel ne seront pas définitifs. Mais Brel est d'une autre trempe. Il se sait malade, et il est maintenant habité par d'autres passions. Son père aussi, il y a vingt ans de cela, s'imaginait que Jacques reviendrait. Or, Jacques est ainsi, Jacques ne revient pas. Cet être est authentique jusqu'à la rupture.

Il va quitter les planches, mais jusqu'à son dernier récital il aura été fidèle au demi de bière et à la guitare de ses débuts.

Ses adieux à son public bruxellois qui suivront ses adieux à l'Olympia. Même ferveur, même tendresse.

Après chaque enregistrement,
Brel passait en régie
pour juger son propre travail.

Un être passionné, agressif mais aussi un homme généreux qui jusqu'au bout assumera ses responsabilités.

Prières païennes

Jacques Brel va chanter vingt chansons. C'est un triomphe jamais atteint. Ruisselant, gesticulant, grimaçant, il ne laisse pas souffler les spectateurs. Après chaque chanson, alors que la salle applaudit à tout rompre, inondé de sueur, impatient, il oblige, par de petits signes nerveux, ses musiciens à attaquer la chanson suivante.

Adieux fantastiques, inconcevables presque.

Sous la plus folle ovation de l'histoire du music-hall, ému aux larmes, pudique, avec dignité, Brel s'efface derrière le rideau rouge.

Il est minuit. Il va revenir saluer sept fois, ce qu'il n'avait jamais, tout au long de sa carrière, consenti à faire. Mais les deux mille spectateurs refusent de quitter leur place. Debout, ils tapent des mains, l'appellent par son nom, son prénom, certains sans se préoccuper de ce qu'on peut penser pleurent franchement. Mais tous ont le cœur affreusement serré.

Le spectacle est terminé depuis vingt minutes. Dans sa loge, Brel a déjà quitté son smoking. Les lumières de la salle et les projecteurs sont éteints, mais pas un spectateur n'a quitté sa place et tous continuent à l'acclamer. Alors il revient. Dans le faisceau des projecteurs qu'on a rallumés, on voit un homme dans un peignoir de bain rayé bleu et blanc, brisé par l'émotion.

Cette fois, Brel, c'est fini !

Naturellement, il honorera ses contrats. C'est une façon de parler. Il n'en a jamais signé, mais donner son accord signifie pour lui s'engager formellement. Il tiendra donc parole.

« Le public m'a compris, accepté puis aimé. Cet amour a été réciproque. Je me dois de lui dire "merci pour tout" avant de reprendre ma liberté. C'est une question d'honneur. »

La province française, la Belgique, Londres, le Canada et le Carnegie-Hall de New York pour la seconde fois. Après Pâques 1967, le puncheur numéro un du music-hall raccrochera les gants pour toujours. Il ne sera plus chanteur. Peut-être enregistrera-t-il encore... un jour... quand ?...

Son dernier engagement honoré, Brel recase son fidèle copain-secrétaire. *Son* Jojo qu'il chantera dans son dernier disque. Il le fait engager comme directeur artistique dans l'un des cabarets de ses débuts, l'Echelle de Jacob. Son ami et accompagnateur Gérard Jouannest sera désormais le pianiste de Juliette Gréco.

Quant à Brel, qui a affirmé : « Je ne suis plus chanteur », il aura tellement gravé sa personnalité dans les mémoires, qu'aujourd'hui encore, bon an mal an, il se vend cinq cent mille de ses disques et trente-cinq mille de ses coffrets.

A peine Brel a-t-il fait ses adieux au public français qu'il chante pour la seconde fois, en avril 1967, au Carnegie-Hall de New York, finissant ainsi d'honorer ses promesses.

Le voilà libre.

Sa notoriété fait qu'il est sollicité par la "politique". Il ne dit pas non. « En réalité, tout le monde en fait, explique-t-il. L'acte de vivre actuellement nous impose des décisions qui sont de la politique. »

Il fait quelques déclarations qui sont des modèles de bon sens et que la presse s'empresse de reproduire.

« J'ai fait des choses politiques en France. J'ai fait la campagne de Mendès-France. Pas cette fois-ci, l'avant-dernière fois. Ce n'est pas là un acte politique, mais un acte en fonction d'une politique. Je trouve désolant qu'un pays comme la France n'ait pas à la chambre des députés un homme de la valeur de Mendès-France. Il y a des hommes dont on n'a pas le droit de se priver. J'ai un très grand respect pour un certain nombre de notions politiques de Mendès-France. »

« Tout le monde est de gauche... sauf quand on vote. Mais, dans la vie, il y a des années que je n'ai plus rencontré un homme de droite. Un de temps en temps, mais c'est très rare, et je lui tire mon chapeau parce que cela doit certainement être très difficile. »

Non, en définitive, Brel n'est pas un « drapeau » dont on peut se servir et, immédiatement, il va se tourner vers le cinéma. Cet autre « art » l'attire.

Le 1er novembre 1966, le jour où Jacques Brel fit les plus fantastiques « adieux » de l'histoire du music-hall. Un départ sans retour.

La lumière jaillira

Et le prochain amour

Pourquoi le cinéma ? Il n'a aucun maître, aucun modèle. Il avoue même qu'il s'endort pendant les projections et que le seul metteur en scène qu'il admire vraiment est Eric Von Stroheim.

Est-ce que chanter et faire des films ne sont pas deux métiers qui se ressemblent un peu ? Il ne le pense pas !

« Chanter, c'est s'accommoder différemment de deux ou trois fantasmes que j'ai dans la tête. Si j'avais plus de deux ou trois fantasmes, je ferais de la littérature. »

Alors pourquoi le cinéma ?

« Le vrai talent, c'est l'écriture. Le cinéma est une forme d'écriture, mais beaucoup plus facile que la littérature. »

Et puis, on le sait, Jacques Brel est l'homme des défis, des « premières fois ».

« Le cinéma, dit-il, est un défi, l'envie d'être l'outil le plus perfectionné. J'ai été un bel outil de la chanson et du tour de chant. J'ai à mon compte personnel quatre millions de kilomètres de tournées, de casinos, de cabarets. Je suis content, maintenant je vais colorer de la pellicule. »

Depuis le début du cinéma parlant, il est rare qu'un artiste en vogue ne se soit pas montré à l'écran. Avec plus ou moins de bonheur, évidemment. Citons, parmi beaucoup, Maurice Chevalier, Tino Rossi, Charles Aznavour, Serge Gainsbourg, Johnny Hallyday, Dalida, Annie Cordy, Jacques Dutronc, Yves Montand. Même Gilbert Bécaud et Georges Brassens n'ont pas résisté à cette tentation.

Cela dit, Brel y avait lui-même succombé dix ans auparavant.

En 1957, il avait tourné avec une bande de copains un film intitulé *La Grande Peur de Monsieur Clément*. Film qui ne devait jamais sortir. Ceux qui participèrent au tournage ne se souviennent même plus très bien de quoi il s'agissait.

« Tout ce que j'en ai retenu, confiera Jean Nergiel, directeur du Théâtre royal du Parc à Bruxelles, c'est que nous nous sommes retrouvés, Jacques Brel et moi-même, épluchant des pommes de terre dans la cour d'une école aux environs de Bruxelles. »

Comme toujours, il ne se prend pas au sérieux. Quand on lui demandera si le cinéma est important à ses yeux, il répondra :

« Mais non, pas du tout. *Le Cuirassé Potemkine* n'aurait pas été tourné, qu'est-ce que cela aurait changé ? Rien, et pourtant c'est un beau film ! »

Toujours est-il que pendant sept ans, il va s'investir à fond dans ce qui est pour lui une nouvelle forme d'expression. Entre 1967 et 1974, il sera la vedette de neuf films et passera lui-même derrière la caméra pour deux autres. Tous les rôles qu'il jouera seront pour lui autant de petites victoires sur lui-même, victoires sur la hantise de sa laideur, tant de fois exprimée. « Non, sérieusement, contempler ma gueule pendant une heure et demie sur un écran, c'est au-dessus de mes forces. » Donc, à peine descendu des planches du music-hall, Jacques Brel, en juillet 1967, se retrouve devant les caméras : ce sont celles de l'auteur de *Justice est faite* et *Nous sommes tous des assassins*, André Cayatte.

Cette fois encore, Cayatte a construit son film autour d'un fait divers authentique. Dans une petite ville de province, une adolescente mythomane accuse son instituteur d'avoir abusé d'elle. Brel sera cet homme plongé, avec sa femme (Emmanuelle Riva), au cœur d'un drame d'où il sortira de justesse. Ce sont *Les Risques du métier*.

Pour se décider à aborder le domaine du cinéma, Brel voulait un réalisateur confirmé, dont le talent guiderait avec sûreté ses premiers pas. Quant à Cayatte, il ne voulait surtout pas pour interprète principal une vedette de l'écran qui aurait diminué l'authenticité de son personnage. Sur la suggestion d'un ami, ils se rencontrent. L'ex-vedette de la chanson est l'homme qu'il cherche. Quant à Brel, il est transporté par le sujet.

Après quinze ans
de courses folles, le repos !

« J'ai eu un choc, le coup de foudre. Cet instituteur, c'était tout à fait moi, et c'est pour ça que j'ai accepté tout de suite... J'étais si heureux de l'interpréter ! Je n'avais pas l'impression d'être un comédien qui joue un quelconque personnage, j'étais cet homme. Un timoré, un timide qui n'ose pas se rebeller et que sa timidité précipite dans une aventure épouvantable. Car, moi, les gens d'ordinaire ne s'en rendent pas compte, j'en crève d'être timide. »

Le film obtient un vif succès, et Jacques Brel s'y révèle un comédien remarquable. Il est satisfait de sa première expérience, mais toutefois émet une petite réserve : « La seule gêne que j'ai ressentie, c'est de manquer de public pendant le tournage. Les techniciens de cinéma sont trop occupés par leur tâche pour, en plus, écouter ce qu'un acteur leur raconte. Alors je me sens tout seul. Les chanteurs avec leur public qui réagit au doigt et à l'œil sont mille fois plus cabots qu'un acteur de cinéma. »

Quelques mois après cette tentative, il remet son destin cinématographique entre les mains d'un jeune cinéaste, Philippe Fourastier. En 1968 ce réalisateur met en images les célèbres exploits de la bande à Bonnot. Ces anarchistes, qui opéraient avant la guerre de 1914, furent les premiers à utiliser un nouveau mode de locomotion, l'automobile, pour faire leurs *coups*. Bruno Cremer tient le rôle de Jules Bonnot, et Jacques Brel, petite moustache, chapeau melon et binocles, celui de Raymond la Science qui, à son corps défendant, deviendra son lieutenant. Destin tragique pour toute la bande. Ce film a du succès. Brel, qui prend le chemin du vedettariat aussi dans ce domaine, se trouve médiocre comédien et conclut :

« Je déteste être photographié. Désagréable, la gêne. Il faut dire que je n'ai vraiment pas la tête d'une star. »

Il va interrompre maintenant sa carrière cinématographique pour, malgré sa promesse, remonter une fois encore sur les planches.

LES RISQUES DU MÉTIER – 1967

Réalisation :
André Cayatte
Scénario :
André Cayatte et Armand Jammot, d'après une idée de Simone et Jean Cornec
Interprètes :
Jacques Brel
Emmanuelle Riva
Jacques Harden
Nadine Alari
Christine Fabrega
René Dary
Muriel Baptiste
Delphine Deysieux

Sortie à Paris le 8 octobre 1967.
350 000 entrées lors de son exclusivité parisienne.

Histoire inspirée par un fait divers réel. Un instituteur est accusé par l'une de ses élèves d'avoir tenté d'abuser d'elle. Il est inculpé. Sa femme et lui-même auront bien du mal à faire reconnaître la mythomanie de la jeune accusatrice.

Un terrain rectangulaire mesure
128m de long sur 75m de large.
Quelle est sa surface? On le partage
par une ligne parallèle à la largeur
en deux parcelles inégales, de manière
à obtenir un potager d'une surface
de 15 ares et un verger sur le reste
du terrain. On clôture le potager sur
tout son périmètre. Quelle sera la
longueur de la clôture?

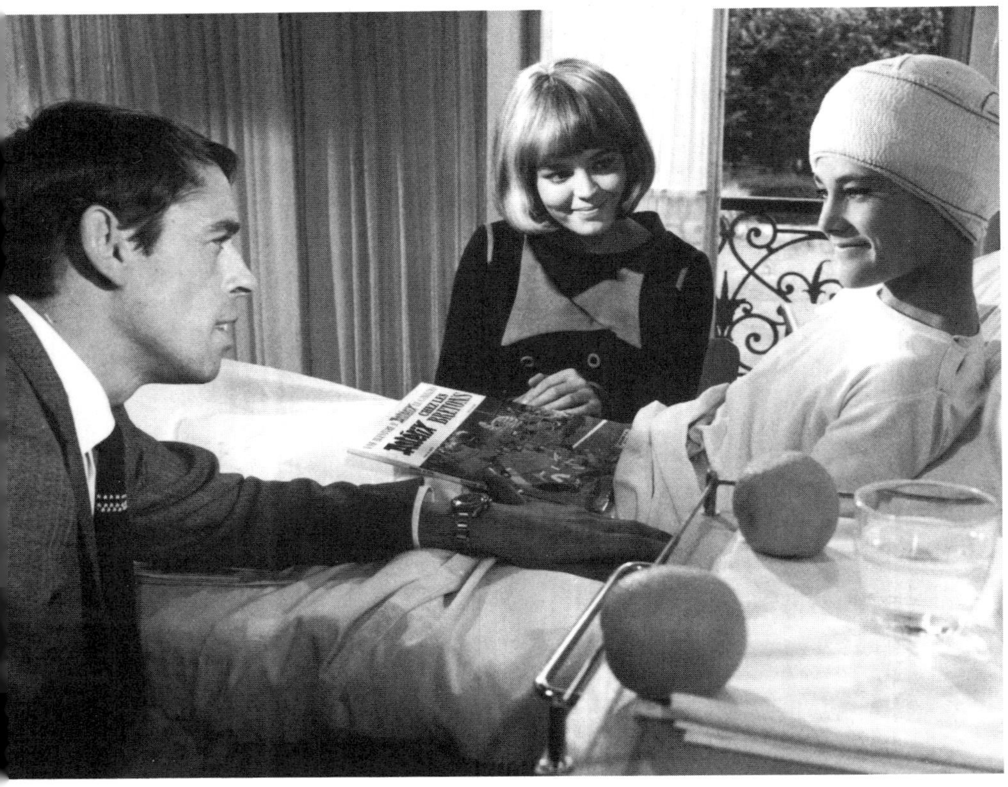

LA BANDE A BONNOT – 1968

Réalisation :
Philippe Fourastié
Scénario :
Philippe Fourastié
Interprètes :
Jacques Brel
Annie Girardot
Bruno Cremer

Sortie à Paris le 16 avril 1968.
150 000 entrées lors de son exclusivité parisienne.

Un groupe d'anarchistes écume Paris et sa région. Les banques et les bourgeois sont leurs cibles de prédilection. Ils inaugurent une nouvelle méthode de hold-up grâce à l'automobile. Tous mourront dans des circonstances brutales.

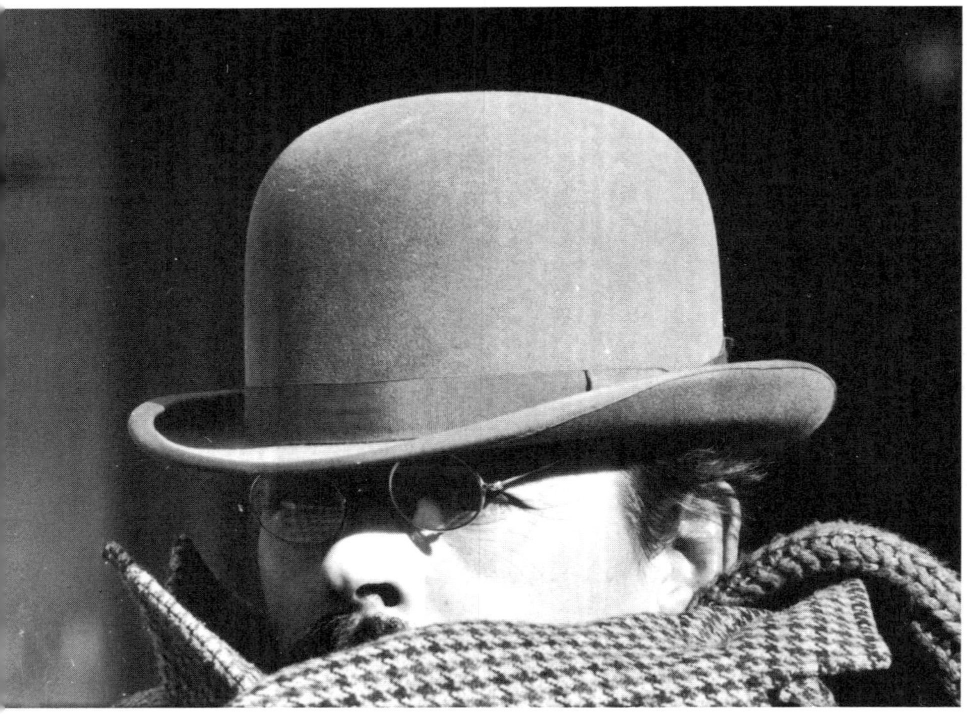

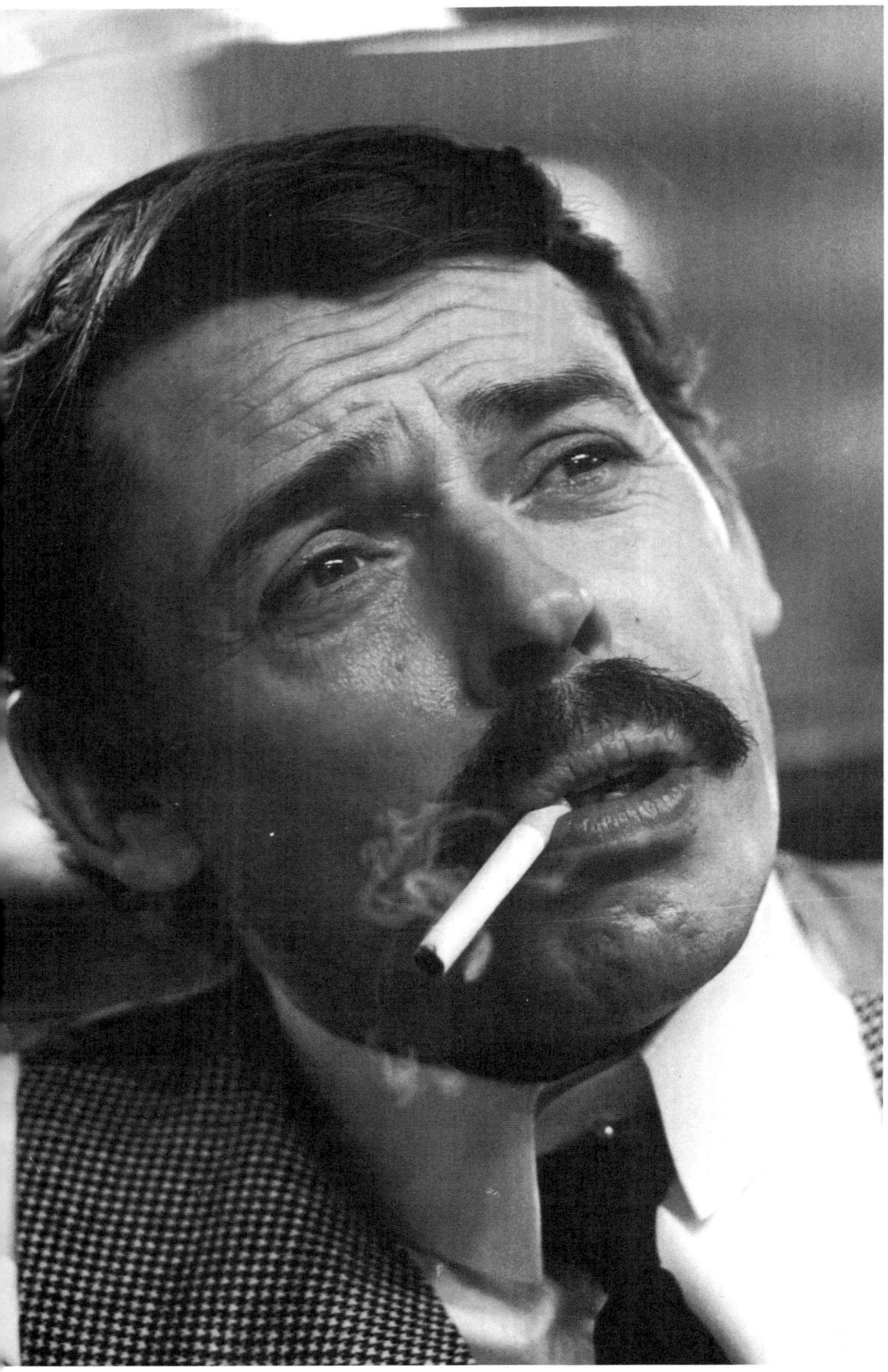

« Je me f... complètement de l'argent.
Si vous apprenez un jour
que je suis devenu pauvre,
ne me plaignez pas !
J'ai peur de l'argent,
peur qu'il me bouffe... »

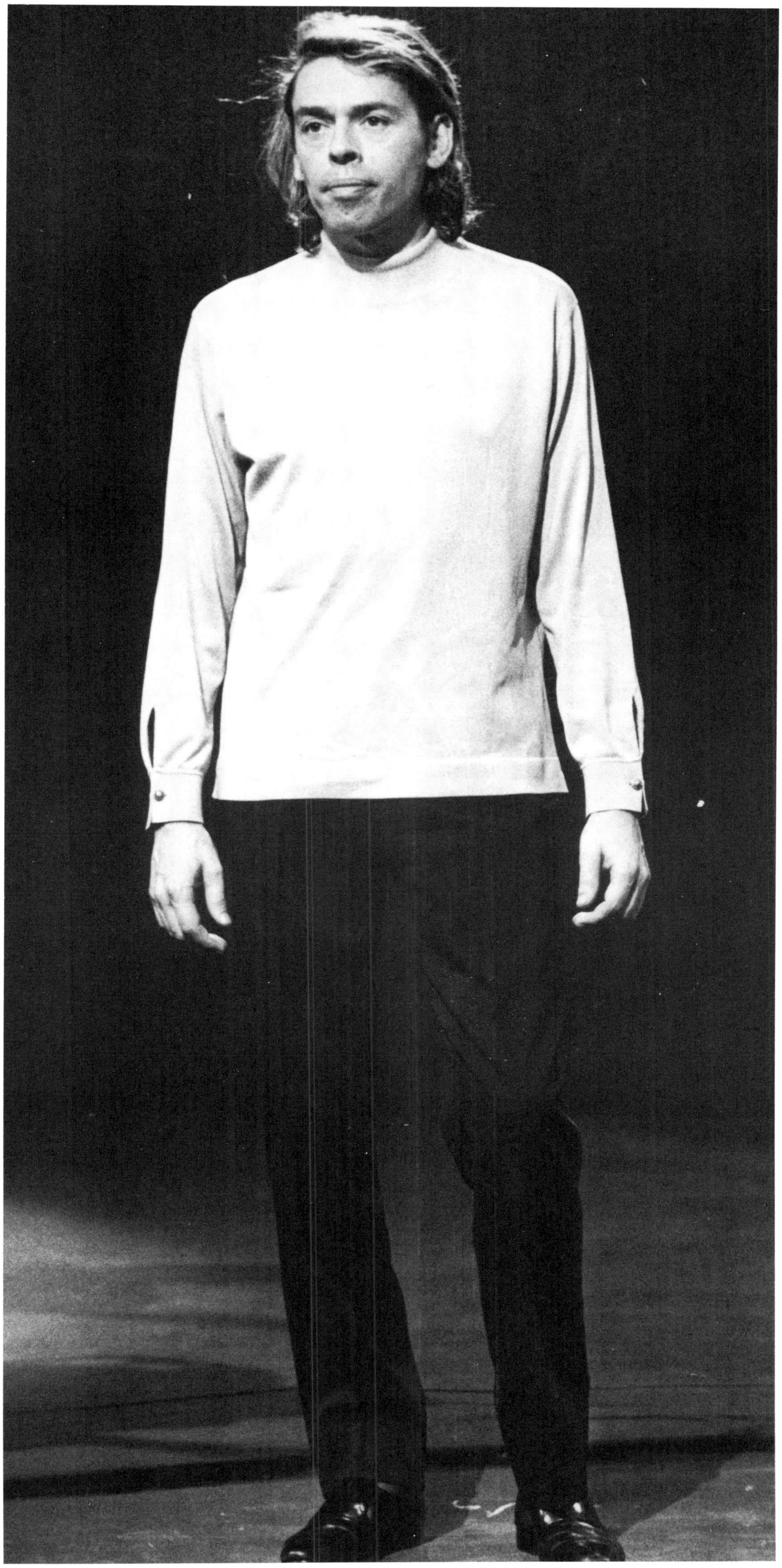

Si Brel a abandonné les planches pour le cinéma, cela ne l'empêche pas d'enregistrer et de participer à diverses émissions de télévision.

Le masque poignant du comédien Jacques Brel lors d'une séance d'enregistrement : une maîtrise de soi sans égal alliée à une connaissance approfondie de son métier.

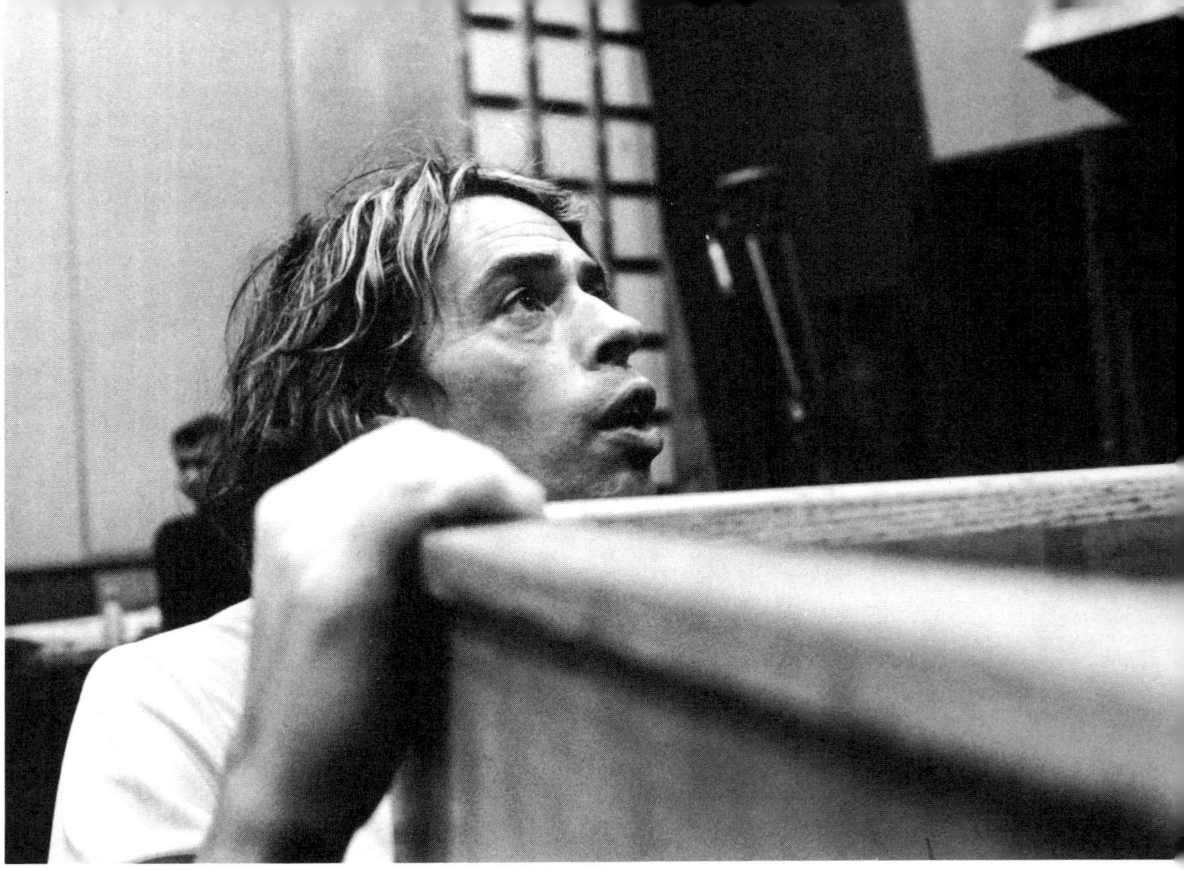

« Nous sommes en plein matérialisme. Regarde maintenant, comme on usine les chanteurs. Les ingénieurs du son peuvent corriger à l'enregistrement une voix qui détonne. Ils tournent un bouton dans leur cabine et on monte ou on descend d'un demi-ton. Quelquefois même, on découpe la bande — pas en largeur, comme autrefois, pour faire des raccords, mais en longueur, pour séparer les graves des aiguës. Comme ça, si ta voix est mauvaise dans les basses, par exemple, tu peux corriger. Tiens, je vais te dire, même sur scène il y des types qui font semblant de chanter. C'est l'enregistrement qui passe : je te dis, on est fabriqué.. on est des dentifrices ! »

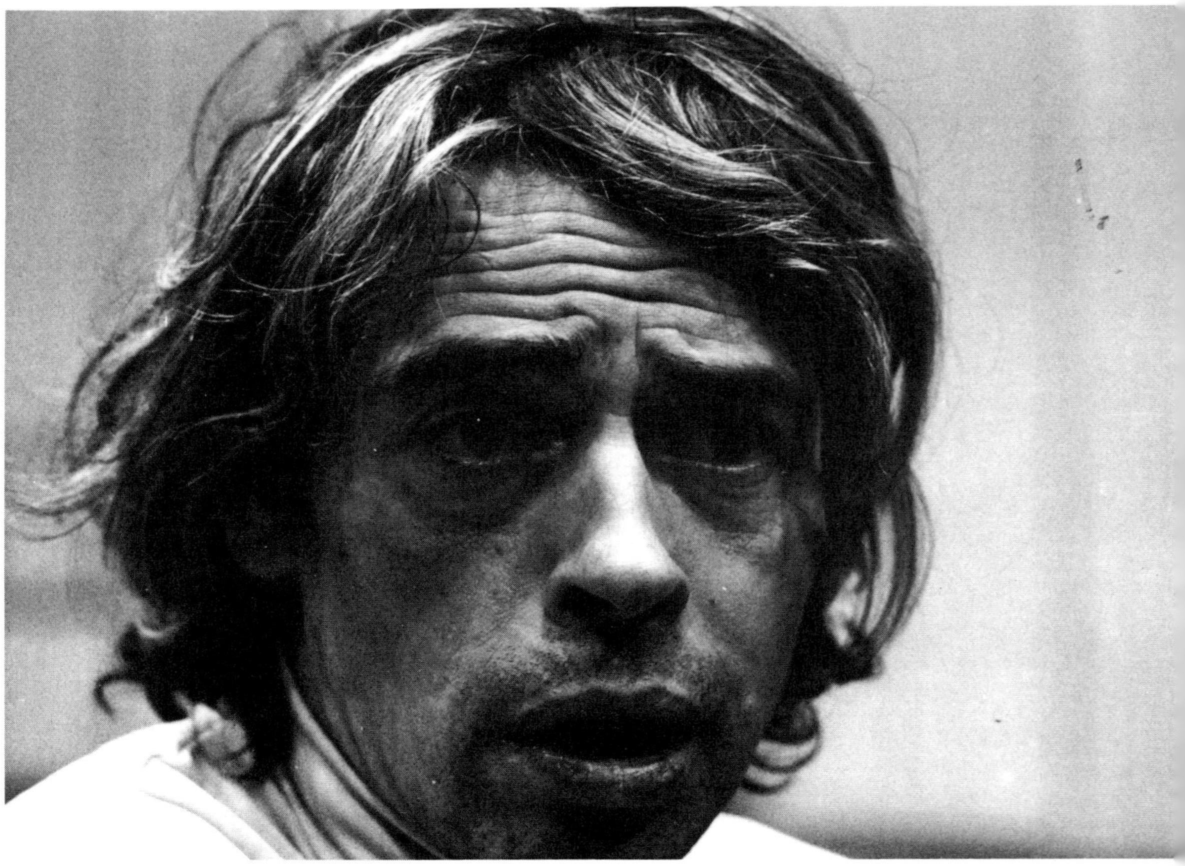

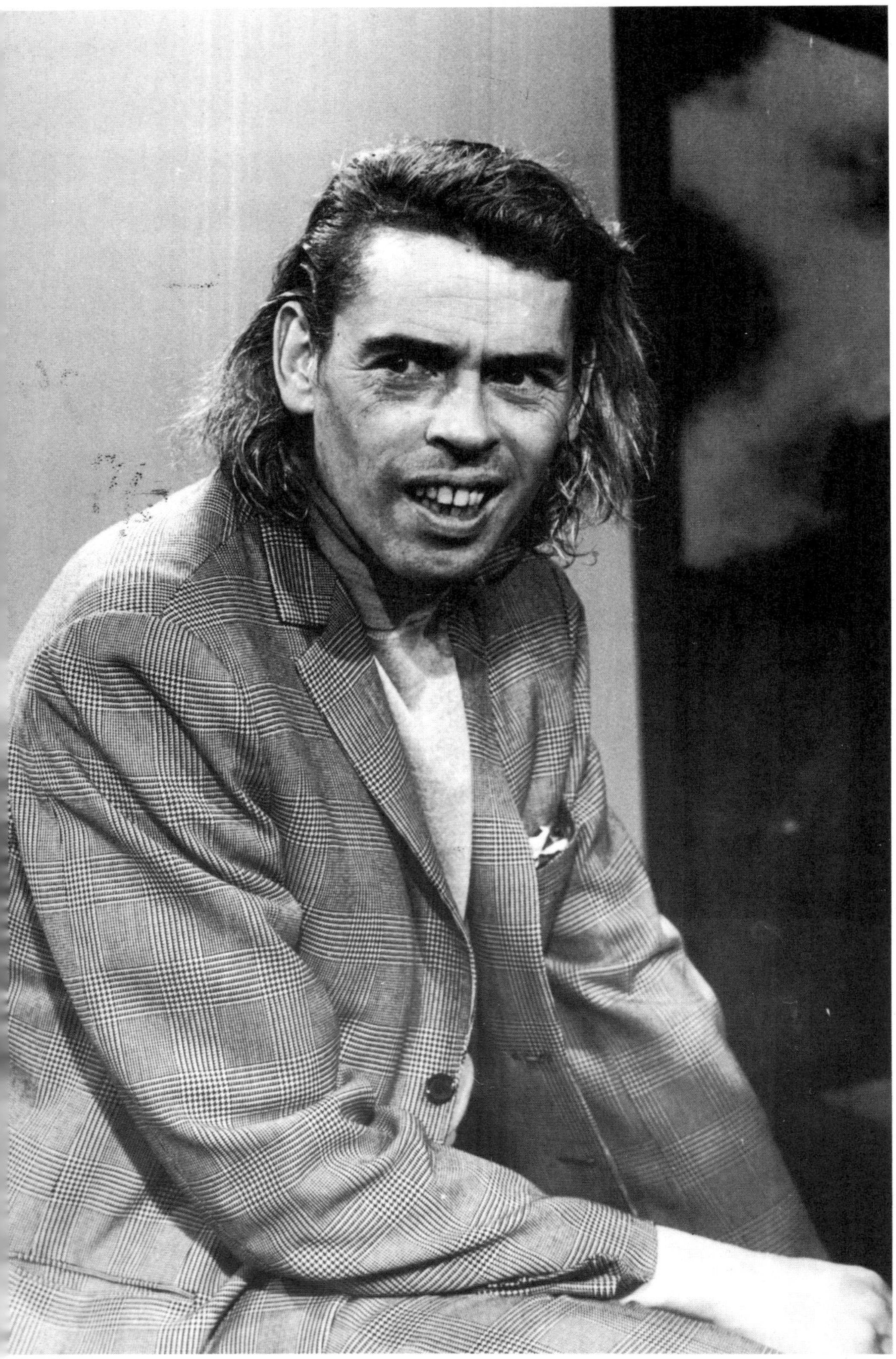

Sa passion pour l'aviation lui doit d'être invité à l'émission d'Armand Jammot, « Les Dossiers de l'écran ».

Pour accompagner un ami, il participe parfois à une émission télévisée. Ici, avec Francis Lemarque, Monique Morelli et Georges Brassens.

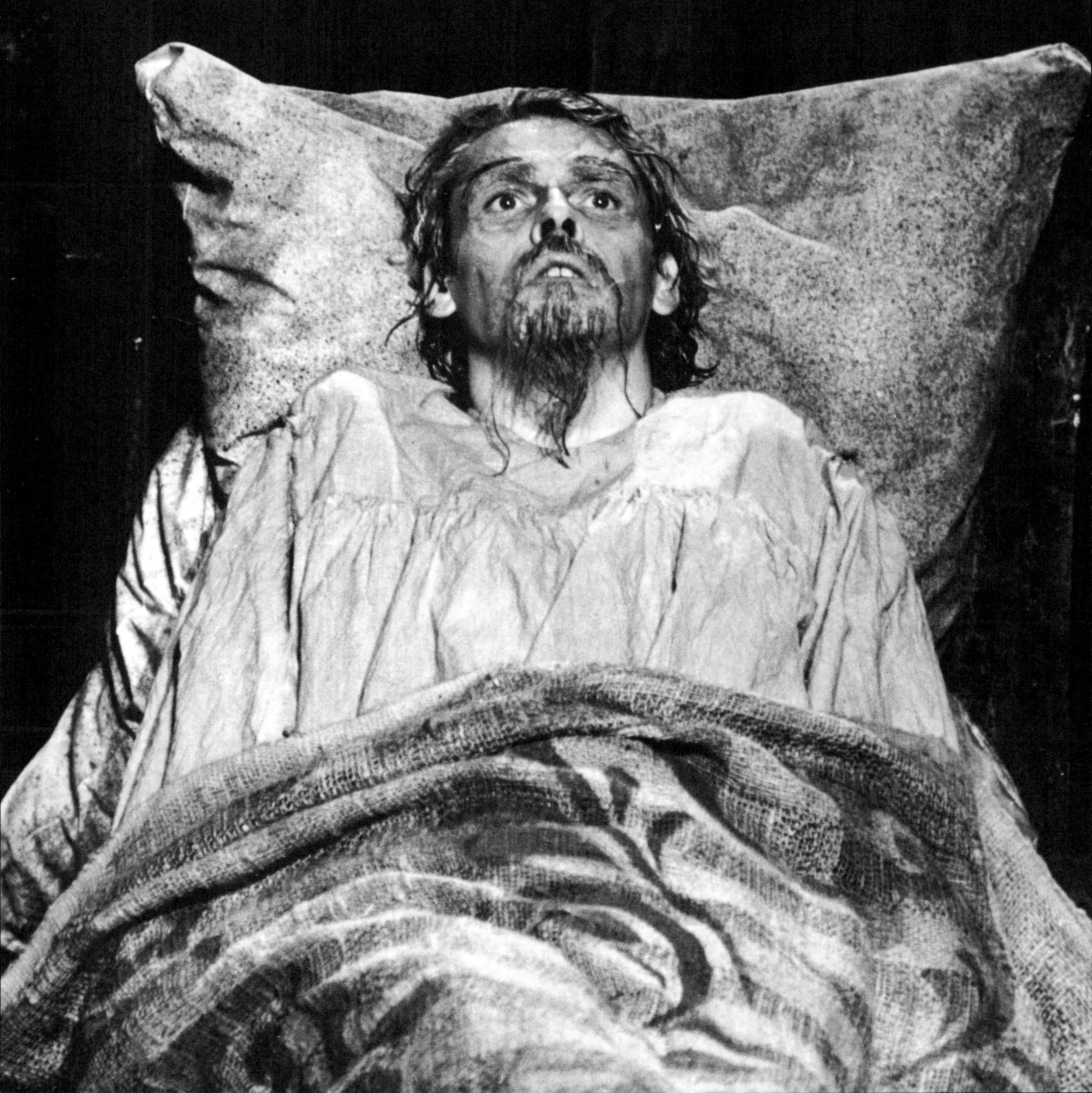

L'homme dans la cité

Maurice Huysmans, directeur du Théâtre royal de la Monnaie à Bruxelles, avait un jour de 1966 parlé à Brel d'un extraordinaire spectacle qu'il avait vu à Broadway. Une comédie musicale de Dale Wassermann, Joe Darion et Mitch Leyh : *The Man of the Mancha* avec Jore Ferrer dans le rôle principal. Début 1967, Brel, de passage à New York pour sa seconde et dernière représentation au Carnegie-Hall, va voir cette comédie dont on parle beaucoup.

Il en sort enthousiasmé, ébloui, subjugué ! Dès lors, il n'a plus qu'une idée, adapter l'œuvre en français et *monter* les aventures d'un personnage qui a bercé sa jeunesse. Personnage qui, d'après ses propres convictions, « est plus adulte que les adultes et plus intéressant ».

Cet homme à « la triste figure », n'est-ce pas Jacques Brel ? N'est-il pas lui-même un véritable Don Quichotte ? Il l'est dans la vie, il l'est partout, et, quand il n'y a pas de moulins, il les invente pour les renverser.

« On peut comprendre, ont écrit Bruno Hongre et Paul Lidsky, ce qui a pu séduire Brel dans Don Quichotte, l'Homme de la Manche, conquérant du rêve, héros solitaire qui arrive trop tard dans un monde trops étroit, où il n'y a plus de place pour l'aventure. »

Jacques Brel a rapidement séduit et convaincu les Américains détenteurs des droits. Habité dès lors par ce personnage inspiré, qui lui ressemble tant, il va travailler comme un forcené pendant plusieurs mois, en précisant que les péripéties de ce « pourfendeur de moulins » ne constituent pas une comédie musicale, mais une tragédie musicale.

Prévue pour trente représentations, la pièce est créée en octobre 1968 au Théâtre royal de la Monnaie. Deux heures de spectacle hallucinant. Dario Moreno est un merveilleux Sancho Pança et avoue : « Je pleure tous les soirs de vraies larmes. C'est Brel, il meurt trop bien. Ça me bouleverse, j'y reste. »

Tous les soirs, avant d'entrer en scène, derrière le rideau, Jacques Brel embrasse Dario-Sancho comme s'il pressentait la séparation de leur couple, indissoluble pourtant dans les esprits.

C'est un triomphe. Des membres de la famille royale se déplacent pour applaudir cet homme étonnant qui s'est vieilli de vingt ans pour rentrer dans la peau de son personnage.

C'est une telle réussite que Jean-Jacques Vital à Paris décide de monter à son tour cette comédie au Théâtre des Champs-Elysées. Il engage l'ensemble de la troupe pour une durée minimale de cinq mois. Cette troupe est parfaite. Plus de mille comédiens, chanteurs, danseurs ont été auditionnés pour réunir les vingt-quatre acteurs et les dix-huit musiciens qui la composent.

Pourtant, la reprise à Paris paraît un instant compromise. Jean-Jacques Vital est atteint d'un infarctus, Brel lui-même, interprète d'un rôle écrasant, est victime d'une indisposition prolongée. Et surtout, Sancho-Moreno, son ami, l'ombre de son personnage, celui qu'on embrassait derrière le rideau rouge, va mourir subitement le 1er décembre.

Mais c'est compter sans la force de caractère de Brel. Il faut trouver un remplaçant. Ce nouveau Sancho Pança devra apprendre son rôle en cinq jours. Ce tour de force, c'est Robert Manuel qui le réussira.

« Mon arrivée dans une troupe parfaitement rodée remettait tout en cause, raconte aujourd'hui ce dernier. Comme j'étais au Conservatoire toute la journée et que je jouais le soir, nous ne répétions qu'après minuit. Et Brel est venu passer toutes ses nuits avec moi pour travailler. Malgré sa fatigue déjà visible. »

« Il meurt trop bien », disait Dario Moreno.

Malgré ces coups du sort, la pièce est présentée au public parisien le 10 décembre 1968. Comme le sang de Don Quichotte coule dans les veines de Brel, il offre la recette de la première représentation à la recherche médicale.

Ce spectacle sera le triomphe de la saison théâtrale 1968-1969. Tout est parfait. L'interprétation, la mise en scène, les décors. Brel joue et chante de façon exceptionnelle. Il est le triomphateur d'un genre que l'on croyait jusque-là incompatible avec le goût français. Pour la première fois, depuis bien longtemps, une comédie musicale ne consiste pas, selon la formule de Jean-Jacques Vital, « à faire chanter, à des gens qui ne savent pas chanter, une partition que d'autres gens n'ont pas envie d'entendre ».

On réclame l'*Homme de la Manche* en Italie, en Suisse. Même les Américains, qui ont vu Brel à Paris, lui proposent un pont d'or pour qu'il reprenne le rôle à New York. Brel refusera, mais il n'échappera pas toutefois à la gloire outre-Atlantique.

Le succès est garanti pour deux ans au moins. Pourtant, le 13 février 1969, Brel s'arrête dix jours. Il a perdu dix kilos. Sa silhouette maigre, en haillons, pitoyable, lui mérite bien son nom de « Chevalier à la triste figure ». Sous son grand chapeau à bords plats et ses longs cheveux qu'il a fait zébrer de mèches grises, le robuste Brel de naguère n'a plus besoin de forcer son maquillage pour paraître décharné. Des consignes formelles le protègent des photographes. Et pourtant, il reprend son rôle :

« Si j'ai maigri, c'est parce que je n'ai pas peur de mouiller ma chemise. Malgré une fatigue passagère, je ne me suis jamais aussi bien porté. »

Son épuisement, chaque soir, est manifeste. A la cent-cinquantième représentation, il abandonne, il jette l'éponge. On parle d'anémie. Il répond :

« Je souffre officiellement d'une gastro-entérite, c'est tout. »

En fait, il vient d'apprendre la nature de son mal.

L'équipe est amère, et Jean-Jacques Vital perdra beaucoup d'argent. Un moment, il pense lui trouver un remplaçant. Il devra abandonner l'idée.

« On ne peut pas passer derrière Jacques Brel » assurent tous les comédiens pressentis.

L'Homme de la Manche.
Un rôle écrasant... Brel abandonne au bout de cent cinquante représentations. Il aura maigri de dix kilos.

1

2

3

4

La princesse Paola de Belgique vient le féliciter dans sa loge.(1)

Brel, Chevalier : deux générations se rencontrent au sommet.(2)

Dans sa loge, avant la représentation, Brel ferme les yeux... Pendant quinze ans, l'angoisse avant le lever du rideau.(3)

Robert Manuel et Jacques Brel lors d'une répétition du Gala de l'Union donné au bénéfice des vieux artistes dans le besoin. Thème de leur numéro : Don Quichotte et Sancho Pança.(4)

Brel se repose, reprend forme humaine et va donner suite à une proposition d'Édouard Molinaro qui voudrait lui donner le rôle principal de son prochain film.

Le tournage du troisième film de Jacques Brel, *Mon oncle Benjamin,* débute dès juillet 1969.

Cette histoire, écrite en 1841 par un petit instituteur de province, Claude Tillier, est un petit chef-d'œuvre. Molinaro en a fait une adaptation plus que convenable, et Brel, dans cette chronique libertine se déroulant sous Louis XV, se retrouve en l'an de grâce 1750 médecin des pauvres, bon vivant, fantasque, bretteur et trousseur de jupons... Brel fait la démonstration de ses dispositions pour l'escrime, l'équitation et la comédie, puisque, de l'aveu même de son metteur en scène, il a trouvé en lui son interprète idéal.

Sitôt le tournage terminé, Brel, déjà titulaire depuis plusieurs années d'un brevet de pilotage à vue, va passer deux mois à Genève sur l'aéroport de Genève-Cointrein pour apprendre à voler « aux instruments ». Il achète un nouvel avion, plus sophistiqué que le précédent, pour la somme de deux cent mille francs. C'est un *Wassmer-super 421,* entièrement rouge, qui vole à trois cents à l'heure. C'est avec ce type d'appareil que Mme Erissa Pelusier a effectué son premier tour du monde.

Dès lors, il ne va pas cesser de voler au-dessus de toute l'Europe et de la Méditerranée. Ça devient sa passion : « C'est bien, l'avion ! On ne triche pas. Quand on monte dedans, n'est-ce pas, on sait qu'il faut éviter de se tuer. »

Souvent il met le cap sur Bruxelles.

Il tente de réaliser un rêve qui lui tient à cœur. Signer la musique d'une comédie musicale. Ne s'est-il pas fait la main en adaptant l'œuvre d'un autre, avec *L'Homme de la Manche* ?

Livret et musique sont terminés en décembre. Il est décidé que *Voyage sur la lune,* comme s'appelle cette comédie musicale, sera créé le 30 janvier au Théâtre de la Monnaie à Bruxelles. Mais une difficulté surgit. Les musiciens sont au rendez-vous pour les répétitions, mais les comédiens et les chanteurs retenus à Londres ne peuvent se libérer qu'une semaine avant la générale. Qu'importe, décide Brel, les comédiens répéteront à Londres sur la bande orchestrale de la partition. Mais lorsque la troupe se réunit enfin pour les ultimes répétitions, l'ensemble scénique se révèle si catastrophique que Brel et le directeur du théâtre décident d'abandonner. Brel remonte en avion et recommence à parcourir les grands espaces.

Il va bientôt se poser pour tourner son quatrième film.

MON ONCLE BENJAMIN — 1969

Réalisation :
Edouard Molinaro
Scénario :
André Cocteau et Jean-François Hauduroy
Musique :
Jacques Brel
Interprètes :
Jacques Brel, Claude Jade, Bernard Blier

Sortie à Paris le 13 novembre 1969.
200 000 entrées lors de son exclusivité parisienne.

Un médecin des pauvres, aux idées plutôt révolutionnaires, est humilié par un marquis. Le film raconte l'affrontement de ces deux hommes et y mêle différentes histoires d'amour aux rebondissements multiples et inattendus.

Voilà quatre ans qu'il a abandonné le tour de chant. Nous sommes en 1970, dix-huit mois après *L'Homme de la Manche*. Alors que certains pensent qu'il va peut-être se remettre à chanter, il dit : « Je préfèrerais qu'on me donne le rôle du cheval. »

C'est que cette fois encore, le revoilà cavalier dans *Mont-Dragon*, où son expérience toute neuve de l'équitation est mise à rude épreuve. C'est en Lozère que Jean Valère réalise cette adaptation du roman de Robert Margerit. Dans cette sombre histoire sans grand intérêt, où se mêlent la vengeance, l'aristocratie et la bassesse, Jacques Brel se montre en dresseur de chevaux et de femmes, et finit par mourir, tué d'une balle dans le dos.

Le film a un succès d'estime et de curiosité ; Brel confirme qu'il se trouve mauvais comédien. Beaucoup affirment le contraire, et certains demandent quels sont les critères qui le poussent à tourner tel film plutôt que tel autre.

« Je ne choisis mes films qu'en fonction de l'équipe, pas du personnage. L'histoire, à la limite, je m'en fous. La phrase qu'on entend le plus sur un plateau quand on est acteur c'est : soyez sincère, ayez l'air sincère. C'est commode. »

Boutade. En réalité, Brel est très attentif aux sujets, et à la façon dont on envisage de les traiter. A preuve cette scène dont Danièle Heymann fut témoin et qu'elle rapporta dans les colonnes de son journal :

« Deux jeunes hommes se présentent dans la cour du château où se tourne *Mont-Dragon*. Ils viennent discuter avec lui d'une adaptation qu'ils ont faite d'*Escurial*, du poète flamand Ghelderode. Une adaptation très moderne, avec avions, etc. Brel n'en veut pas, c'est clair, mais il sait combien son refus décevra ses visiteurs. Alors il noie son non. Il parle, s'anime, s'énerve : « C'est bien votre truc, les mecs, c'est bien. Mais c'est pas Ghelderode. Votre truc, c'est comme cet enfant dont on vous dit : Regardez-le, c'est tout le portrait de son père ! Si vous ne connaissez pas son père, qu'est-ce que ça peut vous foutre ! Votre truc, c'est pas Ghelderode. De toute façon, Ghelderode, si vous lui enlevez ses mots, qu'est-ce qui lui reste ? Hein ? Rien. Il n'a jamais eu une idée de sa vie, Ghelderode. Il est bête, Ghelderode, c'est Claudel qui pète ! »

Après *Mont-Dragon*, on propose à Brel tout et n'importe quoi. Du flic et du gangster bien entendu, mais aussi du sportif et du curé. Rien qui le satisfasse.

MONT-DRAGON — 1970

Réalisation :
Jean Valère
Scénario :
D'après le roman de Robert Margerit
Interprètes :
Jacques Brel
Françoise Prévost
Paul Le Person
Catherine Rouvel

Sortie à Paris en décembre 1970.
400 000 entrées lors de son exclusivité parisienne.

Chassé de l'armée, un militaire se fait engager comme écuyer dans un château. Le seigneur des lieux est l'officier qui fut la cause de son renvoi de la cavalerie. Mont-Dragon se vengera en s'employant à avilir tous les membres de la famille, jusqu'à la bonne.

Avec Marcel Carné ; la rencontre de deux géants. Scènes prises pendant le tournage des Assassins de l'ordre.

1971 verra la rencontre de deux grands artistes : Jacques Brel et Marcel Carné. Lorsqu'il jouait *L'Homme de la Manche*, Carné, à l'issue d'une représentation, était allé le féliciter dans sa loge. Ils avaient bavardé un moment, et Brel avait dit au réalisateur de *Quai des brumes* et des *Enfants du paradis* :

« Tourner un jour avec vous a été un de mes rêves d'adolescent. » Trois ans plus tard, l'occasion de réaliser ce rêve de jeunesse va se présenter.

Après avoir envisagé plusieurs acteurs pour son prochain film, Marcel Carné songe à Brel qui accepte aussitôt de collaborer. Là encore, l'histoire a pour origine un fait divers authentique. Un juge d'instruction s'obstine à vouloir faire toute la vérité sur la mort suspecte d'un homme roué de coups dans un commissariat de police. Ce juge, tenace, réussit à faire inculper plusieurs policiers. Mais ceux-ci seront relaxés et lui, désavoué.

Ce très bon film passa pour ainsi dire inaperçu. Alors que les Américains rendaient un hommage exceptionnel à Carné pour l'ensemble de son œuvre, et que ce dernier film recevait plusieurs récompenses à l'étranger, la critique française, devant un sujet si brûlant, s'abstenait de tout commentaire. Par cela même, elle aidait à le maintenir dans l'ombre. Tiré d'un livre du chroniqueur judiciaire Jean Laborde, ce film tourné en Provence apporta cependant de grandes satisfactions à Brel. Il devait surtout le déterminer à passer lui-même derrière la caméra.

Jusqu'alors, lorsqu'on demandait à Brel s'il se trouvait bon comédien, il répondait : « non ! » ou « je n'en sais rien ! » et précisait qu'il n'avait vu aucun de ses films, sauf le premier par curiosité.

Dès ses premiers contacts avec Carné, il avait averti celui-ci qu'il ne se rendrait jamais aux *rushes*, comme on appelle les projections des scènes tournées la veille.

« J'ai horreur de voir ma gueule à l'écran » avait-il précisé tout en demandant qu'on ne se formalise pas de son absence. Aussi, grande fut la surprise de Carné de constater qu'il se montrait assidu à ces projections quotidiennes. Le réalisateur des *Assassins de l'ordre* écrit dans ses mémoires : ... « mais encore manifestait(-il) souvent son impatience de voir les scènes tournées le jour précédent. De même il vint très souvent assister aux projections de montage, se renseigner sur les raisons qui m'avaient fait couper un plan ici, et allonger tel autre un peu plus loin. Je me sentais flatté de son zèle inhabituel, lorsque j'appris qu'il préparait un film comme metteur en scène. »

Pourtant, avant d'entreprendre cette première tentative de réalisation, il va tourner sous la direction de Claude Lelouch, pour qui il a une vive admiration. Ce sera *L'Aventure c'est l'aventure*, sorte de comédie burlesque qui nous plonge presque dans une aventure des *Pieds Nickelés*. C'est durant ce tournage qu'il se liera d'amitié avec Lino Ventura. Amitié qui ira en s'affirmant avec les années.

LES ASSASSINS DE L'ORDRE — 1971

Réalisation :
Marcel Carné
Scénario :
Paul Andréota et Marcel Carné, d'après le roman de Jean Laborde
Interprètes :
Jacques Brel
Paola Pittagora
Catherine Rouvel
Charles Denner

Sortie à Paris le 18 mai 1971.
300 000 entrées lors de son exclusivité parisienne.

Un juge de province se voit confier l'instruction d'une affaire dans laquelle des policiers sont soupçonnés d'avoir brutalisé un suspect, ce qui aurait entraîné sa mort. Le juge décide de faire inculper les policiers, mais, dès lors, il est l'objet d'une série de chantages et de pressions. Finalement, les policiers seront acquittés et le juge sortira diminué de ce qu'il considère comme un manquement à la justice.

L'AVENTURE, C'EST L'AVENTURE — 1972

Réalisation :
Claude Lelouch
Scénario :
Claude Lelouch
Musique :
Francis Lai
Interprètes :
Jacques Brel
Lino Ventura
Charles Denner
Johnny Halliday
Aldo Maccione
Charles Gérard
Nicole Courcel
André Falcon
Prudence Harrigton
Yves Robert
Gérard Sire
Jean-Louis Bunuel

Sortie lors du 26e festival de Cannes.
700 000 entrées lors de son exclusivité parisienne.

Des truands voient grand et décident d'abandonner la forme traditionnelle du gangstérisme pour monter des « opérations psychologiques » dont la politique et la religion sont les nerfs. Folles péripéties des cinq héros.

Avec Claude Lelouch
et Lino Ventura dans
l'Aventure c'est l'aventure.
Un film mené tambour battant.

Il peut pleuvoir

Cette même année 1972, il va profiter de l'initiation acquise au cours des six films qu'il a tournés, et notamment de l'expérience qu'il a tirée du tournage des *Assassins de l'ordre* de Marcel Carné.

Le démon de la mise en scène le tentant depuis longtemps, il va réaliser son propre film. Se lier de façon plus étroite à la création. Et puis, toujours le goût du risque, de la difficulté à vaincre.

« Je suis devenu comédien de cinéma uniquement pour apprendre la technique. On n'a pas le droit de plonger dans un truc sans en connaître l'outil. A quarante ans, je ne pouvais tout de même pas aller à l'Institut des hautes études cinématographiques. Alors, j'ai décidé d'apprendre sur le tas. »

Jacques Brel est trop acteur complet pour se satisfaire d'être dirigé. Au music-hall, n'avait-il pas tout réglé lui-même, déterminé la nature des textes, choisi les musiciens, les lumières, l'ordonnance du spectacle ; en somme, ne disait-il pas :

« Il n'y a pas de similitude entre une chanson et un film, mais il y en a une entre un tour de chant et un film. Le tour de chant est basé sur une série de chocs. Il y a de la boxe dans un tour de chant : une caresse du gauche et un crochet du droit. Un film, c'est à peu près pareil quant à son architecture. Je veux un coup de poing toutes les neuf minutes. »

C'est dans son pays, à Ostende, qu'il commence le tournage de son premier film. Un décor de pesanteur, de jolie grisaille, la Flandre, pour cette histoire d'amour entre gens de quarante ans. Brel est non seulement le scénariste, le metteur en scène mais aussi l'interprète principal. Le producteur bienheureux des *Bidasses en folie* lui donne carte blanche. Pour lui donner la réplique, il trouve la partenaire qu'il lui fallait, une des premières à avoir interprété ses chansons quand elle se produisait au cabaret de l'Écluse : Barbara.

« Il est venu et il m'a dit : Il me faut une femme laide. J'ai dit : oui. »

Après avoir failli d'abord s'appeler *Les Moules,* puis *Léon,* le film s'appellera *Frantz,* bien que Brel eût bien aimé l'intituler : *De tous les peuples de Gaule, ce sont les Belges les plus forts pour porter les valises.*

Frantz, c'est la rencontre de deux paumés, Léon et Léontine, dans une maison de convalescents de Blankenberghe, petit port de pêche. Au milieu de gens médiocres et ridicules, ces deux êtres vont être transfigurés, un court moment, par un amour invraisemblable. Ils rateront cet amour comme ils ont raté leur vie. Elle retrouvera son mari, il trouvera la mort. Bal triste, où dansent et s'enlacent les émotions vraies et les cruautés nues, les lourdes bêtises qui font déraper les sentiments qui s'élèvent. Fuite en calèche, promenade en bicyclette, combat de coqs au sein d'une foule mi-kermesse mi-funérailles, c'est un film étrange, film fou, qui ressemble à l'univers de Jacques Brel. Il y laisse vagabonder en désordre son imagination, ses fantasmes et ses souvenirs.

Film romantique ?

« Et comment ! dit-il, je ne vais tout de même pas me mettre à devenir intelligent. J'ai essayé d'expliquer que l'amour à quarante ans, comme à dix-huit ans ou à soixante, ça ne marche pas mieux, c'est la même duperie, ce sont les mêmes erreurs. J'ai su après cela que ça ressemblait à mes chansons, à des gens qui au fond ne sont pas méchants mais qui ont peur. ».

« *Frantz*, c'est une sorte de ballade douce-amère où l'on entend battre *un cœur gros comme ça* » déclare Jean de Baroncelli.

« Mieux qu'un brillant succès, Brel improvise un style », écrivent d'autres critiques.

Mais, pour la plupart, la sincérité de l'auteur ne passe pas toujours l'écran. A côté de scènes empruntées de réelle poésie ou de férocité très *brelienne*, il y a des creux dans le récit, des périodes de cafouillage, des parenthèses inutiles.

Frantz sera un demi-échec, ou, comme disent les plus indulgents, une demi-réussite.

Pour Brel, devenu metteur en scène après avoir fait la preuve de ses dispositions pour la comédie, le cinéma était moins une entreprise où il fallait réussir à tout prix, qu'un rêve de jeunesse qu'il se devait de réaliser. Il est vrai qu'il se passionna pour le cinéma.
Alors même que son nom ne figurait pas encore au hit-parade du music-hall, il ne cessait de parler du jour où il réaliserait ses propres films.

FRANTZ — 1971

Réalisation :
Jacques Brel
Scénario :
Jacques Brel
Musique :
Jacques Brel

Interprètes :
Jacques Brel
Barbara

Sortie à Paris en novembre 1971.
100 000 entrées lors de son exclusivité parisienne.

Histoire d'amour entre un garçon laid, un peu simple, et une femme pas très jolie qui semble en marge de la société. Une tendresse s'installe entre ces deux êtres, mais la jeune femme triche dans son amour. Comme toutes les autres, elle s'est moquée de lui. Il ne lui reste qu'à mourir.

Jacques Brel avait fait la connaissance de Eddie Barclay en 1962. Le talent du premier allié au sens des affaires de « l'homme au cigare », devaient être très bénéfiques pour les deux parties.
Pour établir de façon définitive cette alliance, Jacques Brel et Eddie Barclay signent un contrat à vie, (ou plus exactement trente-trois ans renouvelables), pacte étrange qui ne s'était jamais vu dans l'histoire du show-business.

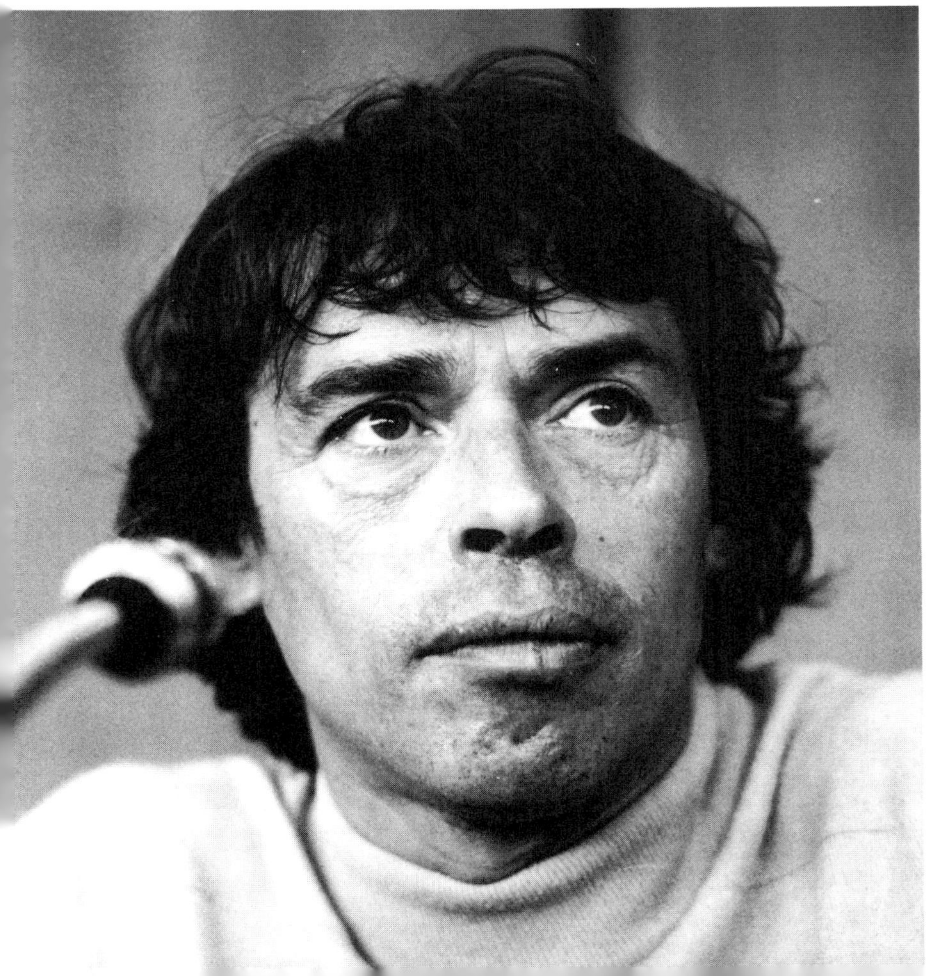

« Quand le rideau tombe,
le souvenir se lève... »
Derrière les micros et les caméras,
par quelle vision de son avenir,
Jacques Brel est-il hanté ?

LE BAR DE LA FOURCHE – 1972

Réalisation :
Alain Levent
Scénario :
François Boyer, Philippe Dumarçais et Alain Levent, d'après le roman de Gilbert de Voisins
Musique :
Jacques Brel
Interprètes :
Jacques Brel
Rosy Varte
Isabelle Huppert
Pierre-François Pistorio

Sortie à Paris le 23 août 1972.
20 000 entrées lors de son exclusivité parisienne.

Un aventurier rejoint un bar perdu dans les bois tenu par son ancienne maîtresse. L'accueil n'est pas celui dont il avait rêvé.

L'année 1972 n'est pas encore achevée qu'il abandonne *Frantz* à son destin pour ne redevenir que comédien dans la première mise en scène d'Alain Levent, *Le Bar de la Fourche.* Il y incarne au côté de Rosy Varte un curieux aventurier.

Il ne s'agit que d'une récréation pour Brel qui se dit « vagabond volontaire et éternel étudiant ». Il ne pense qu'à son dernier *devoir*, ce *Frantz*, dont les imperfections, les erreurs et les faiblesses lui procurent un sentiment d'insatisfaction, d'échec. Comme il n'est pas l'homme des demi-réussites, il ne tarde pas à se donner une seconde chance.

Donc, début 1973, Jacques Brel se retrouve pour la seconde fois derrière une caméra. Son nouveau film s'intitule *Far West,* on comprend aisément pourquoi.

On se souvient que lorsqu'il était adolescent on avait oublié de l'avertir que le monde, tel que les enfants l'imaginent, n'était qu'une farce. Il ne s'en était jamais réellement consolé.

Brel va tenter de s'exorciser une bonne fois, en recréant, comme il se l'imagine, le *Far West* qu'il n'a jamais eu.

Tourné également en Belgique, ce second film, avait-il prévenu, sera « à la fois loufoque et rêveur. Il fera revivre les chercheurs d'or, les caravanes des pionniers qui ont enchanté mon enfance. Seulement, mon héros décide d'être cow-boy et de vivre à la manière de l'Ouest américain, mais en Belgique, ce qui n'est évidemment pas facile ».

Et il ajoute : « Mon but est de faire rêver les gens, de les faire communier entre eux, de leur faire sentir que la vie peut être belle, joyeuse, tendre, simple... et généreuse. »

Folle ambition !

C'est un échec retentissant.

Devant *Frantz,* une première œuvre trop sincère pour qu'on en chipote les défauts d'exécution, la critique s'était montrée réservée. Cette fois, elle va être franchement désagréable.

« Encore un film décevant. »

« On espérait trouver de la poésie, il ne reste qu'un jeu d'enfant. »

Ou encore :

« Il a recherché un monde enfantin, il n'a pris que le risque de paraître puéril. »

Frantz n'a pas gagné d'argent, *Far West* en a perdu beaucoup.

Brel est bouleversé. Admet-il que son film est moyen, très moyen ? Certainement. Il est trop lucide pour ne pas s'en être rendu compte. D'ailleurs, il n'a jamais eu de juge plus impitoyable que lui-même.

Quand on lui demandera si ses échecs lui ont fait mal, il répondra par un trait d'humour qui ne cache pourtant pas la profondeur d'une blessure secrète :

« Oui, comme une mauvaise grippe. Plus tard, dans cinq ans, je saurai ce qui s'est passé, pas maintenant.

– Feriez-vous une troisième tentative ?

– Ça ne serait pas honnête de demander à qui que ce soit de rejouer avec moi. »

De ce film, Jacques Brel a sorti une chanson que l'on ne peut oublier : *J'arrive, j'arrive.* Il parle de sa mort :

« J'aimerais, mais qu'est-ce que j'aimerais bien rester encore un peu. »

Pour la première fois, il va rester sur un échec. Il se sent malade, le temps presse maintenant, et tellement de choses à faire encore. Alors il contourne les citadelles qui résistent trop bien. Les réalisations cinématographiques en sont une !

Il va s'octroyer une petite consolation et retrouve le réalisateur et l'équipe technique de *Mon oncle Benjamin.* Cette fois, Edouard Molinaro lui propose le rôle principal d'un film charmant, *L'Emmerdeur.*

Mais alors qu'il obtient un grand succès personnel, il s'obstine à déclarer : « Je suis un mauvais comédien. »

Comme l'a écrit Pol Vandromme qui lui a consacré un remarquable essai, Brel est un anarchiste rétro.
Et de Raymond la Science qu'il incarna à l'écran dans La Bande à Bonnot *à la mort de Jaurès, qu'il chantera des années plus tard, c'est la même démarche, contre la « connerie » d'une société qui se sclérose.*
Un journaliste écrira très justement :
« Brel avait trouvé à l'écran, plus encore que sur la scène, la possibilité de se dépasser lui-même tant physiquement que moralement. Le cinéma lui permettait de devenir, l'espace d'un long métrage, ce qu'il aurait sans doute souhaité être vraiment dans la vie : une espèce de héros à la fois légendaire et modeste, un pourfendeur de torts, un boy-scout égaré dans la jungle du monde moderne avec ses qualités et ses défauts. »

LE FAR WEST — 1973

Réalisation :
Jacques Brel
Scénario :
Paul Andréota et Jacques Brel
Musique :
Jacques Brel
Interprètes :
Jacques Brel
Danielle Evenou

Sortie à Paris le 15 mai 1973.
20 000 entrées lors de son exclusivité parisienne.

Un homme vagabonde à travers la Belgique déguisé en cow-boy. Il rencontre bientôt quelques rêveurs de son genre et les entraîne dans une exploitation minière désaffectée où ils réinventent le Far West de leur enfance.

Avec Lino Ventura

L'EMMERDEUR — 1973

Réalisation :
Edouard Molinaro
Scénario :
Francis Véber, d'après la pièce de Francis Véber
Interprètes :
Jacques Brel
Lino Ventura
Caroline Célier
Jean-Pierre Darras

Sortie à Paris en septembre 1973.
600 000 entrées lors de son exclusivité parisienne.

On veut à tout prix empêcher un homme de témoigner dans une série de procès. Rencontre de deux solitudes et découverte de l'amitié à travers une série de mésaventures et de quiproquos.

Zangra

Toujours est-il que cette apparition à l'écran marque la fin de la carrière cinématographique de Jacques Brel. Il est vrai qu'il fera deux ans plus tard un court passage sur les écrans. Mais juste le temps d'interpréter une chanson dans l'adaptation d'une comédie musicale inspirée de son œuvre. Ce court intermède entre deux randonnées en mer sera l'occasion de faire plaisir à un ami, plus que toute autre chose. Nous y reviendrons.

Pourquoi se retire-t-il sur un échec ?

Des années auparavant, lors de ses adieux à l'Olympia, un vieux camarade bouleversé d'admiration était venu le féliciter dans sa loge :

« Tu es le plus grand. »

Et lui de répondre sur un ton neutre :

« Je le sais, c'est pourquoi je m'arrête. »

Et encore :

« Notre vie est finie quand on en voit l'horizon. »

Quatre ans plus tard, un journaliste lui faisait remarquer :

« Et quand il n'y a plus eu de danger pour vous au music-hall, vous avez arrêté !

— Oui, je suis parti. Si je n'avais pas eu de succès, je chanterais encore. »

Alors, pourquoi cette fois se retire-t-il sur un échec ? Un échec qu'il a l'air d'admettre ?

D'abord, bien évidemment, il souffre d'un complexe de fuite devant toutes les contraintes. Et puis, certainement se rend-il compte, ou plutôt se sait-il de plus en plus malade. Il n'y a plus de temps à perdre, et son intelligence lui fait comprendre qu'en réalité le public ne croira jamais à un Brel cinéaste.

S'il a quitté le music-hall depuis sept ans, l'on continue à rechercher et à écouter ses disques avec passion. Son départ du music-hall a pour ainsi dire été refusé par son public et n'a cessé et ne cesse à cette époque encore d'obséder tout le monde.

« Il y a mille et mille raisons ! »

Et, pendant longtemps, on lui demandera « Pourquoi ? » comme le fit, en 1974, *Radio Monte Carlo*.

« Très sincèrement, pourquoi vous êtes-vous arrêté de chanter ? »

Et Brel, une fois encore, s'expliquera. Plus et mieux peut-être qu'il ne l'a jamais fait jusque-là :

« Il y a mille et mille raisons. Il vaut mieux s'arrêter que de se faire arrêter ; mais ce n'est pas ça la raison. La raison c'est que, en fait, je suis un aventurier de caractère et je crois que, il y a un siècle, j'aurais fait tout autre chose. Je serais allé en Afrique ou en Amérique du Sud, ce qui ne représente plus grand-chose aujourd'hui, sauf en cas de fuite. Le temps de la découverte et de l'aventure physique est terminé. Alors, je crois que l'aventure, maintenant, est dans la modification du style de vie. J'ai vendu des cartons dans le temps. J'ai fait des paroles ; puis j'ai appris la musique, mal, mais j'ai appris la musique ; puis j'ai chanté ; puis j'ai fait de la comédie musicale ; puis j'ai été comédien ; puis j'ai été metteur en scène... Vous voyez, il y a une espèce d'aventure. Paris, quand on débarque chaque fois, et qu'on recommence chaque fois, c'est aussi inconnu et aussi sauvage que l'Afrique au siècle dernier. »

Mais qui donc est Brel ?

Une sorte de sale gamin qui aime les blagues et les gros mots ? Un homme déçu par son propre vieillissement ? L'amoureux de *Madeleine* ? Un misanthrope ou seulement un misogyne ? Un poète raté qui en a conscience ? Un gigoteur qui ne peut rester sur sa chance, parce qu'il rêve toujours d'être ailleurs ?

Tout cela ensemble, mais aussi un homme dévoré d'une passion pour tout ce qui est *premier*. Un goût forcené des *premières fois* comme nous l'avons montré à plusieurs reprises.

Maintenant on comprend pourquoi. C'est parce qu'il

a vécu un drame. Celui de partager dans une époque où les domaines dignes d'une aventure humaine se sont rétrécis jusqu'à disparaître. Non, il n'y a plus ici de place pour les aventuriers de cette sorte.

Il le sait, mais fait semblant de l'ignorer. Alors que faire après l'échec catastrophique de *Far West* ? Il ne peut pas refaire *Amsterdam,* il ne peut pas refaire *Vesoul,* il ne peut pas refaire tout ce qu'il a déjà fait. Il est donc obligé d'entretenir ses phantasmes en recherchant des expériences « vierges ». L'avion va lui en procurer le moyen.

« Je ne vole pas très haut. Ce sont de tout petits avions. Mais je suis heureux. Quand le temps est clair, en bas c'est très beau. Voler, c'est une dimension qui a toujours marqué l'homme. Un jour, avec deux copains, je suis allé jusqu'à Beyrouth. Tenir le manche à balai d'un avion au-dessus de la mer, pendant des heures, c'est cela l'aventure, la liberté. J'appelle ça vivre. C'est mon Far West... »

« Affamé d'espace », pendant des semaines ce « bouffeur de ciel » va survoler l'Europe et la Méditerranée. Se souvient-il qu'il voulait être une sorte de Saint-Exupéry ?

« Tenir le manche pendant des heures, c'est l'aventure, la liberté ! »

-BLPG
F-BLPG

FRANCE AERO-SERVICE
F-BLPG

Quand on n'a que la mer

Jacques Brel is alive...

De temps en temps il repasse par Paris ou Bruxelles. Mais de moins en moins fréquemment.

En revanche, ses amis l'entendent de plus en plus souvent parler d'espaces lointains, de solitude, de silence, de nature, d'éloignement en somme.

« Vivre seul est un projet que je réaliserai. Il ne s'agit pas d'un désir de solitude complète, je veux vivre en retrait, non pas en ermite. J'agirai ainsi pour écarter un certain nombre de malentendus qui me détruisent peu à peu. »

Et comme l'ont fait tant d'autres, pour partir à la recherche de lui-même, il achète un bateau à Anvers. C'est un superbe voilier de dix-huit mètres qu'il dénomme *Askoy*.

Il s'initie consciencieusement aux mystères de la voile en suivant plusieurs stages aux Glénans en Bretagne et part à la découverte des grands horizons de ses rêves. L'Afrique du Nord d'abord :

« J'aime ce pays, ses couleurs, son ciel. J'aime le mode de vie calme des Arabes. Ils disent qu'un homme pressé est un homme mort. C'est vrai. On peut aller vite, mais intérieurement. »

Puis les Antilles, l'Océanie, le grand vent du large et les aubes éblouissantes sur les mers lointaines.

Alors qu'il traverse la Méditerranée, pour rejoindre l'Atlantique, il est escorté pendant quelques milles par des bateaux venant du Maroc. Parmi ceux-ci, il reconnaît un voilier ami. Il s'en rapproche et crie au barreur : « Dites à Marcel-Yves que je réalise mon rêve. »

Marcel-Yves Poirot, c'est un copain des tout débuts, de l'époque des « Trois Baudets », devenu depuis médecin à Casablanca. Il me racontera qu'à la fin de l'année 1977, après avoir écouté le tout dernier album de Brel et avoir lu *Le Droit à la mort* de Léon Schwartzenberg, autre vieux copain des « débuts difficiles », il se surprendra à songer à Brel, à son exil, à sa maladie, et il prendra sa plume pour lui écrire aux Marquises.

« Vivre seul est un projet que je réaliserai. »

« En réalité, lui écrit-il en substance, moi, comme les autres, je n'ai pas pris la peine de te comprendre. Depuis toujours existe entre toi et les autres, tous les autres, une sorte de décalage, une sorte d'indéfinissable aveuglement qui empêche de te percer. » Il lui dit encore que la pratique du quotidien empêche de découvrir les gens et que lui-même, s'il a été un grand « copain », se rend compte aujourd'hui, qu'il n'a pas pris le temps de devenir un « ami ». Il le regrette amèrement.

Brel répondra à Marcel-Yves Poirot :

« Si tu veux savoir ce qu'était le monde avant la guerre de 1914-1918, viens me voir, ici aux Marquises ». Et il prévient pudiquement qu'il est un homme abîmé.

« Surtout amène des médicaments pour mon foie. »

Début 1974, après deux mois et demi de mer sur son bateau en bois, il rentre des Antilles où les alizés l'avaient poussé.

C'est durant cette courte halte que, par sympathie pour Mort Shuman, il fait la toute dernière apparition à l'écran que nous avons évoquée. C'est l'aboutissement d'une longue histoire.

Brel, sujet du bac...

Depuis 1968, se joue à New York une comédie musicale intitulée : *Jacques Brel is alive, and well, and living in Paris,* traduction littrale : « Jacques Brel va bien et vit à Paris. » Il s'agit de deux garçons et de deux filles qui présentent vingt-cinq chansons de Jacques Brel sous la forme d'une œuvre dramatique complète.

La longueur de ce titre devait beaucoup amuser Brel, surtout lorsqu'on lui eut expliqué que, après la fin de la Seconde Guerre mondiale, un certain nombre de dignitaires nazis en fuite avaient cru trouver ingénieux de lancer ce slogan : « Hitler est vivant, heureux et il vit à Buenos Aires. » Tout avait commencé en 1966. Un poète américain, Eric Blau, et un chanteur, Mort Shuman, fils de Polonais émigrés aux États-Unis, consacré depuis vedette française, sont fascinés par l'œuvre et la carrière du chanteur belge.

« J'étais fou de Brel, j'étais complètement entré dans son monde », dira Mort Shuman.

Ils décident de faire de l'œuvre de Brel une comédie musicale. Pour réaliser ce *Brel-Story,* Blau et Shuman traduisent en anglais vingt-neuf chansons, en adaptant certains textes de façon à transmettre l'esprit du chanteur aux Américains.

Le travail terminé, la comédie est montée à Broadway. Mort Shuman, un autre interprète masculin et deux chanteuses, sans décor, obtiennent un succès exceptionnel ; si considérable que, la même année, ce n'est pas une, mais cinq troupes, qui font triompher cet hommage à Brel à travers tous les États-Unis. En 1972 l'Amérique invite Brel à célébrer le cinquième anniversaire du spectacle. C'est donc vingt jeunes interprètes qui se rassemblent au Carnegie-Hall et entament en chœur *In the Port of Amsterdam.* Le Carnegie-Hall, une fois encore, fait une ovation à Brel.

Cette année-là, en 1974, les textes de Brel sont retenus comme sujet du bac. Aux cinquante mille candidats de la région parisienne l'académie donne le choix, pour l'épreuve anticipée de français, entre des pensées de Gutenberg sur la civilisation de l'écriture, un poème d'Apollinaire : *Le Guetteur mélancolique,* et également Jacques Brel et la naissance d'une de ses chansons.

Pendant que les potaches *planchent* sur ces textes, l'inusable comédie musicale de Mort Shuman poursuit sa carrière. C'est alors qu'un jeune réalisateur canadien, Denis Heroux, se met en tête de l'adapter, coûte que coûte, pour le cinéma. Mort Shuman, tout d'abord réticent, finit par se laisser convaincre de tenir à l'écran le rôle qu'il avait créé à Broadway.

Le temps de bâtir un scénario et c'est le tournage.

C'est alors que, sur les instances de Mort Shuman, Brel finit par accepter d'apporter sa caution au film en interprétant lui-même *Ne me quitte pas* en français et, naturellement, sans *play back.* Les vingt-sept autres chansons de lui qui forment toute la trame de l'action sont interprétées en anglais par divers chanteurs.

Si le *New York Times* trouve le film capable d'enthousiasmer un public jusqu'au délire, les spectateurs français vont se montrer beaucoup plus réservés. Le *coca-cola* et la statue de la Liberté s'élevant du *Plat Pays* les laissent perplexes. Leur esprit cartésien ne peut qu'être déçu par « Brel sans Brel », à peu de chose près.

JACQUES BREL
IS ALIVE AND WELL
AND LIVING IN PARIS – 1976

Réalisation :
Denis Héroux
Scénario :
Eric Blau, d'après la pièce de Mort Shuman
Adaptation et chansons :
Mort Shuman
Musique :
Jacques Brel
Interprètes :
Mort Shuman
Elly Stone
Joe Masiell
Jacques Brel

Sortie à Paris le 28 janvier 1976.
10 000 entrées lors de son exclusivité parisienne.

Des personnages chantent des chansons de Brel, traduites, parfois très librement, en américain. Parmi ceux-ci, une femme, un soldat et un marin interprètent successivement plusieurs des vingt-six grands succès de Brel qui composent le film. Au cours d'une rapide apparition, Brel, attablé dans un café, chante en français *Ne me quitte pas.*

Brel is alive...
Sa toute dernière apparition à l'écran.

Le moribond

Le tournage terminé, il rejoint immédiatement son bateau et se met à naviguer en solitaire ou en quasi-solitaire. Peu ou pas de nouvelles de l'aventurier de la mer. Peu de personnes en Europe savent à quoi s'en tenir, si ce n'est sa proche famille et son ami Charley Marouani.

On a l'impression que cet *« homme public »* brûle de se retrouver enfin dans une sorte de paix, dont le vrai nom serait : *silence.*

On a l'impression qu'il a entendu les vers du poète :

« Dieu, je vais avoir quarante ans et n'ai vécu à mon envie. »

En réalité il vit comme il l'a rêvé et surtout comme il l'a voulu. Seul maître à bord de l'*Askoy,* il vogue dans le Pacifique, visite Papeete, puis les archipels de Touamotou, îles basses de corail, et enfin les Marquises, montagneuses, à peine peuplées. Sur son chemin, il s'étonne que sa renommée ait pu parvenir aussi loin. Barlatier raconte qu'un jour où il relâche dans une des îles des archipels de Touamotou, un indigène accoste l'*Askoy* en pirogue pour offrir des fruits et demande au matelot qui aide Brel à la manœuvre :

« C'est donc vrai que ton patron, c'est le grand chanteur Brel ? »

Pendant ces mois de silence, en Europe on ne recueille que quelques bribes d'information et quelques photographies prises par surprise. Mais les rumeurs circulent. On dit qu'il est malade. Pour la première fois on parle ouvertement de cancer. Un grand quotidien américain annonce même sa mort. Vingt-quatre heures plus tard la nouvelle est démentie, mais quel choc le monde a eu !

Pourtant il est exact que Brel est malade. Oui, le mal l'habite. Il le sait, il le sent, mais, orgueilleux, il vit avec et se cache.

Puis c'est en novembre 1974 la nouvelle de son hospitalisation. Elle est rendue publique par une dépêche de l'A.F.P. (Agence France Presse) qui annonce que le chanteur est admis à la clinique Edith Cavell de Bruxelles. Puis il aurait été transféré à l'institut Bordet, spécialisé dans le traitement du cancer.

Deux quotidiens belges annoncent que Jacques Brel a subit une grave intervention, l'ablation d'un poumon. Son impresario et ami, Charley Marouani, ainsi que « Miche », sa femme, démentent.

Ces dénégations ne servent à rien et n'empêchent pas que désormais le public et la presse parlent ouvertement de cancer.

Comme une fuite

Les semaines, les mois passent. Au milieu de l'année 1975, Brel va mieux, mais en raison de son état de santé déficient, le moindre de ses gestes est interprété de façon équivoque.

Alors, il décide de larguer une bonne fois les amarres. Il va choisir l'exil, se couper du monde. Il aspire à l'inconnu, à l'aventure, au débarras de tout. Dans cette primauté donnée à la quête du bonheur, il sacrifie tout. Foyer, fortune, et il disparaît.

Il est parti pour une croisière de convalescence, diront ses proches.

Jacques a décidé de tenter le tour du monde à la voile.

De longs mois passent et une question revient souvent aux lèvres de ses amis et admirateurs. Une question à travers laquelle transpire une certaine anxiété :

« Mais que devient Jacques Brel ? »

Jacques Brel n'a pas bouclé son tour du monde ; après des mois d'errance, il a stoppé dans la chaleur des mers du sud.

Bien qu'une seconde opération l'ait, dit-on, contraint à un voyage clandestin à Genève, on apprend que Brel s'est fixé quelques semaines près de Tahiti. Mais il s'est très vite aperçu que les immeubles modernes ont remplacé la presque totalité des pittoresques bungalows, que la circulation est devenue intense et surtout que les beaux lagons bleus aux plages de sable fin attirent d'innombrables touristes de toutes nationalités, souvent indiscrets. Il s'est attaché quelques amis. Mais une mini-société bourgeoise, avec ses querelles intestines, les ragots dont se délectent des fonctionnaires qui se jalousent, lui donnent l'impression d'habiter aux frontières d'une sous-préfecture. N'est-ce pas précisément le genre de ville qu'il a stigmatisé dans ses chansons ?

Alors il rembarque avec son « matelot de fortune ». En réalité, il s'agit d'une femme qu'il aime et qui a tout quitté pour le suivre. Depuis des milles et des milles, cette fille des îles — mais des îles de l'autre bout du monde – est à son bord. Elle s'appelle Madly, mais Brel l'a tendrement surnommée « Doudou », « chérie », dans le langage des îles.

A bord de l'Askoy, *un voilier de dix-huit mètres, il va tenter le tour du monde.*

Les remparts des îles

Brel met le cap sur l'archipel des Marquises dont il a déja abordé les îles, aux cours de précédentes randonnées maritimes.

Enfin, à mille quatre cents kilomètres au nord-ouest de Tahiti, à presque trente mille kilomètres du « plat pays », il amène ses voiles. Il sent que c'est dans cette poignée d'îlots perdus au milieu de la plus grande étendue marine du monde qu'il va jeter l'ancre définitivement. Pour le moment, l'*Askoy* tire sur ses ancres devant Tanohae, capitale de l'archipel.

C'est beau et envoûtant comme un paradis terrestre. Maintenant, il va chercher son coin de ciel définitif.

Il le découvre au hasard de ses périples entre les îles. C'est Hiva-Oa, minuscule tache volcanique de cinquante kilomètres de long sur quinze kilomètres de large, qui n'a guère changé depuis des siècles. Récifs à pic, pas de plage, un paysage sans douceur mais sans violence non plus. Dans une petite baie, se ratatine sur un fond d'opulente végétation un village de pêcheurs, d'agriculteurs et d'artisans.

Pourtant l'Europe est là elle aussi, arrivée avant lui, et représentée par un gendarme, quatre religieuses et un maire.

C'est grâce à l'appui de ce dernier, Guy Rausy, qui deviendra un ami fidèle, que Brel et Madly découvrent une petite maison à louer, en retrait du village, sur la route qui serpente dans les collines.

C'est une petite demeure sans luxe, sans prétention, une simple construction carrée, en planches, dissimulée au milieu d'un océan de verdure. Un toit en tôle ondulée couvre la maison et la rend très chaude quand le soleil brille, ou résonne bruyamment quand, à la saison des pluies, les trombes d'eau s'y abattent.

L'eau courante est installée depuis peu. L'électricité coupée pour toute l'île dès 19 heures, n'est rétablie que le lendemain vers 6 heures. Par la suite, Brel fera venir un groupe électrogène pour ne pas rester à la merci de ces stricts impératifs.

Une nouvelle vie commence. Une existence heureuse, en harmonie avec la nature, parmi les Polynésiens, peuple attachant, qui ont la douceur dans le corps et dans le cœur. Chaque matin, dès lors, dans un rituel qui deviendra immuable, Brel, barbu, cheveux longs et bronzé se lève à 6 heures, à l'heure de la naissance du jour.

Quand le soleil est monté un peu dans le ciel, lui et Madly se promènent à pied dans le village. Lui est toujours vêtu de blanc, elle d'un jean et très souvent d'une robe longue dans le style du pays.

Elle nage avec les jeunes Polynésiennes, elle fait la course sur la plage avec les adolescents du village ; lui grimpe aux arbres pour y cueillir des fruits et rapporte des pierres plates pour faire griller des viandes.

« On a beau faire, on a beau dire
Qu'un homme averti en vaut deux,
On a beau faire, on a beau dire,
Ça fait du bien d'être amoureux. »

Quelquefois, ils prennent la Toyota verte dont on n'arrête jamais le moteur, à cause de l'humidité qui « bouffe la batterie en trois semaines », et ils parcourent l'île.

Ainsi font-ils la rencontre et la connaissance des autres habitants qui sont tous d'extraordinaires personnages de chanson.

Il y a l'autre « étranger », un Chinois calme et silencieux qui a créé un petit négoce de légumes au bord d'une route, la plupart du temps détrempée par les pluies, et chez qui Brel achète ses navets et ses tomates. Souvent, ils écoutent avec attention Rogator, le plus vieux Polynésien de l'archipel, qui a connu Gauguin et raconte la « vie aux îles » du temps des cannibales et des tatouages rituels.

Parfois, ils croisent « Tony la Chaume », l'unique

lépreux dont la silhouette est indispensable à l'entretien de la légende des mers du Sud.

Et bien sûr ils bavardent avec une foule de petites gens, avec autant de simplicité et de gentillesse qu'ils en mettent à s'entretenir avec le représentant de la République, un gendarme sympathique et bon enfant. Souvent aussi, ils rencontrent une des quatre religieuses qui dirigent l'école de filles et Brel ne peut s'empêcher de les taquiner, en évoquant Dieu et l'enfer.

Et toujours, il se séparent dans un éclat de rire.

Quand leur court périple est terminé, ils rentrent et la plupart du temps se servent un verre sur leur terrasse de planches remplie de fleurs, et ils commentent les rencontres qu'ils ont faites.

Lorsque Brel se sent fatigué, que sa maladie le « chahute », il s'allonge sur un canapé dans son petit living de trois mètres sur quatre.

Ses trois jeunes chats en profitent pour venir vider leurs querelles sur son ventre ou ses jambes.

Autour d'eux, des montagnes de livres qu'il fait venir de France par caisses entières.

Après le déjeuner, il s'étend pour une sieste dans une chambre toute simple qui abrite un bureau couvert de papiers, et là encore, des livres. Dans un angle, un orgue électrique qu'il a fait venir de Belgique. Il possède une chaîne stéréophonique sur laquelle du matin au soir il écoute les grands classiques. Jamais autre chose.

Il est heureux. Heureux à en pleurer chaque soir.

Aucun projet. Chanter encore ?

« Les seules planches qui me reverront, ce sont celles qui m'attendent pour me mettre dans le trou » plaisante-t-il avec le cynisme dont il aime user à ses dépens.

D'ailleurs, il n'a jamais cessé d'écrire, de composer des poèmes qu'il met en musique. Cela fait partie de sa nature, de son être intime.

Plus attentif au bonheur

Plus le temps passe, et plus lui et Madly vivent en parfaite entente avec les gens de cette île perdue qui les ont adoptés totalement.

Les jours de mariage, on les voit se mêler aux chœurs qu'entament les vieux orchestres polynésiens.

Pourtant, de cet univers dont on dit qu'on ne revient jamais pour peu qu'on y ait séjourné un peu trop longtemps, Brel s'absente régulièrement.

Il va en France pour des visites médicales régulières et clandestines. Tout le monde le sait dans l'île. Personne n'en parle jamais. Là-bas, les rapports entre la vie et la mort sont sans problème. Lorsqu'on perd un des siens, on pleure un bon coup et le lendemain on danse. Aussi, lorsqu'il rentre de sa confrontation avec la réalité, personne ne fait jamais la moindre allusion, personne ne pose la moindre question. On le salue comme si on l'avait rencontré la veille au soir.

Paul Causseran, notre haut commissaire à Tahiti, dira à une journaliste :

« Lors de ma première rencontre avec Brel, j'ai trouvé un homme à l'opposé du révolté, de l'insoumis que j'imaginais à travers ses chansons. » Il avait retrouvé confiance.

Il n'y a aucun miracle à cela ; Brel n'a-t-il pas écrit une chanson qui commence par :

« Pour un peu de tendresse
Je changerai de visage
Je changerai d'ivresse
Je changerai de langage. »

Dès lors, Brel n'a plus besoin de se cacher, et sa maison est ouverte à tous.

Il accueille ses amis de passage et même les pilotes de la compagnie *Air Polynésie* qui desservent l'archipel à partir de Tahiti, une fois par semaine. Une fois par semaine également, il a institué un rituel en invitant à dîner les Européens de l'île. Le maire, le gendarme, l'instituteur viennent avec leurs épouses.

Les soirées se terminent vers deux ou trois heures du matin. Brel sera tout de même debout à six heures le lendemain.

Il a une cuisine extraordinaire. La plus grande pièce de la maison avec tous les appareils électriques possibles. Et c'est là que, torse nu, un tablier noué sur son short blanc, il prépare des festins pour ses invités.

A trente mille kilomètres du Plat Pays,
l'Askoy *jette l'ancre définitivement.*

« Je suis le meilleur ! »

La table de Brel est d'ailleurs considérée comme la meilleure de l'archipel, et il est réellement un excellent cuisinier. Si son ami le Chinois lui fournit les indispensables légumes, il fait venir tous ses produits du continent ou va, lui-même, les chercher à Tahiti.

Lorsque lui et Madly entreprennent leurs voyages de ravitaillement, ils descendent toujours dans le même hôtel tenu par un de leurs copains. Ils y font des repas gargantuesques qui finissent toujours par des chansons.

Même dans son paradis, Brel est resté l'homme des défis. Il se veut grand cuisinier et n'admet pas d'être dépassé dans l'art culinaire : « Je suis le meilleur », dit-il en riant. Quelquefois, il est obligé de défendre cette première place. C'est ainsi qu'on le vit un jour aux prises avec un professeur de mathématiques de Papeete, dans un concours de préparation du « poulet Meva ».

Depuis qu'il est malade, Brel vit plus profondément, plus intensément. Il est encore plus attentif au bonheur.

Il est devenu une sorte de « sage ».

Auparavant, il vivait incognito parce qu'il fuyait non pas les hommes, mais un certain rapport entre les hommes. Ici, dans son île, le facteur se dérange jusque chez lui, chose rare, et le hèle du bout du chemin : « Une lettre », et Brel, de son petit jardin où il tente de cultiver quelques légumes, répond :

« Eh facteur, viens voir un peu mes tomates ! » et il en met quelques-unes dans la sacoche de l'homme. Tous ceux qui l'approchent sont immédiatement conquis par la simplicité et la cordialité de son accueil. On a voulu voir en Brel un personnage enveloppé de mystère, environné de solitude alors qu'il n'était simplement qu'un homme épris de liberté.

Il ne fuyait pas les hommes, il évitait les journalistes.

Ceux-ci tentent bien encore de le débusquer en arrivant déguisés en touristes. Mais immédiatement il est prévenu par le facteur, le gendarme ou « Fiston » qui travaille à la poste. Et dès lors, la vie devient très difficile pour ces indésirables qui doivent rembarquer avec leur déception. Quant aux journalistes locaux, ceux de Tahiti, il a signé avec eux une sorte d'accord tacite. Pas

un d'entre eux, depuis, n'a l'idée de l'espionner chez lui ou de le photographier à son insu.

Brel a trouvé ses racines dans ce coin de terre, encore épargné, où l'on prend le temps de vivre, le temps d'aimer.

Quelquefois il pense à la Belgique, à sa famille et on l'entendra un jour murmurer :

« Je suis leur fossoyeur. »

Mais Brel est malade et il ne l'oublie pas dans son for intérieur. Et pour cela même, il a aussi besoin de se mesurer au danger pour se prouver qu'il existe et domine encore sa vie. Une fois encore l'avion va le lui permettre.

Très vite, il a vendu son beau voilier. Non pas au riche acquéreur scandinave qui lui en proposait un bon prix, mais à un jeune couple d'Américains. Parce qu'ils les a trouvés sympathiques. Brel leur cède l'*Askoy* pour une somme dérisoire.

Il a réduit en même temps que ses sources de revenus ses motifs de dépenses. S'il a gagné beaucoup d'argent, il en a aussi beaucoup distribué, beaucoup dépensé. Mais tant que ses disques se vendent, que ses chansons sont interprétées, il sera à l'abri du besoin et « Jojo » pourra voler.

« Jojo », ce nom est un symbole d'amitié. Il perpétue le souvenir de son vieux copain disparu et baptise un vieux Beechcraft, bimoteur américain blanc et rouge qu'il a racheté à une compagnie d'aviation de Tahiti. « Jojo » est à l'abri dans un hangar en bois que Brel a mis plus d'un an à construire en faisant venir peu à peu les planches par bateau.

L'aviation civile, trop heureuse de se décharger d'une ligne déficitaire, à tôt fait d'accorder à Brel la liaison régulière entre son île Hiva-Oa et celle d'Ua-Pou distante de cent cinquante kilomètres.

C'est une bénédiction pour les quelques centaines d'habitants d'Ua-Pou, qui jusqu'alors devaient attendre l'hypothétique arrivée mensuelle d'un vieux rafiot, seul lien qui les attachait au monde.

Chaque vendredi, Brel se lève à 5 h 30. Il fait encore nuit à cette heure-là sous les tropiques. Comme toujours, il est tout de blanc vêtu : chemise, short, chaussettes, chaussures. Ce jour-là, simplement, il a une casquette en plus, blanche elle aussi. Il est à quarante minutes de l'aéroport et il décolle à l'heure où le ciel mauve et rose ne borde encore que l'horizon.

Quel que soit le temps, dans la plus pure tradition de l'Aéropostale, il s'envole, indifférent aux brusques et violentes tempêtes du Pacifique.

Même lorsque la météo est au beau fixe, Brel prend des risques, car la piste de Ua-Paou est excessivement dangereuse. Parler de piste est un euphémisme. En réalité, il s'agit d'un terrain improvisé, sans balisage. Il est toujours hasardeux de se poser sur cette bande étroite, très courte et en dos d'âne. A l'atterrissage, on peut voir se rapprocher à grande vitesse une falaise, véritable barrière menaçante. Sur les côtés, l'Océan. Si on rate la manœuvre, il est impossible de se représenter. On s'écrase sur la montagne ou l'on se noie dans le Pacifique.

« Je me flanque la trouille » dit-il en décollant et en atterrissant. Mais il en a besoin.

Il décide de vivre désormais au milieu d'un océan de verdure, et se contentera d'une simple construction carrée, en planches, avec un toit de tôle ondulée.

« Pour un peu de tendresse,
je changerai de visage, je changerai de langage. »

Il ne fuyait pas les hommes,
mais évitait les journalistes.

Le plus souvent, Madly l'accompagne. Entre les deux îles, lorsqu'ils planent entre ciel et terre, Brel lui passe le manche. Sérieuse, appliquée, un peu tendue, c'est sa manière de participer à la « mission ».

Petit à petit les habitants prennent l'habitude de cette merveilleuse aubaine qu'est la liaison hebdomadaire de Brel. Non seulement lui et son « Jojo » apportent le courrier, les médicaments, les vivres, mais il prend gratuitement quelques passagers à chaque voyage.

« Que voulez-vous, il a bien fallu que je me transforme peu à peu en taxi. Quand un enfant tombe malade, qu'une femme accouche, nous sommes loin de tout » confiera-t-il à trois journalistes de la télévision belge qu'il avait exceptionnellement reçus durant deux jours.

En deux ans, il est devenu effectivement une sorte de « bon papa », de « bon popaa » comme ils disent là-bas.

On l'aime.

Ainsi, chaque année, pendant trois ans, il recevra d'une vieille Polynésienne une paire de pantoufles chaudes et confortables.

Mais ce sont les enfants surtout qui retiennent toute son attention.

Un après-midi, alors qu'il se promène le long de la falaise, une petite fille lui apparaît. Elle tient sa joue appuyée contre la paume de sa main. Elle pleure, elle a une rage de dents. Puis Brel se rend compte que les enfants des Marquises ont très souvent de fort vilaines dents.

Il a lui-même trop souffert de ce mal tout au long de sa vie pour ne pas vouloir faire quelque chose. Désormais, un dentiste viendra régulièrement, aux frais de Brel, pour les soigner.

Enfin, il s'aperçoit que les Marquisiens n'ont en réalité aucune distraction.

Aussi, il fait à ces gens qui habitent le bout du monde, un cadeau inestimable. Deux projecteurs de 35 millimètres qu'il obtient grâce à des amis parisiens. C'est lui encore qui va faire venir à ses frais des films récents.

Les jeunes assis par terre, les vieux sur les chaises qu'ils ont apportées, la population rassemblée au grand complet assiste à l'inauguration du cinéma avec la projection de *Bonnie and Clyde*. C'est Brel lui-même qui joue les projectionnistes. Par la suite, il formera un jeune Marquisien à ce nouveau métier.

Souvent, la nuit, alors que Madly et les chats dorment, il écrit des paroles de chanson, telles que :

« Gémir n'est pas de mise aux Marquises »

En somme, il est devenu une sorte de conseiller technique et culturel de la mairie du village.

Par exemple, lorsque sa compagne, qui donne des leçons de danse aux jeunes filles du village, monte un spectacle chez les sœurs, c'est Brel, qui connaît bien « tous ces problèmes », qui règle la sonorisation.

Il écrit beaucoup à ses amis restés en France et ne manque pas de leur souligner que s'il est adopté avec tant de cœur, il le doit en partie à Madly. Les gens de là-bas ont été très sensibles au fait qu'il vive avec « une des leurs ». Elle sait se faire comprendre et aimer de ces gens simples, d'une simplicité presque biblique.

Brel tousse de plus en plus depuis quelques mois. On ne lui demande rien, mais il veut devancer les pensées :

« C'est une grippe qui ne guérit pas. »

En réalité, les Marquises sont devenues son seul problème.

« J'aimerais vous parler ! »

Paul Causseran racontera à Christine Gauthey, du *Journal du Dimanche,* à quel point il était devenu ambitieux pour cet archipel.

Le commissaire français à Tahiti fit la connaissance de Brel au cours d'une réception organisée à bord d'un patrouilleur de la Marine nationale. Brel et Madly étaient invités. Ils connaissaient très bien le commandant qu'ils avaient souvent croisé en pleine mer, et qu'ils saluaient du pont de l'*Askoy*.

La réception terminée, Brel s'était approché de Paul Causseran et lui avait dit :

« J'aimerais vous parler en tête-à-tête. »

Le soir, chez Brel, Causseran va entendre un langage qui, de ses propres dires, aurait pu être celui d'un député en campagne.

« Les Marquises sont victimes du nombrilisme de Papeete, dit-il. On ne parle que de Papeete et ici, les gens peuvent crever. Il n'y a même pas de médecin, ni d'avion pour les transporter à l'hôpital de Nuku Iva. De toute façon, dès l'achèvement de la nouvelle piste de sept cents mètres, lui, Brel, va créer une compagnie d'avions taxis et acheter plusieurs petits avions pour les relais intermédiaires. »

Il ne veut plus voir les Marquisiens fuir leurs îles. Il voudrait les voir recréer leur artisanat perdu. Il sait que c'est difficile et que l'on a pratiquement massacré toutes les forêts de ces habiles travailleurs du bois.

Il veut créer des ateliers pour ces gens qui savent tout faire de leurs dix doigts. Avec le maire, Guy Rauzy, il a vraiment de grands projets. Mais surtout il veut enrichir intellectuellement les enfants. Brel a l'impression qu'ils sont bloqués au niveau de l'expression à cause de la pauvreté de leur langage.

« Lui, le poète, ne comprenait pas que l'on puisse se contenter d'un vocabulaire de quatre cents mots » précise Paul Causseran.

Et puis bien sûr, Brel a des projets pour lui-même. Il vient d'acheter onze hectares au père du maire, à l'écart, dominant l'océan. Il projette de s'y faire construire une autre maison, plus vaste. Ses plans, pour ainsi dire terminés, sont dus à un architecte de Tahiti. Ce sera une grande demeure avec une terrasse couverte, et deux bungalows pour les amis. C'est là, espère-t-il, qu'il fermera les yeux. Pour le moment, la pensée de cette nouvelle demeure le séduit, parce qu'elle le rapprochera de l'aéroport et du hangar où sommeille « Jojo ».

C'est à ce moment, en plein bonheur, avec des projets plein la tête, pour les Marquises et pour lui-même, que Brel va abandonner momentanément les îles.

Cette fois, il ne s'agit pas uniquement « d'examens médicaux ». Il a un secret.

En deux ans, il est devenu une sorte de « bon papa » !

Il a transformé son « Jojo » en « taxi » au service des Marquisiens.

Les désespérés

En septembre 1977, par un dimanche ensoleillé, un passager comme les autres débarque à Roissy. Coup de tonnerre dans le monde du *show business*, Brel est sorti de sa retraite. Comme la *Mathilde* qu'il a chantée, il est revenu. Il vient enregistrer un disque, le premier en six ans. On murmure du côté des professionnels du music-hall que Brel est revenu pour Barclay, pour son ami. Le chercheur de talents serait lui-même harcelé par une *terrible bête*, la faillite. Qu'importe si cela est vrai, la venue de Brel ne serait alors qu'une suite logique : le remerciement à un homme qui, le 7 mars 1972, lui avait fait cadeau d'un contrat à vie, trente-trois ans renouvelables, exactement, sans clause, ni restriction. Un contrat comme il n'en avait jamais été signé auparavant dans toute l'histoire du disque. On s'est souvent posé la question de savoir ce qui pouvait lier deux personnalités aussi opposées que celles de Brel et de Barclay. « L'homme au cigare » ne représente-t-il pas ce que Brel déteste par-dessus tout : l'industrialisation de la chanson ? Oui, mais une chose le rend plus violent encore.

« Ça m'énerve, les hommes qui attendent que les choses arrivent et qui gémissent à longueur de vie en disant : " J'ai pas de chance. " »

Or, Barclay est un battant, un homme qui s'est fait seul, s'est imposé à la force du poignet. Il a vécu sa vie comme une aventure, et pour cela Brel le respecte.

« On s'écrivait et on ne s'était pas perdus de vue, explique Barclay. Un jour, j'ai reçu une lettre toute simple venant des Marquises : " Bloque des dates de studio pour septembre ou octobre, je serai là ". »

Au rendez-vous, il était là : malade, souffrant atrocement mais prêt à laisser aux amis connus ou inconnus un dernier cri de volonté !

C'est en fait un Jacques Brel méconnaissable que quelques amis voient débarquer à Paris. Il se protège derrière un masque étrange. Une barbiche poivre et sel, un chapeau noir à bord roulé.

« Je ne suis pas malade » clame-t-il.

Mais pourquoi alors cette canne en bois d'ébène ?

Un mois durant, chaque matin, Brel est aux studios de l'avenue Hoche où les consignes de secret sont draconiennes.

« Je n'ai plus qu'un soufflet ! »

Le « lion blessé » travaille à un rythme qu'il sait indispensable pour mener à bien cette dernière œuvre. Chaque après-midi, il se couche épuisé, essayant de dormir pour récupérer, pour pouvoir continuer. Il sort des studios Barclay par une porte dérobée et se rend chez Juliette Gréco, rue de Verneuil. A celle qui, la première, chanta un de ses textes *Ça va, le Diable,* il va offrir un témoignage d'amitié, une de ses nouvelles chansons *Voir un ami pleurer.*

« Le premier jour, raconta Marcel Azzola à un journaliste de *V.S.D.*, l'atmosphère était glaciale. Personne ne savait que dire à Jacques. On voulait lui manifester notre amitié, notre sympathie, mais on ne trouvait pas les mots. »

Incontestablement, ce premier jour, Brel perçoit cette gêne, cette distance que l'on éprouve devant les grands malades. Alors, après avoir posé sa canne et son chapeau et regardé les musiciens sans rien dire, il se dirige vers le piano et dit d'une voix gouailleuse :

« Vous n'avez pas vu un poumon ? » Puis aussitôt :

« Bon, on l'a dit, alors on n'en parle plus. »

« On n'en a plus jamais reparlé, dit Marcel Azzola. Il nous avait évidemment choqués, mais il savait que ça nous libérait. »

Le lendemain, pour l'enregistrement d'*Orly*, la première prise est mauvaise.

« On recommence dit Brel, mais une fois seulement. Parce que les gars, excusez-moi, mais je n'ai plus qu'un seul *soufflet.* »

◄ *« Je ne suis pas malade ! » clame-t-il.*

« Si tu veux, je peux te prêter celui de mon accordéon » répond calmement Marcel Azzola.

Pour la première fois, les vingt musiciens, l'ingénieur du son, les techniciens et Brel éclatent de rire.

Comme il l'a fait tout au long de sa carrière, cette fois encore, il a refusé toutes les satisfactions de l'électronique qui représente à ses yeux une tricherie. Sans *play back*, en prise directe, d'une voix étonnament maîtresse d'elle-même, il va enregistrer en un temps record les dix-huit chansons qu'il a composées au gré de ses pérégrinations dans les mers du Sud. Il n'est satisfait que pour douze d'entre elles, et elles seules figureront dans l'album.

Un jour, après un enregistrement en direct particulièrement difficile que Brel avait réussi en une seule prise, les quarante musiciens se levèrent et, fait unique dans le monde de la chanson, applaudirent ce tour de force.

Pochette simple. Un ciel bleu légèrement nuageux sur lequel se détachent quatre lettres, comme un coup de tonnerre : B R E L !

Le *sauvage* des îles Marquises, comme on l'appelle désormais dans le métier, vient, au dire de très rares privilégiés qui ont pu écouter l'enregistrement, offrir du meilleur Brel... Plus percutant encore, d'une sincérité corrosive, une voix au summum de sa maturité.

Danièle Heymann, la seule journaliste qui, pendant plus de dix ans, ait écrit des « choses intelligentes » sur Brel et qu'une tendre complicité lie à l'homme, écrira après l'audition :

« Voilà la vie d'un homme, ses amours et ses colères. Les fatigues et les tendresses. Les rancœurs et les défaites. Comment dire sans trahir toutes les richesses et les tristesses de cet exilé volontaire, dont le soleil des îles ne guérira jamais les plaies, qui sur les plages du bout du monde crève toujours de belgitude, de solitude, et dont les rides même ressemblent aux sanglots-tango : "Mais ce soir y'a pas d'Argentine, y'a pas d'espoir, y'a pas de doute. Non, ce soir il pleut sur Knokke-le-Zoute, ce soir comme tous les soirs..."

Cet album aura été le plus mystérieux, le plus attendu qui eût jamais été enregistré à ce jour. Malgré l'absence de Brel, Philips, l'année précédente, en 1976, a vendu plus de sept cent mille de ses anciens enregistrements et Barclay, dans un même temps, trente-cinq mille coffrets comprenant chacun sept disques.

Cette fois-ci, on va enregistrer la plus forte précommande de l'histoire, même les Pink Floyds sont *enfoncés*. Le premier tirage prévu est de deux millions d'exemplaires. Avant même le tirage, les disquaires passent neuf cent soixante-dix mille commandes fermes.

Une gigantesque opération promotionnelle est mise en place, dont Brel, bien malgré lui, à cause du complot du silence qui l'entoure, est le complice involontaire. Mais ce n'est, somme toute, qu'un épiphénomène qui aurait aussi bien pu ne pas exister.

Tous les concurrents de Barclay sont affolés et changent fébrilement leur *planning*. L'arrivée de ce nouveau Brel va pomper le marché et rejeter dans l'ombre toutes les autres sorties de disques.

On tient en haleine le public en lui apprenant par voie de presse que, depuis quinze jours, quatre des plus grandes usines de pressage du pays travaillent nuit et jour.

Deux millions de disques, la plus forte précommande de l'histoire du disque.

« Je crois que ça va, je peux m'en aller. »

Un milliard de droits d'auteur

Puis on lui apprend que pour ne privilégier personne et parce qu'il est impossible de servir tout le monde en même temps, les disquaires recevront des containers blindés fermés par des cadenas automatiques, à combinaison de cinq chiffres dont le « sésame » ne sera divulgué que le jour J.

Avant même que les camions ne commencent à livrer, on peut lire sur un grand nombre de vitrines « plus de Brel ». Les commandes payées d'avance par des acheteurs qui veulent absolument avoir « leur Brel » ont épuisé les stocks avant même que les livraisons ne soient faites.

Sur ces ventes fantastiques, les droits d'auteur de Brel vont atteindre le milliard. Mais il abandonnera quatre-vingt-dix pour cent au Centre Médical pour la Recherche sur le Cancer, et les dix pour cent restant vont à sa femme et à ses filles.

La veille de la mise en vente au public, un jeudi, à 12 h 50, toutes les radios diffusent le disque tant attendu.

Oui, vraiment, Jacques Brel est bien vivant !

Un fois encore, Don Quichotte-Brel court « sus aux moulins ». Il frappe à droite, il frappe à gauche. Le temps presse. Il ne ménage rien ni personne, comme le *Chevalier à la triste figure*, même pas lui-même.

Déchirante oraison pour Jojo, le compagnon des rages de dents et des rages de cœur.

« Nous refaisons nos guerres. Tu reprends Saint-Nazaire, je refais l'Olympia. Six pieds sous terre, Jojo, tu chantes encore, six pieds sous terre, tu n'es pas mort. Nous savons tous les deux que le monde sommeille par manque d'imprudence. Parlons en silence de nos jeunesses vieillies. »

Pudique dans *Voir un ami pleurer*, il chante l'amour enjôleur dans *Le Lion*, cet appel de la lionne au lion hésitant.

Et puis l'amour volage avec *Cette dame qui promène son cul sur les remparts de Varsovie.*

Et puis l'amour tout court, avec le bouleversant *Orly*, une des chansons de rupture les plus belles qui aient été écrites.

« Je crois qu'ils sont en train de ne rien se promettre, ces deux-là sont trop maigres pour être malhonnêtes (...) Ça y est elle a mille ans la porte est refermée (...) Elle a perdu des hommes et là elle perd l'amour (...) La revoilà fragile avant que d'être à vendre (...) »

Et puis les *Flamingants,* qui oscillent sans cesse du fusil au missel, qu'il emmerde.

« Messieurs les « Flamingants », j'ai deux mots à vous dire, il y a trop longtemps que vous me faites frire, à vous souffler dans le cul pour devenir autobus, vous voilà acrobates et vraiment rien de plus. » Persiste et signe.

Et puis *Knokke-le-Zoute*, où il enchaîne directement deux interprétations du même texte et où son prodigieux verbe arrache tantôt des rires, tantôt des larmes.

Et puis, inattendu, surprenant, un coup de poing dans la *connerie humaine*, une sorte de complainte sociale, *Jaurès*, qu'accompagne le seul accordéon de Marcel Azzola.

Et enfin comme dans ce disque testament il ne ménage pas plus la mort que la vie, il chante *Vieillir*.

La mort, il l'envisage sous toutes ses formes. Il la préfère à la décrépitude. Vieillir ! quel drame ! Surtout ne pas cracher sa dernière dent en chantant *Amsterdam.*

Brel n'attendra pas la sortie de son disque pour rejoindre ses îles lointaines. L'enregistrement à peine terminé, il déjeune avec Eddie Barclay. Il dit simplement :

« Je crois que ça va. Je peux m'en aller. »

Il laisse à Barclay cinq autres chansons enregistrées mais qui ne le satisfont pas. Barclay, par amitié, promet qu'elles ne sortiront jamais.

CLASSE
CE2 JACQUES BREL

Seul

Sans crier gare, il va partir, mais avant, il répondra à l'adjoint au maire de la municipalité de Coubekerque-Branche, près de Dunkerque, qui lui avait demandé l'autorisation de donner son nom à une école publique.

« C'est avec joie que je vous donne mon accord, bien que ça me semble un trop grand honneur. Je vous remercie pour cette tendresse. J'espère un jour passer saluer votre école. »

Tout juste prend-il le temps de s'arrêter à Bruxelles pour embrasser une famille émue.

« Paris, c'est tellement insupportable avec sa *merde*, sa mesquinerie, ses angoisses, que vous en devenez un peu plus ermite, un peu plus distant chaque jour », avoue-t-il.

D'ailleurs, il n'est pas venu réellement à Paris. Brel n'était pas là tout à fait, puisqu'il n'avait plus rien à dire mais seulement à chanter.

La maladie le ronge, le dévore, et la fuite est le seul désir de cet homme qui aime ses amis et ne supporte plus de les voir, se sentant diminué. Il a la pudeur de l'animal blessé qui se réfugie dans sa tanière. « Les animaux sentent l'orage, les hommes aussi », avait-il dit en quittant les planches.

« On est tellement mieux aux Marquises, où gémir n'est pas de mise. »

Ces Marquises où personne ne le plaint quand, désespérément « il fait le pitre pour descendre le désert ». Ces Marquises où le vent et les silences, puisqu'il doit faire face au cancer, lui feront bien entendre, calmement, sereinement, « l'arrêt de l'arbitre ».

Oui, il va retrouver Hiva-Oa. Pour donner le change à ceux qui restent et surtout, parce que dans l'état où il est, cela se révèle impossible, parce qu'il veut chaque jour trouver des raisons de continuer à « faire et réussir », il jette les projets. D'abord il a l'intention de faire du parachutisme. Dans six mois, début 1979, il fera un disque, fantastique, fracassant. Il enregistrera un 33 tours avec Barbara Streisand.

C'est bien le seul contrat qu'il n'aura pas respecté.

Alors que toutes générations confondues, un quart de l'humanité se prépare à pleurer la disparition d'une partie d'elle-même, la mesquinerie et la *connerie*, comme il dit, s'entrelacent chez les civilisés.

Dans l'une des chansons du dernier disque, Brel, on s'en souvient, s'en prenait aux Flamingants.

L'association belge des étudiants catholiques flamands se ridiculise en le poursuivant en justice pour injures envers le peuple flamand. Les magistrats anversois estiment cette plainte irrecevable et déboutent l'association plaignante. Alors qu'il est à peine lavé par la justice de son pays de l'accusation de *lèse-flamanderie*, Brel est pris à partie par un certain Johan Vermineen qui, avec un disque intitulé *La Farce de messire Jacques,* déverse sur l'auteur du *Plat Pays* un tombereau d'injures et de grossièretés.

Ce « monsieur » fait partie de « ces gens » qui, il y a quelques années, s'en étaient pris physiquement à lui en lui enjoignant de quitter cette Belgique dont il salissait le nom. Brel, qui pourtant ne répugne pas à la compagnie de ses semblables, est bien loin de ces « puérilités ».

« Je me fais peur. »

L'année 1978 est déjà entamée. Son voyage à Paris l'a terriblement fatigué, mais la simple vue du facteur, du gendarme, de « Fiston », de « Jojo », de la mer, lui donne l'impression d'aller mieux.

Il écrit à son fidèle ami Charley Marouani : « Je vais bien, je vais très bien. Viens me retrouver. »

Début mai, il rencontre Marc Hoareau, l'administrateur des Marquises, qui lui signe le permis de construire pour sa « maison enchantée ». Lui aussi le trouve en forme.

Pourtant, sa santé ne va pas très bien, il écrit à son frère Pierre, à Bruxelles : « La santé est ce qu'il en reste, mais ça va, on fait avec. » Puis, quelques semaines plus tard, le ton change complètement. A Charley Marouani, il écrit une seconde fois : « J'ai maigri, je suis affreux à voir, je me fais peur. Ne viens pas. Pas tout de suite. Attends un peu. »

Brel lutte. Juin passe et juillet arrive qui va tout briser.

On souhaite donner son nom à une école. Brel accepte et répond au directeur : « Cela me semble un trop grand honneur. »

L'arrêt de l'arbitre

Le lion

Le mal fait des progrès foudroyants, et Brel, d'un seul coup, s'affaiblit. « Ce drôle de fou qui pilote de drôles de machines » faisait, comme disent les conducteurs du ciel, un méchant piquet.

Pour tenter d'étouffer ce mal terrible qui n'en finit pas de le consumer, de le *bouffer* de l'intérieur, pour éviter cette désolation qu'est vieillir prématurément, sa compagne le persuade de rentrer à Paris.

Ses rares amis du « bout du monde » l'accompagnent à l'aéroport de Papeete où un Jet va l'emmener vers quelques sorciers qui essaieront d'éviter l'inévitable.

Cet homme, dont la vie n'a été qu'une suite de ruptures, qui toujours a provoqué lui-même ses séparations, déterminé ses choix, se voit désormais contraint d'abandonner la barre de sa destinée.

Quelle angoisse doit saisir cet être, à la fois dur et tendre, de ne plus maîtriser les événements, de ne plus peser sur eux. Certainement se sent-il comme une bouteille à la mer, mais qui saurait que c'est la main de *la gueuse* qui se tend vers elle.

Cette rupture que le sort lui impose, il sait, il sent qu'elle lui fera franchir une frontière dont on ne revient pas : les limites de la vie. La mort, c'est un faux voyage par excellence, une morne retombée de l'aventure. Il sait, il sent, que son temps est consommé ! Trop souvent il a dit, trop souvent écrit « qu'il voulait rester persuadé que chaque chose qu'il entreprenait était la dernière qu'il faisait » pour ne pas, cette fois, croire à ses propres paroles.

Trop souvent il a dit, trop souvent répété, que « comme les animaux, il sentait venir l'orage ».

Contrairement à tout ce qui a été dit ou écrit, par tous et par lui-même, je reste persuadé que la mort, sans le faire réellement trembler, lui procurait certaines appréhensions.

Ni plus ni moins qu'aux autres hommes, mais un ensemble indissoluble de peurs confuses. Ce qui est certain, c'est qu'il la trouvait antipathique, la mort. Dans le vrai sens du terme. C'est-à-dire qu'entre *elle* et *lui* existait un profond désaccord.

Il l'a trop longuement exorcisée dans ses chansons, il a trop longtemps été fasciné par « l'échec de la mort », pour ne pas finir par admettre qu'elle existe, comme un repos logique après une longue errance. Mais ce qu'il hait chez cette « familière », c'est cette façon qu'elle a, à l'heure du hasard, de s'approcher insidieusement ou de se dresser aux carrefours des destinées, et passant outre les « circonstances atténuantes », de décider contre les volontés. Un départ. Oui ! mais quand on est prêt ! Il la déteste quand elle est mal élevée !

Bien sûr il a dit : « Mourir est le seul acte naturel de l'homme ; être bien portant est une maladie honteuse. »

Mais ce sont des mots. Des mots outranciers d'un Don Quichotte qui crie « au secours », en tentant de renverser les moulins.

Bien sûr il a écrit :

« L'âge d'or, c'est quand on est mort. »

Mais n'est-ce pas le simple cri « d'amère victoire » d'un malade de l'âme ?

Jacques Brel débarque à Paris le 28 juillet. Il est 17 h 30, la femme qu'il aime l'accompagne dans ce voyage de la dernière chance.

Il est habillé en blanc, marche difficilement, en s'appuyant sur une canne. Des lunettes noires cachent ses yeux tirés, mais ne peuvent masquer un visage bouffi par l'usage des drogues. Lui et sa compagne s'installent dans un grand hôtel parisien. Brel ne quitte le refuge de sa chambre que pour descendre dans les jardins de l'hôtel, y déjeuner d'un poisson et d'un verre de Chablis.

Ses gardes du corps déjouent les ruses des photographes, détournent les curiosités malsaines, mais ne peuvent rien contre le lourd fardeau de la maladie.

A une journaliste qui lui demande un entretien, il répond gentiment :

« Je ne crois pas que je pourrais. »

Le mal a fait des progrès foudroyants.

« Sa voix est enrouée et il paraît respirer avec difficulté », dira-t-elle.

Pendant quelques jours, pour donner le change, par considération pour ses amis, lui, l'homme des vérités, va tricher. Le rideau est baissé, mais il joue en coulisse.

A François Rauber, son arrangeur et chef d'orchestre, il demande :

« Tâche de réunir nos musiciens, j'ai envie de faire quelque chose. »

A Bruno Coquatrix, le directeur de l'Olympia, il parle de son projet de fonder un groupe folklorique à son retour aux Marquises.

« Si vous vous plaignez à des gens qui vous aiment, vous augmentez leur malheur. Les autres, ils s'en fichent, alors pourquoi se plaindre ? »

Chaque mardi, il sort par une porte dérobée et se rend à l'hôpital Franco-Musulman à Bobigny, où le professeur Lucien Israël, le célèbre cancérologue, spécialiste des affections pulmonaires, l'attend.

Un moment, on espère. Le traitement aux rayons X et au cobalt a, semble-t-il, amélioré son état. Mais celui qui avait chanté avec vigueur et sensibilité l'amour et l'amitié est paradoxalement victime de ce qu'il a suscité. Les photographes et les journalistes s'acharnent à suivre ses pas, pour satisfaire un public qui l'aime, mais qui ignore, ou veut ignorer, que chaque photographe, chaque information obligent au viol d'une misère. Lui se cache comme le font les bêtes lorsque la fin approche, et pourtant certains journaux ne craignent pas de sonner l'hallali à la dignité d'un homme.

Un de ces magazines à fort tirage, sans pudeur ni amitié, en se réclamant du droit à l'information, publie sur plusieurs pages des documents poignants qui le montrent maigre, le visage enveloppé de bandages, s'appuyant sur le bras d'un médecin. Documents accompagnés de légendes basses et scandaleuses, rédigées par un pseudo-journaliste irresponsable. « Le poids des mots, le choc des photos » est la devise de cet hebdomadaire.

Comme il a raison de craindre le bruit et la fureur du monde :

Puisque « ces gens-là » n'ont pas observé la plus élémentaire pudeur, puisqu'ils se sont immiscés avec leur regard obscène dans son dernier combat, lui, le vieux lion blessé, va mordre... Violent, il attaque. L'hebdomadaire est saisi. L'équipe et son directeur s'offusquent, mais Pierre Dray, président du tribunal d'instance, ne manquera pas, dans son arrêté, d'employer le mot « persécution ».

Ses amis l'accompagnent
à l'aéroport de Papeete.
Cette rupture que le sort lui impose,
il sait, il sent qu'elle lui fera franchir
une frontière dont on ne revient pas.

La femme qui l'aime
l'accompagne dans son
voyage de la dernière chance.

C'est là qu'il livrera
son dernier combat contre la « gueuse ».

Tango funèbre

Au retour d'un bref voyage en Suisse, son état empire brusquement et son médecin le persuade de se faire hospitaliser. Il franchit le jour même la lourde porte à double battant du service du professeur Israël. Il est inscrit sous le nom de Jules Romain. Sa chambre est située à mi-longueur d'un immense corridor morne, uniformément blanc.

De sa fenêtre, il ne voit qu'un pan de ciel, comme lorsqu'il « attendait » à l'institut Saint-Louis. Ah, les fenêtres, il les a chantées, elles aussi...

« Je n'ose pas penser
Qu'elles servent à voiler
Plus qu'à laisser entrer
La lumière de l'été. »

La façade donne sur des marronniers dont il peut voir les feuilles jaunissantes.

Lundi 9 octobre :

Un bref communiqué annonce que Jacques Brel, chanteur né en Belgique, est décédé à 4 h 30 d'une embolie pulmonaire.

Ce flash sec et froid comme un coup de trique apprend la nouvelle à une ville qui s'éveille. C'est l'heure du premier métro et bientôt des premiers embouteillages.

Paris d'abord, la ville qui s'était montrée si dure à ses débuts, puis si tendre, si fraternelle, et ensuite le monde entier sont stupéfaits puis consternés avant de s'enfoncer enfin dans la tristesse, la vraie.

Jacques Brel voulait de la discrétion. Il avait demandé qu'on ne fasse pas de bruit autour de sa dépouille et qu'on le laisse disparaître en paix.

La volonté du grand chanteur sera respectée, du moins ce jour-là.

Une porte s'ouvre, le professeur Israël apparaît :

« Je peux simplement vous dire, annonce-t-il aux journalistes, que monsieur Brel ne voulait pas qu'il y ait la moindre déclaration.

— Y a-t-il longtemps qu'il vous a dit cela ?

— Hier encore, excusez-moi, mais c'était sa volonté. »

Plus tard le grand praticien parlera au micro d'une radio périphérique dans le cadre d'une tentative de dédramatisation d'une maladie qui reste terrible.

On apprendra certains détails révélateurs concernant la grande lucidité de Jacques Brel jusqu'à ses derniers instants.

Mais d'abord, comme pour exciter les regrets, le professeur Israël déclare :

« La mort de Jacques Brel n'était pas une mort obligatoire. Il en était convaincu, et j'en étais convaincu. Les chances de le sauver n'étaient pas nulles. Ça aurait pu se passer autrement. Car il n'est pas mort de son cancer, mais de complications (une embolie pulmonaire) dues au fait que son traitement a été beaucoup trop tardif. »

Pourquoi ? Parce que nombre de médecins partagent inconsciemment la terreur sacrée du public devant le diagnostic du cancer. Le désastre mesuré, ils se bornent parfois à la morphine, leur thérapeutique, avec l'excuse facile : Autant le laisser mourir en paix.

Et l'on apprend encore de la bouche même du professeur Israël que Brel avait interrogé lui-même, l'été dernier, un certain nombre de médecins. Que ces praticiens l'avaient dissuadé d'entreprendre un traitement tout de suite après son opération et de consulter des spécialistes de façon systématique afin de détecter une récidive à son début.

Et puis on lui avait affirmé qu'en cas de récidive, il n'y avait plus rien à faire. Il était alors venu « se coucher pour attendre la mort ».

La récidive s'est produite.

Le professeur Israël a rendu confiance à Jacques Brel. A un certain moment, il dira :

« Je sens que je vais mieux, mais je préfère penser qu'il ne s'agit que d'un sursis, non d'une guérison. Je ne veux pas me faire d'illusion. De toute façon je suis partisan de poursuivre cet effort. »

Jusqu'à la dernière minute Brel a voulu savoir...

Et le professeur Israël confiera encore au micro de Robert Namia :

« Il était parfaitement conscient. Nous-mêmes, nous lui parlions. Nous ne l'avons jamais quitté. Nous l'informions de ce qui se passait et de ce que nous faisions pour dissoudre ce caillot dans l'artère pulmonaire. Le contact n'a jamais été rompu, d'autant plus qu'il n'a jamais dormi... Il ne voulait pas dormir !

« Puis une syncope l'a privé de conscience. En quelques secondes, l'irrémédiable s'est produit... Il est trop tard, il est vain de se déchirer en se demandant ce qui serait arrivé si... »

Le praticien concluera en déclarant :

« Je voudrais rendre hommage au courage exceptionnel de Jacques Brel. Il connaissait tous les détails de sa maladie et il connaissait, y compris les deux derniers jours, les chances très faibles de triompher de cette embolie. Il s'est battu avec une détermination tout à fait fantastique. »

Pour lui dire adieu, une foule de petites gens sont là, réunis par une même douleur.

Les fenêtres

Le jeudi matin, on ouvre les lourdes grilles forgées qui entourent la morgue. Une foule de petites gens sont là. Des gens modestes, des inconnus, des malades de l'hôpital, des infirmiers qui l'ont soigné.

Et cette fois-ci encore, les fenêtres sont là, avec des visages émus derrière les vitres.

« Les fenêtres meurent quand tombent en chevelure les plaies de la froidure qui mouillent les adieux. »

La famille, Pierre, le grand frère, ses trois filles et leur mère, Miche, la compagne des débuts difficiles et Madly, la compagne de la fin difficile. Ensemble, elles mélangent leurs larmes sur la dépouille d'un homme qui, avec un cœur « gros comme ça », avait concilié l'inconciliable : aimer l'une avec passion, aimer l'autre avec tendresse. S'occuper de l'une sans jamais abandonner l'autre...

Parmi ses amis célèbres, à sa demande, seuls étaient venus « ceux dont on voit dans les yeux ce qu'il y a de plus chaud et de plus beau, ce qui fait que ces amis sont vos amis. » Charley Marouani, Juliette Gréco, Mort Shuman, Barbara, Eddy Barclay. Un vieil ours était absent mais n'en pensait pas moins...

Puis, le bruit terrible du cercueil qui frappe le fond du corbillard.

« Là les fenêtres sanglotent
Quand à l'aube falote
Un enterrement cahote. »

F-BPVT
SERVAIR
AF 324

J'arrive

Il aurait exprimé cette dernière volonté d'être inhumé dans cette terre, là-bas !

Le cercueil fut mis lui-même en bière et devint une ordinaire caisse de bois. Au pochoir, à l'encre noire, on y mit cette épitaphe :

« Brel, Tahiti, Iles Marquises ». Quatre mots qui valaient toutes les couronnes.

La caisse fut enveloppée dans une bâche, la bâche montée dans l'avion et l'avion hissé dans le ciel.

Bientôt son « chez-lui », son décor de promontoires volcaniques et montagneux aux falaises vives, aux forêts accueillantes, aux plages côtières vierges.

Une tombe de mille deux cents kilomètres où le vent balance les fleurs, et où les fleurs sont des hommes.

« Une tombe où il veut qu'on y dévore
Après quelques soutanes
Une poule faisane
Venue du Périgord. »

Et puis, là-bas, il y a Gauguin qui chante : « Allons viens Jef, viens ! viens. » Alors, lui qui aimait tellement les copains... peut-être à celui-là... racontera-t-il son *vrai* dernier voyage, lorsque l'avion quittera Papeete pour Paris.

Peut-être lui racontera-t-il ce qu'est un homme et son chagrin...

Peut-être lui racontera-t-il quelle tempête l'a habité, quand, dans un ciel comme en rêvent tous les avions, le sien a commencé son long déjeuner « d'océan de langueur ». Peut-être lui confiera-t-il l'intensité de son émotion, quand il laissa au large de l'espoir, « posées comme un autel sur la mer, comme il disait, ses îles douces et calmes », claires comme un matin de Pâques, ses îles larges comme l'amour, claires comme la tendresse.

Oui, il arrivait, il arrivait, mais qu'est-ce qu'il aurait aimé rester encore un peu !

Le *vrai* dernier voyage !

Vivre, pour Brel, « c'était aussi avoir mal aux autres ».

Oui, il a hurlé contre la mort, mais comme un chien attaché au bout d'une chaîne qui tente de mordre sans succès une ombre qui passe et qui repasse en quête d'un mauvais coup.

Il était certainement de ces hommes qui apprennent avec les années que la chaîne n'est jamais assez longue pour mordre *l'ombre*.

En revanche, à plusieurs reprises, il s'était affronté avec sa « parenté ». Souvent il avait triomphé. Ainsi, l'avait-on vu vaincre la « mort faucheuse d'amis », la « mort désespoir », la « mort routine », la « mort ennui ».

Il espérait le match nul devant la « mort vieillesse » lorsque la « mort toute belle », la « mort toute nue », celle qui recroqueville, lui a dépêché sa terrible cousine la « mort maladie ».

Celle qui dit « on part » et puis « on ne part plus », celle qui joue toujours à l'indécise, celle qui fait songer aux « choses à courir » mais qui retire le terrain sous le galop.

Alors qu'il est entre ciel et terre, à sa vraie place, je suis sûr qu'il ne songe pas à la mort, mais qu'il pense aux alliés qu'elle s'est trouvés.

Alliés tellement inattendus qu'ils deviennent terribles. L'« imagination », le « souvenir » et le « rêve ».

Ah ! les traîtres qui l'ont servi comme des esclaves toute une vie et qui d'un coup se retrouvent contre lui ! Quelle équipe, quel chemin ils avaient fait ensemble ! Alors pourquoi le mordent-ils maintenant comme des enragés ?

Parce que le *Far West* n'existe décidément pas et que le monde est tel qu'il est ! Personne n'est sûr, même pas soi-même !

« Imagination », « souvenir », « rêve ».

Ils ne lui disent pas à quelle heure partira son dernier train d'Amsterdam, non, ils savent que le temps le torture bien tout seul, mais ils chantent en sourdine « Au suivant, au suivant ». Et puis ils disent que, lorsque la chanson sera finie, il se retrouvera seul !

Bientôt son « chez lui », son promontoire volcanique et montagneux aux falaises vives.

AIR FRANCE

Alors, pour le « dernier temps de cette valse », il se jette dans leurs bras.

« Ta vie s'épuise, lui dit l'imagination.

— le meilleur des chevaux s'arrête un jour de galoper, répond-il.

— Et tes projets ? murmure insidieusement le rêve.

— Toute ma vie, j'ai eu dix ans de retard sur eux, murmure-t-il.

— Mais les hommes vont continuer à danser, à chanter et à rire comme des fous, enchaîne le souvenir.

— Ça fait des morts originales », lâche-t-il en riant.

Et l'imagination reparle de la vie, parce que tous les hommes y tiennent, n'est-ce-pas ?

« Tu t'es séparé du monde, mais tu ne l'as pas quitté des yeux.

— J'ai déjà des amis qui sont morts au printemps.

— Et l'amour, enfin rencontré ? disent les trois traîtres ensemble.

— Les amants s'aiment par-dessus les hommes.

— Sais-tu ce qu'il y a de l'autre côté de la porte ?

— Je sais que j'aurai peur une dernière fois, mais Ange ou Démon que m'importe. »

Et pendant que celui qui n'a jamais pu prier Dieu, sauf quand il avait peur de Satan, puise dans sept cents chansons ses pauvres réponses d'homme, Paris approche.

Nous sommes le 28 juillet... il est 17 heures.

« Oui il arrive, il arrive, mais comme il aurait bien aimé rester encore un peu ! »

La vie, c'est bête souvent, c'est méchant quelquefois mais on s'y habitue. Il suffit d'un rien pour qu'on la réclame. Un *bis* somme toute.

Brel a toujours refusé les rappels. Il sait bien que ce n'est pas parce qu'une pièce est bonne ou bien jouée qu'on lui rajoute un acte. Quand ce qui a été dit est dit, c'est tout.

Le petit Bruxellois qui quitta Bruxelles un jour d'automne, voilà vingt-cinq ans, s'est-il trouvé au terme de son long voyage ?

Lui seul l'a su... ou le sait.

MARTIN MONESTIER

« Brel. Tahiti. Iles Marquises. »
Quatre mots qui valaient toutes les couronnes.

Une île pour tombeau...
et Gauguin pour « copain » d'éternité.

L'Homme

Pour tenter de dévoiler un aspect de la philosophie de Jacques Brel sur les grands problèmes qui agitent chacun d'entre nous — la vie, la mort, la solitude, l'argent, la réussite —, nous avons pensé que la radioscopie que Jacques Chancel a faite de Jacques Brel était l'un des documents les plus authentiques. Nous la publions donc intégralement.

Jacques Chancel radioscopie

Jacques Chancel : Notre dernière journée à Cannes, je reçois aujourd'hui Jacques Brel, l'acteur mais aussi et surtout le metteur en scène, puisqu'il représente ici la Belgique. Son film représente la Belgique au Festival de Cannes, et son film c'est : Le Far West. *Jacques Brel, j'ai retrouvé beaucoup d'articles qui ont été écrits et écrits sur vous, celui-ci par exemple, où vous disiez vous-même : « La chanson, c'est un métier de femelle ou d'enfant, on se sent suivi par une masse de gens qui ont le même âge que vous, et puis, brusquement, vous avez quarante ans, et plus personne n'est là, il vaut mieux abandonner. » Vous avez toujours les mêmes phrases. Etes-vous toujours dans le même état d'esprit ?*

Jacques Brel : A peu près, oui. Je crois effectivement que la chanson c'était un métier d'enfant ou de femelle, ça n'a rien du tout de péjoratif, je ne crois pas avoir dit femelle, je crois que j'ai dû dire femme.

J.C. : Non, femelle.

J.B. : J'ai dit femelle. Donc c'est que ce n'est pas un métier de mâle, enfin si vous voulez, effectivement, la chanson est une préoccupation d'enfant ou de femelle, ou de femme, enfin... je crois qu'aujourd'hui je dirais femme.

J.C. : Vous n'avez plus d'envie, vous n'avez plus de passion ?

J.B. : Non, si, oh si plein, mais faut-il encore ne pas se tromper sur sa passion. Il faut être honnête avec ses passions.

J.C. : Mais l'habileté, dans certains cas, peut remplacer l'envie...

J.B. : Est un péché mortel qu'il faut fuir de toutes ses forces.

J.C. : Vous avez voulu fuir alors ?

J.B. : J'ai voulu fuir la tentation de l'habileté, très certainement, quand le pouvoir remplace la douleur si vous voulez, tout devient en déséquilibre, n'est-ce-pas, et on ouvre la porte au désespoir le plus complet. Il ne faut pas faire cela.

J.C. : Habile ou honnête, on s'interroge ?

J.B. : Oui, il faut être en difficulté je crois toute sa vie, et quand les choses fonctionnent bien, c'est qu'on va vers la grisaille — immédiatement —, c'est-à-dire qu'on commence à se poser des problèmes qui sont des problèmes de luxe, des maladies de luxe,... on parle beaucoup des maladies de luxe.

J.C. : Vous êtes de ceux qui pensent que la difficulté, c'est terriblement excitant.

J.B. : Non, je crois que cela fait partie de l'équilibre, c'est pas tellement excitant, ça fait très peur, mais je crois que ça évite justement un certain nombre de maladies de luxe.

Quand on n'est pas beau...

J.C. : Vous vivez avec des gens, ou près des gens ?

J.B. : Oh, ça je ne sais pas, je vis avec les gens, je crois, je crois même que dans une certaine partie, le long de ma vie, je vis pour des gens, ce qui me paraît plus intéressant.

J.C. : Mais c'est peut-être la manière que vous avez de vivre maintenant, parce que lorsque vous aviez vingt ans et comme tout le monde sûrement, vous deviez vivre pour vous.

J.B. : Je crois que quand on est vilain tout petit...

J.C. : Oui...

J.B. : ... On se passe très vite de soi en tant qu'être prioritaire, ça doit être très difficile d'être beau à quinze ans, pour l'avenir.

J.C. : Pourquoi dites-vous quand ?...

J.B. : Parce que non, parce qu'on s'en aperçoit très vite quand on n'est pas beau, ce n'est pas du tout un complexe, c'est un constat.

J.C. : Vous en parlez quand même souvent.

J.B. : Bien, oui, parce que je crois que c'est une explication, on s'aperçoit très vite quand on n'est pas beau, que l'intérêt qu'on peut avoir n'est pas en soi mais dans le mouvement que l'on peut éventuellement avoir, ou dans l'apport que l'on peut éventuellement faire aux autres, alors que les gens beaux, si vous voulez, le pôle d'intérêt, c'est eux, et s'ils ne sont pas extrêmement vigilants, ils finissent par croire qu'ils existent.

J.C. : La beauté, ce n'est pas une éthique dans ce cas-là, ce qui est une éthique c'est la force d'exister, c'est la peur.

J.B. : Oui, mais vous m'avez posé la question en ce qui concernait mes vingt ans.

J.C. : Oui, c'est vrai.

J.B. : Or, c'est là que tout pivote, enfin, quinze ans, vingt ans je crois.

J.C. : Vous êtes toujours vous-même dans tout ce que vous faites, par exemple dans Frantz, *vous étiez déjà vous-même ?*

J.B. : Oui, je crois, relativement, enfin, oui, je crois.

J.C. : Enfin Frantz, *pour vous, c'était un monde dans lequel s'étaient laissé enfermer des gens blessés, mais des gens blessés qui ne souffrent pas ?*

J.B. : C'est à peu près cela.

J.C. : Vous êtes blessé et vous ne souffrez pas ?

J.B. : Oui, c'est exactement cela. Je crois qu'il est extrêmement mal élevé, lorsqu'on est blessé, de le faire savoir. Ça ne concerne personne. Il est assez détestable de rencontrer des gens qui vous disent toujours que ça ne va pas, je crois que c'est un problème de bonne éducation dans le vrai sens du mot, de dignité.

J.C. : Jacques Brel, ce que vous avez eu, vous l'avez voulu, enfin ne parlons pas de gloire...

J.B. : Dans la vie ?

J.C. : ... Disons de succès ?

J.B. : Oui, en gros, ça s'est beaucoup mieux passé que dans mes rêves les plus optimistes. Les choses se sont passées un peu à mon insu. Je trouve que j'ai une vie formidable, et je ne l'espérais pas du tout, du moins quand j'ai eu l'âge de raison, mettons vers douze ans, je n'ai jamais espéré avoir une vie comme celle que j'ai eue. Je considère ça comme un cadeau absolument fantastique, et encore maintenant je suis ébloui tous les matins.

J.C. : J'en parle parce que vous en parlez, vous parlez de ce physique, si comme vous le dites vous aviez été beau, vous auriez eu une carrière tout à fait différente.

J.B. : Oh, je crois que je n'aurais pas eu de carrière.

J.C. : Du tout ?

J.B. : Oh mais bien sûr, c'est évident ! Quand on est beau, on se suffit, n'est-ce-pas, enfin on suffit, mais on devient vite suffisant en vieillissant, sans doute. Je crois que c'est un grand danger d'être beau au démarrage.

J.C. : Ça facilite trop de choses ?

J.B. : Oui, ça donne de fausses valeurs.

J.C. : Vous ne pouvez, dans vos films ou dans vos chansons, qu'être vous-même.

J.B. : Oh oui, parce que je n'ai vraiment pas assez d'imagination pour être quelque chose d'autre, n'est-ce-pas, et puis il y a aussi un problème d'honnêteté, je crois qu'on a tous une imagination limitée, en tout cas, moi, j'ai une imagination extrêmement limitée, et tout ce que je peux faire, c'est raconter cela à travers moi, ça veut dire que je suis un tout petit filtre si vous voulez, c'est tout, c'est vraiment tout, ou alors il faudrait que je me mette à croire que j'ai du talent ou des choses comme ça, qui sont des choses extrêmement dangereuses.

L'injustice la plus flagrante du monde

J.C. : Vos films sont des indications, bon, on parlera du Far West *tout à l'heure, mais dans* Frantz, *il y avait quand même une pénible approche des femmes par exemple, qui vient d'une grande timidité ?*

J.B. : Oui sûrement, sûrement. Mais je crois aussi qu'il est excellent d'être timide avec les femmes.

J.C. : Ça vous rapproche des hommes alors ?

J.B. : Non ça ne me rapproche pas des hommes, je ne fais pas ça exprès, mais je crois qu'il me paraît insensé de ne pas être timide vis-à-vis de quoi que ce soit de vivant, je ne sais pas si je me fais bien comprendre : il s'agit de vivre sur la pointe des pieds, nous dérangeons à chaque mouvement, n'est-ce pas, alors il faut une infinie pudeur pour se faire pardonner le mouvement que l'on commet, je crois ça vraiment.

J.C. : Votre vie a été une vie toute de mouvement ?

J.B. : Oui.

J.C. : Je me suis aperçu de beaucoup de choses, une par exemple, il y a chez vous une véritable absence de colère devant les vacheries, mais alors une colère effroyagle devant l'injustice.

J.B. : Peut-être.

J.C. : Vous pouvez être terriblement indifférent ?

J.B. : Oui.

J.C. : C'est une force ?

J.B. : C'est une habitude.

J.C. : Ah, c'est la seule habitude ?

J.B. : On devient, on s'habitue à cela, n'est-ce pas, parce qu'il y a des colères qui ne servent à rien, c'est sûr.

J.C. : Celle contre l'injustice peut-être ?

J.B. : Oui, tout ce qu'on peut faire, c'est peser dans un sens ou dans un autre sens, on pèse, par moment, j'essaie de peser, mais tout cela est naïf et tout cela est arbitraire, je le sais, mais il me faut quand même peser, j'aurais l'impression d'être trop lâche si je ne pesais pas d'un côté ou de l'autre.

J.C. : Et quelle est pour vous, Jacques Brel, l'injustice la plus flagrante du monde ? C'est la naissance ?

J.B. : Non, ça n'est pas la naissance. Je crois que l'injustice la plus flagrante, c'est le comportement des adultes quand quelqu'un a dix ou quinze ans. Parce que là, il n'y peut rien, il n'est pas nécessairement avec ses parents, cet enfant, enfin, mais là ça joue, parce qu'en fait je crois que toute la vie se décide au moment où pour la première fois un être doué de raison se demande si ce sont les adultes qui sont *cons* ou si c'est lui qui se trompe, et, effectivement, étant donné l'attitude des rares adultes qu'il peut côtoyer à ce moment-là, de cette attitude-là dépend la réponse qui est définitive pour l'enfant, donc là, il peut y avoir une injustice.

J.C. : Et c'est l'une des raisons qui vous poussent à réinventer toujours le monde de l'enfance. Il faut revenir en arrière ?

J.B. : Non ça n'existe pas, les adultes, c'est une attitude, on n'en finit pas de courir après les rêves qu'on avait quand on était

petit, c'est sûr, c'est pour cela qu'un homme qui ne tremble pas devant une femme, il ne faut pas venir me dire que c'est de la virilité, c'est de la sottise, n'est-ce pas, il faut trembler jusqu'à sa mort devant les femmes. Sûrement.

Une seule catégorie de chanteurs

J.C. : Il y a toujours chez vous le désir de convaincre, vous ne pouvez pas faire les choses gratuitement ?

J.B. : Ce n'est pas le désir de convaincre, je voudrais...

J.C. : Etre convaincu pour convaincre.

J.B. : Non, je voudrais essayer de faire comprendre que je suis de bonne foi, voilà, on ne peut pas demander plus, mais vraiment je suis de bonne foi, je crois que je suis de bonne foi. Je me trompe très souvent, je sais cela, mais c'est de bonne foi.

J.C. : Vous n'avez pu croire à un certain moment, lorsque vous avez dit que vous abandonniez la chanson, que ce serait seulement un mouvement d'humeur, mais vous avez vraiment abandonné ?

J.B. : Eh bien, oui, non, un mouvement d'humeur, non.

J.C. : Mais vous ne revenez pas maintenant parce que vous êtes orgueilleux, et vous vous dites : « Non je ne peux pas revenir sur ma décision » ?

J.B. : Non, je suis certainement orgueilleux, mais ce n'est pas cela, ce n'est pas cela du tout. Oh non, c'est parce que je serais devenu adroit, vous comprenez, et il ne faut pas devenir adroit.

J.C. : Vous aviez peur de ne plus devenir tout à fait honnête ?

J.B. : Absolument.

J.C. : Il y a, à mon avis, trois catégories de chanteurs : il y a ceux qui n'apportent rien du tout, il y a ceux qui apportent seulement leur métier et puis il y a ceux qui apportent leur propre univers, et dans cette catégorie, il y a vous, il y a Ferrat, Ferré, Brassens, il y avait Piaf, il y a Trenet, il y en a d'autres que j'oublie.

J.B. : Oui, oui, il y a Brassens.

J.C. : Brassens pour vous, vous étiez le disciple ?

J.B. : Non, on a débuté en même temps. Mais vous savez, moi je crois qu'il n'y a pas plusieurs catégories de chanteurs.

J.C. : Voilà, je vous attendais là.

J.B. : Oui, je ne pense pas à cela, je ne crois pas à cela. Je crois qu'il y a des gens... parfois on m'a demandé ce que c'était qu'un artiste, si vous voulez, enfin parce que c'est ça. Là je ne connais pas et je n'ai jamais pratiqué une discipline stricte, n'est-ce pas. La chanson, c'est une petite chose, je crois aussi que le cinéma est une petite chose, je crois qu'un artiste c'est quelqu'un qui a mal aux *autres*. Et dans les chanteurs, il y a les chanteurs qui ont mal aux *autres* et des chanteurs qui n'ont pas mal aux *autres*, et puis il y a aussi les gens qui ont du talent et les gens qui n'ont pas de talent, alors j'essaie de savoir ce que c'est que le talent, et je crois que le talent, c'est d'avoir envie de faire quelque chose, ce n'est que cela. Et après, il y a toute une vie à user pour essayer de faire ce quelque chose. Et tout chanteur correspond à quelque chose et je crois que tout film correspond à quelque chose, et toutes les fleurs correspondent à quelque chose, et tous les climats correspondent à quelque chose.

On ne voit plus les morts

J.C. : Auriez-vous peur de ne pas être sincère un jour avec vous-même ?

J.B. : Ça m'ennuierait beaucoup. Cela dit, comme j'ai ma lourde peur de *conneries* comme tout le monde, il est possible qu'un jour... je crois être sincère...

J.C. : Est-ce que vous savez que vous pourriez être lâche comme tout le monde ?

J.B. : Oui, ça j'ai pas envie.

J.C. : Alors comment se préserver de la lâcheté ?

J.B. : Faut bouger, faut aller...

J.C. : D'un risque de lâcheté...

J.B. : Oui, il faut aller voir, je crois qu'il faut découvrir.

J.C. : Vous êtes curieux ?

J.B. : Oui, il faut être scolaire. Je crois qu'il faut être humble et dire : « Moi je ne sais pas, je vais voir. » Je ne sais pas, mais il y a deux manières de réagir devant tout ce qu'on ne sait pas : c'est décréter que c'est idiot, ou aller voir, et je préfère aller voir, et j'avoue avoir un grand faible pour les hommes qui vont voir.

J.C. : Lorsque vous chantez la jeunesse, l'amour, vous chantez des choses perdues ou des choses qui reviennent ?

J.B. : Non, des choses qui me paraissent insuffisamment au point, actuellement, si vous voulez, qui me paraissent... on en manque, voilà, on en manque.

J.C. : On manque de jeunesse ou on manque d'amour ?

J.B. : On manque de tendresse, hein, je crois !

J.C. : C'est le maître-mot.

J.B. : Oui c'est un..., oui c'est un..., oui enfin, faut pas se coucher sur les mots non plus, mais on manque de tendresse, on manque de l'enfance, enfin on manque d'éblouissement. Oui, dans le temps on montrait les morts, même encore quand j'étais petit on voyait les morts. Dans les familles il y avait des gens malades, on les voyait, mais on ne les voit plus. On voyait les morts, on ne voit plus les morts, et maintenant je crois que les gens se croient bien portants. Et de se croire bien portant à se

croire éternel il n'y a qu'un pas. Et me semble-t-il par moments, un certain nombre de leurs problèmes sont des problèmes d'immortel, alors qu'on est mortel. Et c'est pour ça que je veux dire qu'il faut aller voir, il faut, il faut savoir tous les jours qu'on est mortel, et l'idée de la mort n'est pas une idée triste, c'est une idée d'une salubrité fantastique. Il y a plein de problèmes qui sont des problèmes d'immortel et qui ne m'émeuvent donc pas, moi, n'est-ce pas.

Aller quelque part

J.C. : Un jour, dans un article, quelqu'un disait : « Jacques Brel, en fait, c'est un disciple de Péguy. » C'est peut-être parce que dans vos chansons il y a que les refrains se recoupent comme les sillons de la Beauce de Péguy.

J.B. : Je ne sais pas, c'est me faire beaucoup d'honneur. Je ne sais pas cela. Je ne sais pas, je crois, je continue à aller assez droit, si vous voulez en gros, voilà. Mais c'est peut-être uniquement par manque d'imagination vous savez, je n'en sais rien, mais je vais assez droit, enfin je continue une espèce de chemin qui date, qui a commencé quand j'avais, à la fin de la guerre, à la libération, donc il y a, il y a pas mal de temps, parce que j'ai quarante-cinq ans maintenant...

J.C. : Jacques Brel vous êtes Belge ?

J.B. : Oui.

J.C. : C'est important d'être Belge ?

J.B. : C'est important, ça pèse suffisamment, à un certain moment de la vie oui, et puis...

J.C. : Pourquoi ça pèse ?

J.B. : ... C'est rassurant à un autre moment, oh, sur le plan du langage par exemple ça n'est pas facile ! C'est un pays artificiel, donc on vient de nulle part, si vous voulez, et finalement c'est reposant de pouvoir s'y référer. Le Belge ne peut pas s'y référer, donc on est un peu cul-de-jatte sur le plan de la mémoire.

J.C. : C'est seulement la chanson qui pouvait vous conduire à quitter la Belgique ?

J B. : Non, je crois que non, je crois que je serais parti, mais ça n'était pas pour quitter la Belgique, c'était pour aller quelque part.

J.C. : Et vous allez toujours quelque part ?

J.B. : Oui oui.

J.C. : Parce qu'on ne trouve jamais ?

J.B. : Non, on rencontre des choses formidables.

J.C. : D'ailleurs ce film Le Far West *qui va être présenté demain à Cannes, c'est encore la recherche de ce quelque part.*

J.B. : C'est ça, ce sont ces deux hommes qui se rencontrent et qui vont chercher, et qui cherchent l'enfance, enfin qui cherchent à poursuivre l'horizon, quarante-cinq ans tous les deux ou cinquante, enfin, et ils jouent aux revues de Buffalo Bill qu'on lisait avant la guerre parce que, avant la guerre, je croyais que le *Far West* c'était quand même le grand paradis pour quand je serais grand, enfin... Quand mes jambes iraient plus haut, quoi, j'irais vivre dans un *Far West* quelque part, et puis, je me demande pourquoi à quarante-cinq ans on n'a pas le droit de rêver.

Je débloque un peu comme un Flamand

J.C. : Oui, vous avez de la chance, Jacques Brel, parce que vous réalisez tous vos rêves et en fait...

J.B. : Pas tous.

J.C. : ... Vous avez les moyens de choisir vos rêves.

J.B. : Oui.

J.C. : Ce n'est pas la chance de tout le monde ?

J.B. : Vous êtes sûr que c'est de la chance ? Je ne sais pas si c'est de la chance.

J.C. : C'est un objectif, en tout cas.

J.B. : Oui. Je crois que le malheur c'est exactement la différence qu'il y a entre le rêve et le réel pour un homme. Donc, il faut combler cette différence.

J.C. : Enfin, dans votre film Le Far West, *ces deux hommes qui partent à la recherche de l'or, enfin disons...*

J.B. : Non ce n'est pas de l'or, c'est du *Far West.*

J.C. : ... Mais disons qu'il y a l'or au bout, mais l'or, on peut le dessiner de différentes manières.

J.B. : Oui c'est l'or, c'est la ruée vers l'or, enfin, c'est ça et ils jouent à ça.

J.C. : Vous dites souvent, parce qu'on parlait justement de la Belgique, « Je suis Flamand », c'est Flamand par rapport à une opposition à Wallon ?

J.B. : Non, non, je suis Flamand, enfin je suis de caractère flamand. Je crois être plutôt Flamand que Rhénan. En disant Wallons, c'est les Rhénans en fait, c'est des Mosans et des Rhénans.

J.C. : Mais déjà là, il y a une opposition et ça m'étonne beaucoup chez vous parce que vous installez une frontière, alors que vous, allez toujours ailleurs.

J.B. : Ah non, quand on me demande d'où je suis, je dis que je suis Flamand, mais de caractère, je crois être plutôt Flamand, enfin... je débloque un peu comme un Flamand, comme les surréalistes flamands.

J.C. : Vous pensez que tout part du cœur et que tout doit aller au cœur, c'est le problème de la générosité.

J.B. : Je crois que ce n'est pas tout le problème, mais je crois que ce n'est qu'à partir de cette base-là qu'on peut devenir intelligent. Je crois qu'on ne peut être intelligent

qu'au-dessus du cœur et qu'on ne peut pas gommer le cœur pour remplacer ça. Je crois ça parce que l'intelligence est une chose extrêmement fugace, qui nous fait prendre des décisions parfois très importantes mais qui meurent dans la seconde où elles ont été décidées, si vous voulez, et c'est au cœur à faire le boulot. Je veux dire qu'on décide d'aimer quelqu'un, mais pour l'aimer ce n'est plus la tête, n'est-ce pas, c'est le cœur, en fait, je crois que l'intelligence bien plus souvent ne sert que d'alibi à notre démarche qui est naïve. Je crois cela.

S'il me fallait être adulte

J.C. : Vous avez quarante-cinq ans...

J.B. : C'est pas dans la ligne actuelle.

J.C. : Non, mais c'est la ligne de tous les temps...

J.B. : Oui.

J.C. : Vous avez quarante-cinq ans et vous allez sans cesse à la rencontre de l'enfance, c'est peut-être parce que vous n'avez pas été un enfant.

J.B. : Si, si j'ai été un enfant, mais je n'arrive pas à savoir ce qu'est un adulte. Et je regarde pourtant très attentivement. Et je trouve ça si gris, si vous voulez, avec tous les signes extérieurs que cela comporte, et je préfère essayer de rester un enfant. Ce n'est pas volontaire d'ailleurs, c'est parfaitement involontaire. C'est-à-dire que s'il me fallait être adulte, il me faudrait jouer, voilà.

J.C. : Vous n'avez jamais joué, même avec vous-même...

J.B. : Oh sans doute que si, sans doute que si...

J.C. : Vous avez la ferveur du moine, mais vous ne pouvez pas être un moine.

J.B. : Je ne sais pas, je crois que pour être un moine, il faut avoir très très peur aussi des choses, et je n'ai pas très peur de ces choses-là.

Je cherche !

J.C. : Vous avez l'ardeur du guerrier, mais vous ne pouvez être soldat.

J.B. : Je ne sais pas. Je ne sais pas si j'ai l'ardeur du guerrier.

J.C. : Si, combattant...

J.B. : J'ai envie que ce soit difficile...

J.C. : Combattant...

J.B. : Oui, combattant.

J.C. : L'inquiétude du poète, et là vous êtes poète. Vous auriez pu d'ailleurs être seulement poète. On est poète toute sa vie dans toutes ces choses.

J.B. : Peut-être. Je ne sais pas. Ça !...

J.C. : Le fait d'avoir chanté dans ce film...

J.B. : Oui.

J.C. : C'est plus un retour à la guitare qui est votre vie, qui est votre évasion, votre système d'évasion, votre objet d'évasion, plus un retour à la guitare qu'un retour à la chanson.

J.B. : Ce n'est pas du tout un retour à la chanson, c'est comme jouer au *Far West*, il y a des cow-boys et les cow-boys chantent le soir devant les feux de camp, c'est tout, ce n'est que cela.

J.C. : Je rappelle que nous sommes en ce moment à Cannes en direct du Festival dont Jacques Brel est l'invité, Jacques Brel qui ce soir présent son film, son deuxième, Le Far West, *pour la presse et demain, devant le « tout-cinéma », comme on dit. Nous avons parlé de la chanson, nous avons parlé de bien d'autres choses encore, de la jeunesse, de l'enfance. Picasso à Jacques Brel disait « Je ne cherche pas, je trouve ». J'ai l'impression que vous, vous trouvez, puis vous cherchez après.*

J.B. : Je cherche, oui, je ne sais pas si je trouve, mais je cherche.

J.C. : C'est la démarche inverse, même si vous aviez trouvé, vous diriez « Non, ce n'est pas possible, je suis installé ».

J.B. : C'est pas assez, oui.

J.C. : Ça ne bouge plus, il n'y a plus de mouvement.

J.B. : Ça ne bouge plus oui, ce n'est pas assez.

J.C. : A cause de ça, on peut penser que vous reviendrez peut-être par d'autres chemins à la chanson et à la musique.

J.B. : Je ne pense pas...

C'est dangereux la comédie !

J.C. : Si, par le biais d'une comédie musicale.

J.B. : Oui, peut-être, oui la comédie musicale, ce n'est pas impossible.

J.C. : C'est toujours la chanson.

J.B. : C'est une forme oui, ce n'est pas impossible, peu de temps après j'avais fait *L'Homme de la Manche* enfin, ça ce n'est pas impossible, oui.

J.C. : Oui, il y a eu L'Homme de la Manche, *c'est Cervantes, il peut y avoir, je ne sais pas,* Voyages au bout de la lune, *c'est Jules Verne, non ?*

J.B. : Voyages dans la lune ?

J.C. : Voyages dans la lune.

J.B. : Oui, il aurait pu y avoir des choses.

J.C. : Vous y pensez ?

J.B. : Oui, parfois oui, parce que c'est assez passionnant et puis c'est dangereux, oh que c'est dangereux la comédie musicale, en France surtout, c'est très dangereux.

J.C. : Enfin il y a eu la chanson, il y a le cinéma...

J.B. : Oui.

J.C. : Le théâtre ?

J.B. : Eh bien il y a eu la comédie musicale.

J.C. : Oui.

J.B. : Il n'y a pas eu le théâtre.

J.C. : Et pas le roman ?

J.B. : Non.

J.C. : Pourtant c'est un autre genre ?

J.B. : Oui certainement...

J.C. : Un autre risque...

J.B. : C'est une discipline majeure, ça c'est certain, mais, je ne sais pas, souvent j'ai tenté, il faut être juste, j'ai eu envie et puis je ne sais pas du tout ce que ça donnerait, vous savez. J'ai l'impression d'être encore trop passionné, pas assez observateur, pas assez *le voyeur*, vous comprenez, vous êtes trop jeune, en fait.

J.C. : Oui, mais un romancier, justement, ne doit pas avoir de retenue, il doit se laisser aller.

J.B. : Je crois qu'il doit voir le manque de retenue, oui, je crois qu'il doit en avoir. Il doit voir le manque de retenue des autres, de ses personnages, mais lui doit en avoir, je crois.

De très mauvaises études

J.C. : Le music-hall ne donne pas beaucoup aux écrivains...

J.B. : A l'écrivain, ah non !

J.C. : Colette ?

J.B. : Oui, Colette... Que c'est beau !

J.C. : Oui. C'est vrai. Oui, on n'y pense pas assez, mais Colette vient du lien...

J.B. : Oui, c'est singulier, je crois qu'on peut d'ailleurs dire dans le cas de Colette que c'est un écrivain qui est passé par le music-hall, il faudrait quand même...

J.C. : Oui, c'est vrai...

J.B. : Faudrait être sérieux.

J.C. : On peut tricher un peu.

J.B. : Oui, oui...

J.C. : Je crois tout de même qu'au bout de la route pour vous il y aura sans doute le roman, en tout cas, la chose littéraire.

J.B. : C'est possible. Mais je crois que les choses viennent au fur et à mesure comme ça, il ne faut pas trop se préoccuper de ces choses-là, les choses viennent.

J.C. : Mais à quel moment avez-vous compris que vous aviez le sens de la poésie, le sens du texte, vous aviez fait de bonnes études en Belgique ?

J.B. : Non non, de très mauvaises études.

J.C. : Avec des diplômes quand même ?

J.B. : Oh non, j'ai un certificat d'études et puis j'ai traîné trois ans pendant la guerre où j'ai doublé tout, j'étais d'une très haute médiocrité. Non, ça n'a pas marché du tout.

J.C. : Alors, justement...

J.B. : Non non, ce n'est pas une envie.

J.C. : Parce que là, j'ai ce poème enfin, j'ai cette chanson, mais on pourrait dire le texte de vos chansons comme des poèmes.

J.B. : Sur quatre cent quarante chansons je crois qu'il y a peut-être trois chansons qu'on puisse lire.

J.C. : Par exemple...

J.B. : C'est pas fait pour.

J.C. : Par exemple, lorsque je retrouve celle-ci, enfin juste un extrait, vous l'écoutez et puis vous allez me dire si c'est un poème : « Avec des cathédrales pour uniques montagnes et de noirs clochers comme mâts de cocagne où des diables en pierre décrochent les nuages, avec le fil des jours pour unique voyage et des chemins de pluie pour unique bonsoir, avec le vent de l'Est écoutez-le vouloir le plat pays qui est le mien », c'est un poème plus qu'une chanson.

J.B. : Là oui, c'est peut-être plus un poème qu'une chanson, oui.

J.C. : Mais vous le saviez ?

J.B. : Pas en l'écrivant, non. Vous savez, quand on écrit, on fait ce qu'on peut, n'est-ce pas ?

J.C. : Oui.

J.B. : On ne sait les choses qu'après, on ne sait tout qu'après, on ne sait rien pendant, on ne sait rien.

L'argent fait peur

J.C. : Est-ce que vous êtes un homme d'aujourd'hui, Jacques Brel ?

J.B. : Je ne sais pas. Je crois que je suis un homme d'aujourd'hui de quarante-cinq ans.

J.C. : Oui enfin...

J.B. : Oui, mais enfin je crois être à peu près d'aujourd'hui, enfin c'est quand même non, parce qu'il y a des problèmes de réussite si vous voulez, de prudence, d'intérêt qui m'échappent complètement et il me semble que ces problèmes-là sont des problèmes qui, aujourd'hui, sont extrêmement prioritaires. Et comme je ne les ai pas, je me dis que je ne suis pas tout à fait un homme d'aujourd'hui.

J.C. : Vous n'avez pas la prudence, c'est-à-dire demain pour vous n'est pas inquiétant ?

J.B. : Non non.

J.C. : Vous n'avez pas d'intérêt ?

J.B. : Non, voilà.

J.C. : Et pourtant vous avez gagné beaucoup d'argent...

J.B. : Oui.

J.C. : Comment peut-on lier les deux choses ?

J.B. : Il suffit d'aimer la fonction et pas le résultat.

J.C. : Mais le résultat, on le tient toujours...

J.B. : Oh bien non, on le voit passer, on s'organise pour le voir passer dans ces conditions.

J.C. : On est sûr qu'on l'a.

J.B. : Non, non, et je crois qu'il faut s'arranger pour ne pas l'avoir parce que c'est là qu'on s'installe.

J.C. : Vous avez eu peur également d'être prisonnier de l'argent ?

J.B. : Oui. L'argent me fait peur, il me fait peur et c'est terrifiant. Vous savez, les gens riches le méritent.

J.C. : Oui.

J.B. : Quand je vois la vie que ça leur impose, oui, ils le méritent.

J.C. : Et vous êtes riche ?

J.B. : Non.

Très riche, c'est indécent !

J.C. : Vous avez peur d'être riche ?

J.B. : Oui, je n'aimerais pas ça du tout parce que le pouvoir rend idiot et le pouvoir absolu rend absolument idiot, comme disait l'autre, et puis l'argent c'est la même chose. Les gens qui ont de l'argent ne pensent qu'à l'argent qui leur manque ; c'est très terrifiant, ça, et puis l'argent fige les hommes, les rend immobiles, or un homme, c'est fait pour être mobile, ça, j'en suis sûr, je suis incapable de vous le prouver, mais je suis sûr de cela. Un homme c'est fait pour bouger, c'est pas fait pour s'arrêter, c'est fait pour continuer et pour mourir en mouvement éventuellement mais ça n'est pas fait... tout le malheur vient toujours de l'immobilité. On use les choses en étant immobile.

J.C. : Vous avez dit une phrase qui est presque le sujet d'une thèse : « Les gens riches le méritent. »

J.B. : Oui, ils le méritent, c'est un enfer, l'angoisse que ça leur file, le tourment n'est-ce pas, en plus ça fausse les rapports très facilement.

J.C. : Oui, mais à l'inverse, les gens pauvres ne le méritent pas.

J.B. : Je ne parle pas des gens pauvres, quand je parle de gens riches je vous parle de gens très riches, n'est-ce pas ?

J.C. : Oui, au-delà de la richesse...

J.B. : Oui, bien sûr.

J.C. : Lorsque ça commence à devenir l'ennui...

J.B. : Dès que c'est indécent.

J.C. : Comment faut-il vivre debout ?

J.B. : Debout et en mouvement, et ne jamais avoir l'air fatigué, parce que la lumière vous tombe sur la tête.

J.C. : C'est pour ça qu'il y a beaucoup de gens qui se courbent, qui s'agenouillent...

J.B. : Je ne sais pas, je ne suis pas là pour dire que des gens se courbent ou s'agenouillent, je ne sais pas s'ils se courbent, je ne crois pas qu'il y en ait tellement qui se courbent ou s'agenouillent, il y en a beaucoup qui s'arrêtent et qui deviennent immobiles, c'est sûr. Mais il faut dire qu'il y a pas mal de choses qui les arrêtent.

J.C. : Jacques Brel à quarante-cinq ans, vous revenez sans arrêt et c'est bien parce que nous en sommes toujours là, vers l'enfance. Imaginons que vous ayez quatre-vingt ou quatre-vingt-dix ans, ça serait deux fois quarante-cinq ans, est-ce qu'à ce moment-là il ne sera pas un peu stupide de revenir du côté de l'enfance, ou alors est-ce que c'est une autre enfance qu'il faudra réinventer ?

J.B. : Oh, à quatre-vingt-dix ans la nature s'est occupée de vous et vous a ramené à l'état d'enfance.

J.C. : Oui, mais c'est la tête...

J.B. : Oui, c'est vrai...

J.C. : Et je n'en suis pas tellement sûr...

J.B. : La tête et le corps, vous redevenez infirme comme un enfant, c'est un infirme un enfant, il ne marche pas...

Jamais d'angoisse métaphysique

J.C. : Il ne faut pas vieillir...

J.B. : Si, ah si, il faut vieillir !

J.C. : Notre technique...

J.B. : Si, il faut vieillir mais il faut vieillir dans la mobilité, faut vieillir, on n'est pas fait pour mourir.

J.C. : Et dans la lucidité...

J.B. : ... On est fait pour vieillir, n'est-ce pas, puisque mourir c'est s'arrêter, le but de la vie c'est de vieillir...

J.C. : D'être immortel...

J.B. : Non, c'est d'être un formidable vieillard, c'est étonnant un formidable vieillard. C'est mille fois plus fort que vingt gus de vingt ans.

J.C. : Vous n'avez jamais été agacé, attiré par les religions, parce que vous refusez tous les dogmes...

J.B. : Non.

J.C. : Même le dogme de la vie ?

J.B. : Non je n'ai jamais été..., non je n'ai jamais eu d'angoisse, enfin si c'est ce que vous voulez dire.

J.C. : Oui...

J.B. : Non, la métaphysique également me paraît une espèce de chose qui m'échappe, oui.

J.C. : Vous avez un code alors ?

J.B. : Non... Il faut, je crois, pour tout ça, avoir foncièrement très peur, n'est-ce pas, et je pense qu'il faut croire qu'on est capable de trouver une solution, or, je ne suis pas

suffisamment lâche pour avoir cette peur-là, et je ne suis pas suffisamment prétentieux pour croire que je vais apporter une solution à la peur que j'aurais éventuellement. Alors je ne suis pas croyant, et je ne suis pas philosophe non plus.

J.C. : Dans une chanson vous disiez « C'est le tango des forts en rien... »

J.B. : Oui.

J.C. : Belle définition.

J.B. : Oui, des gens qui vivent quoi... Dans la vie, ce qui compte, c'est la vie, n'est-ce pas, ce n'est que la vie, je ne sais rien d'autre, je sais que dans la vie ce qui est formidable, c'est l'acte de vivre, et je ne sais vraiment rien d'autre.

J.C. : Et l'acte d'aimer ?

J.B. : Mais c'est dans la vie ça, n'est-ce pas, c'est la vie.

J.C. : Ça ne va pas nécessairement avec...

J.B. : Là, il faut commencer à s'en préoccuper. Tout le restant c'est du luxe, n'est-ce pas, ce sont des idées bizarroïdes qu'on manipule comme ça, qui reviennent depuis la Renaissance italienne. L'amour ça revient comme ça, c'est cyclique.

L'amour s'abîme vite

J.C. : Quel est votre idéal ?

J.B. : C'est essayer, je crois que c'est ça, c'est essayer, c'est tenter, bref, c'est essayer.

J.C. : Tenter des coups ?

J.B. : Tenter des coups et tenter d'aimer le plus longtemps possible, parce qu'en fait de phénomène de vieillissement, la seule chose un peu délicate, c'est qu'au début, si on est un petit peu branché là-dessus, on aime spontanément tout le monde, et après, l'univers se restreint un tout petit peu, n'est-ce pas. Et la difficulté consiste à rester vigilant et à se dire que quand on n'aime pas quelqu'un, c'est quand même neuf fois sur dix parce qu'on se trompe. C'est aller voir, parce qu'on va moins vite voir à quarante-cinq ans qu'à vingt ans, n'est-ce pas. On dit qu'on va voir mais on ne va pas toujours voir, alors il faut se botter le cul, il faut aller voir.

J.C. : On se regarde.

J.B. : Il faut aller voir, il faut aller voir.

J.C. : Jacques Brel, tout à l'heure vous avez dit qu'il y avait chez vous une grande timidité par rapport à la femme, et en fait que pensez-vous de la femme ?

J.B. : Non, pas par rapport à la femme, par rapport aux hommes aussi. Oh, ce que je pense de la femme, je ne le sais pas. Dès que les hommes disent une chose au sujet des femmes, ils ne disent que des sottises, n'est-ce pas ? C'est une chose absolument incompréhensible, alors on a écrit des milliers de livres là-dessus et les hommes en parlent rarement, mais ne disent que des bêtises quand ils parlent des femmes, toujours, et tous, et tout le temps. Par contre les femmes ne disent pas toujours des sottises quand elles parlent des hommes, mais c'est aussi sans doute parce que les femmes se préoccupent des hommes toute la journée et que l'homme ne s'en préoccupe que dans la marge de ses appétits ?

J.C. : Pourriez-vous rester avec une femme toute une vie ?

J.B. : Non, je crois que non, je suis même actuellement sûr que non.

J.C. : Parce qu'il n'est pas possible de faire un contrat pour une vie ?

J.B. : Non, parce que ça s'abîme vite, n'est-ce pas, ça s'abîme trop vite, il faut faire durer les belles choses.

J.C. : Vous avez des enfants ?

J.B. : Oui, j'ai trois filles.

J.C. : Qui ont quel âge ?

J.B. : Qui ont vingt ans, vingt et un ans et quinze ans.

J.C. : Et c'est difficile de vivre avec elles ?

J.B. : Pas du tout, d'abord il faut que je sois très honnête, je ne vis pas avec elles, pas quotidiennement, mais elles me sont étrangères, non pas parce que ce sont mes filles, mais parce que ce sont des femmes. Je ne vais pas faire semblant d'être le gars qui comprend, je ne comprends pas. Il faut être honnête et je crois que c'est beaucoup mieux de dire « Je ne vous comprends pas ».

J.C. : Mais elles, elles vous comprennent ?

J.B. : Sûrement pas, mais là, c'est parce que je suis un homme, c'est parce que là, il y a une génération, c'est très difficile. Je crois qu'il faut être de bonne foi, qu'il faut être honnête dans les rapports.

J.C. : Trois filles, il aurait fallu un garçon.

J.B. : Peut-être, ça je ne sais pas.

Ce n'est pas possible d'être content

J.C. : Vous ne vous êtes pas préoccupé de votre descendance ?

J.B. : Non.

J.C. : Non ?

J.B. : Je ne sais pas si c'est souhaitable, je ne sais pas, puis c'est ainsi fait, n'est-ce pas, vous n'allez pas m'obliger à tout remettre en question...

J.C. : Vous dites, Jacques Brel, et je vous crois, « La chanson plus jamais », mais je me rappelle, en 1965, lorsqu'on vous avait posé cette question sur le cinéma, vous aviez répondu « Jamais ».

J.B. : Oui, en 1965 je chantais, et on m'avait dit « Est-ce que vous voulez faire du cinéma ? » et j'ai dit « Non je ne crois pas, jamais ». Mais encore une fois, ça prouve bien qu'on dit des sottises au sujet de ce qu'on ne sait pas. Quand je vous parle de chanson, je sais à peu près... ce que je sais...

J.C. : Je crois que surtout vous ne vouliez

pas mélanger les genres, vous faisiez à ce moment-là...

J.B. : Oui, je crois qu'il faut faire les choses assez sérieusement n'est-ce pas et c'est vrai que je n'y croyais pas. Je croyais plutôt que j'allais faire beaucoup de comédies musicales, à l'époque, je croyais cela et puis... c'est venu comme ça, et je me suis pris au jeu, ça m'a excité, c'est formidable, puis je crois qu'il faut essayer de rester disponible aux choses.

J.C. : Bon, vous avez réalisé ce deuxième film Le Far West, *est-ce que vous êtes content de vous ? Vous ne serez jamais content.*

J.B. : Non, c'est pas possible d'être content, je fais tout ce que je peux, je fais tout ce que je peux pour raconter des rêves qui, je crois, correspondent à une préoccupation d'un certain nombre de gens. Vraiment je le crois. Je crois qu'il y a plein d'hommes de mon âge ou de mon temps et qui ont un manque d'enfance qui est vrai, qu'ils compensent en général par la réussite ou par les femmes. Mais je crois qu'ils ne jouent plus aux cow-boys et aux Indiens et ça manque, n'est-ce pas. Alors j'essaie de raconter ça, peut-être naïvement, mais très honnêtement. J'essaie de le faire honnêtement, de là à vous dire que je suis content, si je vous disais non, je serais malhonnête.

Je serai terrorisé, c'est évident !

J.C. : Oui, mais en fait Jacques Brel, aujourd'hui, être naïf, n'est-ce pas la seule manière d'être lucide ?

J.B. : C'est la dernière façon d'avoir une santé morale, une des dernières façons d'avoir une santé morale. Ça ne veut pas du tout dire être naïf, mais c'est faire naïvement les choses, c'est-à-dire, c'est faire les choses avec son cœur.

J.C. : Mais le Far West, *c'est la liberté pour vous ?*

J.B. : C'est la liberté.

J.C. : Cette liberté, est-ce que vous l'avez trouvée ? Est-ce que vous l'avez retrouvée ? Est-ce que vous la voulez ?

J.B. : Dans la vie ?

J.C. : Oui.

J.B. : Dans la vie, ah oui je l'ai, je crois l'avoir, enfin, avec toutes les restrictions... Enfin, j'en ai sans doute beaucoup plus que la plupart des gens.

J.C. : Mais pour vous, venir à Cannes, c'est faire une concession ?

J.B. : Pas du tout.

J.C. : Bien, vous êtes là, vous êtes réalisateur, vous êtes metteur en scène, vous êtes peut-être au bout de ce que vous vouliez faire ?

J.B. : Là, c'est la fin du film, si vous voulez et comme ce film a été sélectionné, les distributeurs m'ont demandé de venir, or, ce sont des gens qui m'ont fait confiance. C'est un petit film, un film à petit budget, mais ces gens m'ont fait confiance, il me semble normal de venir par bonne éducation, vraie bonne éducation : ces gens m'ont avancé de l'argent pour réaliser un rêve, bien, je viens à Cannes pour le rêve et pour être gentil puisqu'ils me le demandent.

J.C. : Dans quel état...

J.B. : Je crois qu'on ne me l'aurait pas demandé, je ne serais pas venu, voilà le fond de ma pensée. Mais on me l'a demandé, on me l'a demandé gentiment, et je suis venu, voilà.

J.C. : Dans quel état serez-vous, lorsque ce film sera présenté ?

J.B. : Oh ! je serai terrorisé, n'est-ce pas, ça c'est évident. Quand la projection va commencer, je vais être complètement terrorisé, d'abord parce que je connais le film, puisque je l'ai fait, et en plus je joue dedans, donc, il y a deux choses, c'est terrorisant n'est-ce pas ? Il faut être un grand malade pour aimer se voir.

L'important c'est de « faire »

J.C. : Mais c'est le verdict qui vous fait peur ?

J.B. : Ah non, c'est l'heure et demie de projection pour moi.

J.C. : Mais cette scène, vous la connaissez bien ?

J.B. : J'y ai chanté souvent, oui, oui je connais bien la salle, mais vue de l'autre côté...

J.C. : Ce n'est pas le même univers.

J.B. : Ça n'a rien à voir.

J.C. : Et si Le Far West *avait un prix ? C'est une éventualité pour vous ?*

J.B. : Non, mais ça me prouve que vous êtes également rêveur, il n'y a pas que moi.

J.C. : C'est vrai, je rêve aussi...

J.B. : Non non, mais là n'est pas le problème.

J.C. : Où est-il alors ?

J.B. : C'est de faire convenablement ce qu'on veut faire, il est là. L'important, c'est de faire les choses, c'est d'aller voir. C'est de le faire, c'est de ne pas dire : « Tiens, eh bien l'année prochaine, si j'ai un peu de temps, je vais faire... et moi j'aimerais bien faire... et oh ! il y a trois ans que je pense à un bouquin, et je vais peut-être... » Non, l'important c'est de faire la chose, c'est d'aller voir, l'important c'est de se mettre au pied du mur, et alors si on a mal calculé son élan, si on se heurte au mur et qu'on se casse la tête, il ne faut pas insulter les gens, c'est qu'on s'est cassé la gueule, on se trompe soi-même, il n'y a finalement que les gens totalement immobiles et qui ne font jamais rien, qui arrivent à traverser la vie en disant que tous les autres sont cons ou à peu près. Dès qu'on fait les choses, on devient d'une humilité fantastique, dès qu'on va voir, on a vraiment peur. Sur les terrains d'aviation, j'ai piloté longtemps en V.F.R.,

c'est-à-dire le vol à vue. Il y a deux sortes de gus en bas, il y a le gus qui arrive, il est à côté de son avion et il dit « Avec ce temps-là, il ne faut pas y aller » et lui bien sûr, il a toujours raison. Il y a les autres gus qui disent « Il faut aller voir », alors on décolle, on a un peu peur, on a même bien peur, on va voir, on revient, on fait demi-tour, on passe ou on ne passe pas. Ça n'a pas d'importance, on est allé voir, et si c'est un échec, on l'a mérité, c'est soit parce qu'on a eu peur en route ou soit qu'on n'est pas assez bon pilote, mais ceux qui ne vont pas voir, effectivement, ne se trompent jamais. Mais ils finissent par ne plus avoir d'avion, et finissent par se faire absorber par une femme et par deux maîtresses dans leur ville, avoir deux enfants, un enfant en plus, croire à l'immortalité de l'âme et je ne veux pas faire cela, je préfère continuer à être en marche.

Je trouve mal élevé d'attendre...

J.C. : Jacques Brel, au cinéma on est moins solitaire qu'au music-hall, mais demain soir dans cette salle que vous connaissez bien, il y aura tout le public, et j'ai l'impression que vous serez très seul, parce que vous serez avec vous-même ?

J.B. : Non, moi je serai seul, parce que je sais ce qui va passer, parce que...

J.C. : Et si le public ne réagit pas au bon moment ?

J.B. : Oh, vous savez, ça c'est très possible. Mais encore une fois si ça prend un bon « bide », c'est bien fait pour ma gueule, il faudrait surtout pas que je dise que c'est des cornichons après, ça serait malhonnête vous voyez, ça serait malhonnête. Quand on fait quelque chose, quoi qu'il arrive avec cette chose, c'est bien fait pour sa gueule, mais je préfère de loin me pulvériser la gueule que de rester immobile et dire que je vais faire quelque chose, ou que ce que les autres font est inintéressant. Je préfère aller voir.

J.C. : Vous êtes plein d'appréhension avant cette rencontre avec les journalistes ?

J.B. : Non. Avec les journalistes ?

J.C. : Parce qu'il y a un moment que vous ne les avez pas rencontrés ?

J.B. : Soit.

J.C. : Je parlais de solitude, c'est solitaire ou secret, plus secret que solitaire ?

J.B. : Peut-être oui, pas très solitaire, non. Secret, oui. Mais vous savez, quand on fait beaucoup de choses, on a l'air secret, mais en fait, c'est uniquement parce qu'on est tout le temps en mouvement.

J.C. : Ça revient sans arrêt...

J.B. : Sans arrêt. Le mouvement, c'est le mouvement. Dès qu'on est immobile, on se rencontre, et on se donne priorité bien sûr.

J.C. : Vous dites souvent des phrases que les autres n'osent plus prononcer aujourd'hui, vous dites par exemple « Moi, je l'avoue, je suis un homme heureux ».

J.B. : Oui, enfin je crois...

J.C. : On se méfie du bonheur...

J.B. : Non, quand je dis heureux, je ne dis pas cela sur ce ton-là, je crois qu'en gros, je suis plutôt un homme heureux.

J.C. : Parce que vous l'avez voulu aussi.

J.B. : Parce que je l'ai voulu, et puis, parce qu'en fait, je crois que je n'attends les choses que de moi.

J.C. : Parce que vous ne faites pas confiance aux autres ?

J.B. : Non, mais parce que je trouve ça mal élevé.

J.C. : Il y a peu d'égoïsme...

J.B. : Non, je trouve ça mal élevé d'attendre que les gens vous donnent des choses, ou que la vie nous donne des choses, il faut s'en occuper. Quand on a mal aux dents à vingt ans, c'est qu'on ne s'est pas brossé les dents convenablement tous les jours, c'est simple.

C'est très fatigant d'écrire

J.C. : Il est vrai que toutes nos actions ne peuvent pas être, ou ne peuvent avoir des chances d'aboutissement, et ce que vous avez compris, vous, c'est que toute la vie c'était simplement une somme de petits cris.

J.B. : Oui, c'est ça. De petites tentatives qui s'accumulent, qui se retranchent.

J.C. : Il y en a qui savent crier.

J.B. : Il y en a qui savent crier, oui, enfin il y en a qui crient.

J.C. : Alors découvrir, c'est vivre, vous avez découvert beaucoup de choses, et quelle sera la prochaine découverte ?

J.B. : Je ne sais pas.

J.C. : Parce que le roman, vous m'avez dit « Peut-être », la comédie musicale, vous m'avez dit « Sans doute... »

J.B. : Oui, je ne sais pas.

J.C. : Vous, vous m'avez dit sûrement.

J.B. : Je ne sais pas, il faut laisser venir les choses...

J.C. : Et vraiment vous pensez que si vous aviez continué dans la chanson, vous auriez été malhonnête ? Je ne le pense pas.

J.B. : Je le pense. Je le pense, et pour plusieurs raisons. D'une part, il y a l'écriture, vous savez c'est très fatigant d'écrire, c'est très difficile d'écrire et on finit par avoir un certain nombre de trucs qui compensent et ces trucs seraient sans doute devenus de plus en plus fréquents. Et ensuite, il y a l'animal qui chante sur scène, qui est un être complètement différent, et l'animal sur scène ne peut pas impunément jouer au gamin, parce que son corps n'est plus un corps de gamin, donc il y aurait, je crois, une malhonnêteté.

J.C. : Au cinéma, vous ne pouvez pas être malhonnête ?

J.B. : Si, on peut l'être, bien sûr, au cinéma,

je dois dire que je sais tellement peu de choses du cinéma, que le problème de l'habileté ne s'est encore jamais posé à moi, quant au problème du corps au cinéma, ça dépend du rôle qu'on interprète. Je veux dire, quand on écrit le film.

J.C. : Vous avez toujours dit, Jacques Brel, « J'ai un terrible besoin de liberté, j'ai un terrible besoin de vivre » ; la liberté, vous m'avez dit que vous l'aviez, mais est-ce que vous vivez vraiment enfin ?

J.B. : Oui, je vis. Oui, je vis fort, je vis très fort.

J.C. : Vivre pour vous, c'est faire ce que vous avez à faire...

J.B. : C'est ça.

J.C. : Sans concession.

J.B. : Sans trop de concessions, sans concession, si c'est possible, en gros c'est ça.

La seule chose que je regrette

J.C. : En passant de la chanson au cinéma, vous avez changé d'air, alors cet air est moins pollué ?

J.B. : C'est le même.

J.C. : Alors ?

J.B. : Oui, mais je ne l'ai jamais trouvé très pollué, moi, cet air-là. Le cinéma...

J.C. : Non, moi, je vous pose la question...

J.B. : Non, le cinéma a un ennui, c'est une chose qui coûte cher en tant que stylo, c'est un stylo très onéreux. Mais c'est la même chose, enfin. Moi, j'ai rencontré dans le cinéma des gens que je trouve très remarquables, vraiment très bien, très très bien, vraiment. Des gens qui ont, par exemple, le don de l'enfance d'une façon extraordinaire.

J.C. : Il faut avoir beaucoup d'humilité pour faire du cinéma ? Car en fait, tout est une question de hasard ?

J.B. : Je crois. En fait, je crois qu'il ne faut d'humilité pour rien...

J.C. : Je parle du cinéma parce que nous sommes à Cannes.

J.B. : Oui, mais je crois qu'il ne faut d'humilité pour rien, je crois que quand on fait quelque chose, on devient humble.

J.C. : Le créateur est humble.

J.B. : Oh, tout à fait, n'est-ce pas. Tout à fait, sans quoi ce n'est pas pensable, puisque justement, s'il fait quelque chose, c'est qu'il essaie de combler tout ce qui manque.

J.C. : Oui, mais c'est une chance pour le créateur, il dit « Je suis humble, parce que je fais une création ». Il n'y a que ceux qui ne font pas de création...

J.B. : Ils constatent en gens pauvres, ils constatent en faisant ça qu'ils sont tellement insuffisants qu'ils deviennent humbles, je crois.

J.C. : Vous ne regrettez absolument rien de ce qui a été. Si vous regrettiez d'ailleurs, vous seriez un idiot.

J.B. : Oh, je regrette que la guerre ait duré quatre ans.

J.C. : Ce n'était pas vous, la guerre ?

J.B. : Mais je le regrette. C'est une des choses de la vie que je regrette, ça a été long. Mais je crois que c'est la seule chose que je regrette dans ma vie.

J.C. : Vous regrettez de ne pas y avoir participé ?

J.B. : Non. Oui, je ne sais pas, le problème ne se pose pas là. J'avais onze ans, j'avais dix ans.

J.C. : Il se pose, puisque...

J.B. : Non, je trouve que ça a été long, c'est dommage que ça ait été aussi long. C'est dommage, c'est dommage.

J.C. : Dans votre vie, j'ai l'impression, Jacques Brel, que tout est libre et tout est prévu ?

J.B. : Oui.

J.C. : C'est une fabuleuse organisation ?

J.B. : Oui. Si vous voulez, je prends un certain nombre de décisions qui sont parfaitement arbitraires, et je m'arrange après pour aller au bout de ces décisions d'une façon organisée, voilà. Je me trompe et puis je m'arrange pour que cette erreur soit la moins lourde possible.

J'ai un manque de mesure

J.C. : Mais vous êtes capable encore de faire des erreurs ?

J.B. : Ah, mais tout le temps.

J.C. : Vous vous donnez la chance de faire des erreurs ?

J.B. : Oui, je vais voir. Je ne veux pas être trop prudent, je vais voir.

J.C. : Bon, maintenant, il y a ce deuxième film, Le Far West. *La troisième tentative sera un film, encore ?*

J.B. : Je ne sais pas, je n'en sais vraiment rien.

J.C. : Vous êtes réalisateur, vous vous mettez en scène, vous êtes acteur, vous n'en faites pas un peu trop ?

J.B. : Oui, peut-être.

J.C. : Mais c'est toujours Brel ?

J.B. : C'est ça...

J.C. : Jusqu'au bout ?

J.B. : Oui, j'ai effectivement un manque total de mesure, c'est certain... D'un autre côté, dans le cinéma, c'est bien commode de pouvoir aller jusqu'à faire soi-même la musique, n'est-ce pas. Et puis il ne faut pas se leurrer, il y a des problèmes économiques, disons que ça me permet de faire, puisque je fais ça pour l'expérience, des tas de choses que je ne pourrais pas me payer ailleurs, vous comprenez, je fais ça... Ça m'oblige à tout faire, enfin à faire beaucoup.

J.C. : Qu'est-ce que vous pensez de tous ces chanteurs qui passent au cinéma ?

J.B. : Ah ! bien...

J.C. : C'est une mode ?

J.B. : Ça, je ne sais pas, je ne sais vraiment pas. Il n'y en a pas eu tellement. Il y a eu Montand, il y a Aznavour, il y a Bécaud.

J.C. : Enfin, qui ont pris véritablement le risque, il y a vous et Montand ?

J.B. : Oui, je crois.

J.C. : Vous avez parlé avec Montand de vos carrières ?

J.B. : Jamais. Je connais Montand, il a chanté une chanson à moi, dans le temps, mais je ne le connais pas intimement, enfin je ne le connais pas très bien.

Quelle santé j'avais !

J.C. : Vous connaissez les autres ?

J.B. : Non. Je connais un peu Brassens. Enfin, je connais Brassens.

J.C. : Parce que vous n'avez pas envie de les connaître ?

J.B. : Mais vous savez, dans le music-hall, on est tous tout seul, enfin les tournées sont séparées. Au théâtre, les gens travaillent ensemble, au cinéma aussi, mais par excellence c'est une vie d'isolé, la vie de music-hall. C'est pas que je n'ai pas envie, non, non.

J.C. : Lorsque vous vous regardez sur l'écran ?

J.B. : Je n'aime pas.

J.C. : C'est toujours votre vieux fantasme : « Je ne suis pas beau » ?

J.B. : Oh non, ce n'est pas du tout parce que je ne suis pas beau. Non, c'est parce que je ne suis pas bon, souvent. C'est surtout ça. Non non, c'est plutôt ce côté-là. Je ne crois pas que quelqu'un puisse aimer se regarder, vraiment pas.

J.C. : Un jour, je me rappelle, à la télévision, je passais une chanson de vous, vous étiez près de moi, et après la chanson, je crois que c'était Les Flamandes, *vous m'avez dit cette petite phrase : « Quelle santé j'avais. »*

J.B. : Oui.

J.C. : C'était au passé.

J.B. : Oui. Non, je crois que je l'ai encore d'ailleurs, mais c'est ça, je me suis dit, là, que c'était vraiment un phénomène de santé, oui. J'ai encore cette santé-là, d'ailleurs.

Je suis prioritaire

J.C. : L'avenir pour vous, ce n'est pas une inquiétude ? Mais pour vous tout seul ?

J.B. : Non, ce n'est pas une inquiétude. C'est je crois... Enfin j'aimerais bien pouvoir encore faire des quantités de choses, côtoyer des quantités de gens, et aller voir où je vais craquer, ça, c'est formidable.

J.C. : Mais pas faire un autre métier ?

J.B. : Quel métier est-ce que j'ai là ? Je ne sais plus quel métier je fais, moi. J'essaie de vivre, je crois que ce n'est pas une question de métier, vivre. J'essaie de vivre.

J.C. : Et c'est facile ?

J.B. : Non, ça n'est pas facile. Mais c'est passionnant, c'est tellement passionnant que c'est formidable. C'est formidable ! Aller voir tout, voir où on va craquer. Parce qu'un jour je vais craquer, tout le monde craque.

J.C. : Et si demain vous craquiez, enfin ?

J.B. : Non, je crois que j'ai encore trop de santé, je referais autre chose.

J.C. : Justement après la projection du film, parce que peut-être le public n'aimera pas.

J.B. : Oh, c'est très possible. Non, mais c'est pas ça que je veux dire par craquer, non, là, on ne craque pas.

J.C. : Ce serait...

J.B. : Vous voulez dire prendre un bon « bide » demain, quoi. Oh oui, on prend un bon « bide » et puis c'est...

J.C. : Vous pouvez prendre un « bide », vous, Brel ?

J.B. : Bien sûr, j'en ai pris des paquets, ah oui... oh oui oui, je connais bien. Non, non, ça je prendrais la bonne claque dans la gueule avec...

J.C. : Mais avec bonne santé...

J.B. : Bien sûr, voyons... De toute façon, ayant fait la chose, je suis prioritaire par rapport aux gens qui ne font pas les choses. Vous comprenez ?

J.C. : Puis vous avez déjà pris les devants, parce que vous avez dit « Pour faire un bon film, il faut d'abord en faire quinze. » Vous en êtes au deuxième ?

J.B. : J'ai pas dit quinze. Je crois n'avoir jamais dit ça. Il faut peut-être au moins en faire quinze. Oui, au moins.

J.C. : Ce qui veut dire « Je prépare mes coups » ?

J.B. : Je ne sais pas, je ne sais pas. Ce n'est pas organisé sur ce plan-là, tout ça. Tout ça est une aventure, n'est-ce pas, c'est pas... Vivre c'est formidable, mais ça n'est pas sérieux, ça n'est pas grave, il faut fuir la gravité des imbéciles... Il faut fuir ça de toutes ses forces, c'est une aventure, c'est presque un jeu. Je suis un sale môme.

Radioscopie de Jacques Chancel
France Inter
le 21 mai 1973

L'Œuvre

Une vie, une œuvre

Martin Monestier a demandé à Pierre Barlatier de nous parler de Jacques Brel. Pourquoi Pierre Barlatier ? Parce qu'il est le plus qualifié pour évoquer le grand artiste disparu.

Ecrivain, journaliste, critique d'art, homme de radio, il fut surnommé dans le « métier » le pape de la chanson.

Au cours de sa vie, il s'est lié d'amitié avec les surréalistes Paul Eluard, Robert Desnos, Georges Hugnet, Antonin Artaud ; avec des écrivains tels que Francis Carco, Jean Cocteau, Henri de Montherlant et avec des peintres, Picasso, Léger, Kisling. Il fut également un proche d'Aragon et de Malraux. Dans le milieu du spectacle, Mistinguett, Joséphine Baker, Maurice Chevalier, Boris Vian lui vouèrent une grande amitié. Il a consacré des ouvrages à Edith Piaf, Vincent Scotto, Lucienne Boyer et à Jacques Brel.

Pierre Barlatier animait les célèbres émissions « l'Ecole des Vedettes » et « le Numéro 1 de la chanson », où tant de jeunes chanteurs se préparèrent à la réussite. Il fut fondateur et directeur du « Conservatoire de la chanson et du music-hall » et du magazine « Music-Hall » qui délivra à Jacques Brel sa première satisfaction, les fameux « Bravos du music-hall ». Depuis, Pierre Barlatier s'était attaché à Jacques Brel.

Aujourd'hui, il a troqué la plume contre le bâton de pèlerin du conférencier, et s'est retiré en Arles. C'est là que Martin Monestier a interrogé cet homme qui, toute sa vie, a été insatiablement curieux des êtres et de leurs comportements.

Martin Monestier : Pierre Barlatier, pourquoi cette passion pour Jacques Brel ?

Pierre Barlatier : Parce que peu d'êtres sont apparus aussi fraternels au Français du Sud que je suis, que ce Belge d'ascendance flamande et qui, pourtant, gardait un si bon fumet de son outre-Quiévrain. Pourquoi cette attraction, cette affinité, cette sorte de complicité sensible et intellectuelle ? C'est d'abord, sans doute, parce que Jacques Brel avait un goût que j'apprécie entre tous, le goût de la liberté, goût qu'il n'avait garde de séparer de celui du bonheur. Personne de moins bourgeois que ce fils de bourgeois, élevé dans une famille cossue et aussi attachée aux traditions qu'on pouvait l'être en Belgique dans les années trente.

M.M. : Qu'est-ce qui poussait Brel ? Pourquoi chantait-il ?

P.B. : Il a chanté parce que cela lui plaisait de chanter et a chanté ce qui lui plaisait sans s'embarrasser de critères, ni de préjugés — aussi bien politiques que commerciaux — et s'en est allé droit à son but. Non pas pour livrer le bon combat avec la volonté de vaincre comme s'il se considérait « chargé d'un message » — *seuls les facteurs,* disait-il, *sont porteurs de messages* mais de la manière la plus désintéressée qui soit : pour se faire plaisir à lui-même et à quelques autres. C'est pour cela sans doute, qu'il a si souvent fait plaisir au plus grand nombre.

M.M. : Cela, on peut penser qu'il n'était pas le seul, mais d'après vous, en quoi Jacques Brel s'est-il différencié des autres chanteurs ?

P.B. : Par sa vertu, mais Brel possédait, outre cette vertu que je tiens — que j'ai toujours tenue — pour essentielle, l'authenticité ! Et ceci d'autant plus qu'elle devient de moins en moins fréquente, non seulement dans ce microcosme du music-hall, domaine des faux-semblants, mais dans le reste de l'humanité contemporaine, où le « paraître » tend, chaque jour davantage, à se substituer à « l'être ». Jacques Brel ne truquait ni ses impressions, ni ses opinions. Il était toujours absolument lui-même, absolument sincère, dépassant l'ombre des habitudes qu'on a plantées en nous quand nous avions vingt ans. Avec lui pas de mensonge, pas de compromis. Nulle forfanterie, c'était un lutteur qui, en dénonçant ce qui opprime, qui aliène ou défigure, ne faisait rien d'autre que servir l'homme, son frère, que l'aider à vivre pleinement sa vie d'homme dans son irréductible individualité.

M.M. : Alors expliquez-moi pourquoi il a fini par abandonner après quinze ans de lutte donquichottesque cette belle conception de la vie.

P.B. : Il est parti. Il n'a rien abandonné. Il a conservé la grande fraternité des Arabes et des Gitans qui, comme lui, sont des nomades. Il est parti à la quête du Bonheur. « Ça existe et c'est même la chose la plus importante » disait-il. Rappelons-nous ses propres paroles : *Lorsque j'ai quitté l'usine paternelle pour aller à Paris, j'avais choisi l'aventure. En décidant d'abandonner le tour de chant, je choisis une nouvelle fois de repartir à l'aventure. Je refuse de me laisser enfermer dans un système. La vie des tournées, les récitals, les galas ne m'intéressent plus. Il faut sans cesse faire autre chose, sinon, on s'ennuie et on n'est pas heureux.*

« L'homme est un animal parfaitement seul. »

UN CRÉATEUR

M.M. : Il n'y a pas de doute, l'homme vous a séduit : en est-il de même pour ses chansons ?

P.B. : L'un ne va pas sans l'autre... Brel a achevé de me séduire par ses chansons qui témoignent d'un irrésistible besoin de communication. Elles ont une bonne odeur d'humanité, le poids et la chaleur d'une chair vivante. Il y a, au fond de chacune d'elles, l'amour des autres, des gens, de ceux que l'on rencontre au hasard de son chemin ou que l'on voudrait rencontrer. Il s'imposait par son outrance même, sa franchise et cette liberté d'allure avec laquelle il traversait des milieux socialement hétéroclites. Plus qu'un poète et qu'un musicien, plus qu'un chanteur, il aura été, pour des millions d'entre nous, quelqu'un qui faisait partie de notre famille spirituelle, de nos habitudes de vie quotidienne et envers qui nous nous sentions redevables de l'abandon d'un certain nombre d'idées préconçues sur la religion, les femmes, le travail, la respectabilité en même temps qu'il nous avait aidés à prendre conscience de la fierté qu'il y a à être un homme. *Les hommes sont merveilleux,* affirmait-il, *mais il faut le leur dire quelquefois.*

M.M. : Comment Jacques Brel travaillait-il ? Sept cents chansons en quinze ans, ou presque. C'est énorme ! Etait-il ce qu'on appelle un « laborieux » ?

P.B. : Il a toujours pratiqué la chanson avec beaucoup d'exigence et de rigueur, composant sa musique, écrivant ses paroles et il n'a cessé d'avouer que c'était difficile : *Travailler une journée sur une chanson, je crois que cela équivaut comme fatigue nerveuse à huit jours de bureau... Les idées, c'est comme la crème glacée : ça glisse, ça fond, ça disparaît tout seul si on ne les saisit pas tout de suite. Il y avait quelque chose et brusquement il n'y a plus rien,* a-t-il expliqué car il avait le souci de « l'ouvrage bien fait » — en véritable artisan qu'il prétendait être — de l'image juste, pittoresque, parfois inattendue, du trait, de l'humour incisif, le goût de l'anecdote proche du réel, du petit tableau de genre, comportant d'ordinaire une signification répondant à un sentiment universel. Et, bien qu'il ait répété à plusieurs reprises que la chanson n'était pas de la poésie, refusé la qualité de « poète » qu'on lui attribuait, la plupart de ses textes peuvent être lus comme des poèmes, sans le support de la musique et ils tiennent remarquablement le coup. Oui, il a écrit près de sept cents chansons mais quelque deux cents seulement ont été éditées : il en jetait beaucoup. S'il avait un tableau dans la tête et si sa chanson correspondait à ce tableau, il était satisfait. Si elle ne correspondait pas à ce tableau, mais qu'elle était jolie, il la gardait. Si elle ne correspondait à rien, et qu'elle n'était même pas jolie, alors, qu'en faire d'autre que la détruire, disait-il lui-même. *Quand on n'a que l'amour,* il l'a écrite en écoutant parler de « l'économie distributive ». C'était pendant une conférence aux Annales, retransmise par France-Culture. Quand une idée, une expression lui tourne dans la tête, il la note dans un cahier et l'y laisse sommeiller jusqu'au jour où brusquement il se met à élaborer toute sa chanson en quelques heures. Une chanson, pour lui, c'était un mois de réflexion et de deux à huit heures d'écriture. *Au vrai, il arrive un moment où je n'en peux plus de ne pas l'avoir écrite,* disait-il.

Coller des mots qui se choquent

La Valse à mille temps par exemple, cette étrange rengaine qui s'enfle comme une crème montée, de la banale valse à trois temps à la valse à vingt ans puis à la valse à cent ans jusqu'à la grande démence de la valse à mille temps, Jacques Brel en a eu l'idée au Maroc entre deux représentations, alors qu'il allait de Rabat à Casablanca. Au volant de sa voiture, un rythme de valse tournait dans sa tête. Et ce rythme s'accélérait, à chaque fois que l'artiste, qui était en retard, appuyait sur le champignon. Parfois, il s'agit d'une astuce verbale, de l'exploitation d'un lieu commun : *On n'oublie rien.* D'autre fois, il trouve une mélodie à la guitare ou au piano : elle appelle des paroles. Mais le plus souvent il n'a ni texte ni musique. Il démarre sur du blanc. Ses chansons, il en a écrit parfois trente, quarante versions. Il aimait créer, imaginer, coller des mots qui se choquent et qui explosent. Il a très bien expliqué son processus de création. *Il me vient une idée ou un paysage intérieur. Par exemple : que ferai-je, que dirai-je au moment de mourir ? Comme je me sens plus paysan que citadin, je cherche une musique de la terre... Bourrée, sardane, etc. J'ai promené « Le Moribond » un an, ajoutant ou enlevant des personnages comme on fait pour les santons de la crèche. On compose une chanson pour trois mots, trois mots qui vous transpercent le cœur, un jour, on ne sait pourquoi. Pour ces trois mots, on écrit un poème. On cherche des phrases qui les amènent, les encerclent. Ce qu'il y a d'important ce sont ces trois mots : le reste c'est du remplissage. On fait un film pour une séquence, un livre pour un chapitre, l'histoire du grand-père, du héros, on s'en fout complètement, mais elle doit être là parce qu'elle amène ce chapitre qui vous hante depuis des années. Si un photographe travaille pendant une heure sur un portrait, il y a trois secondes de bonnes. Sa technique ne lui sert à rien, s'il ne les a pas senties, s'il n'a pas appuyé pendant ces trois secondes où, en face de lui, le modèle cesse d'être un masque pour devenir un visage.*

Les Toros sont nés des souvenirs d'une corrida à laquelle Jacques Brel avait assisté aux arènes de Nîmes. Mais dans *les Toros,* chanson d'atmosphère s'il en fut, le fameux dernier vers, « la chute » comme on dit en termes de métier, nous ramène à une pensée plus noble, aux champs de bataille de Carthage, Waterloo et Verdun. Les mots d'une de ses chansons d'aujourd'hui correspondent à un vitrail d'autrefois, à une porte qui s'ouvre. *Mais peut-être que les souvenirs déforment l'optique,* admettait-il : *mes décors sont moitié vus, moitié imaginés. Mon « Amsterdam » correspond au quartier de la ville où se tiennent plus volontiers les putains, mais j'ai « chargé » comme un cochon...* Il s'agissait, ici, d'une chanson « géographiquement » proche du « Plat Pays » et, comme elle, purement descriptive. Sans chercher à rien prouver, l'auteur se livre à l'ambiance des bistrots du port, à la grosse joie cosmique de ces matelots qui

Se mouchent dans les étoiles
Et ils pissent comme je pleure
Sur les femmes infidèles

IDÉES ET PERSONNAGES

M.M. : Mais en général, chaque chanson de Brel est plutôt la description d'un personnage dans une situation donnée. Pensez-vous qu'il habille les idées avec des personnages ?

P.B. : Absolument, Brel s'attaque aux gens et au monde. S'il grossit, caricature, s'attendrit, injurie en un *crescendo,* ce n'est jamais gratuit. *Je suis un chansonnier,* insiste-t-il. *Mais je ne m'en prends pas à une personne précise... Il ne s'agit pas d'une femme mais d'un type de femme, d'un homme mais de dix hommes à la fois. J'attaque ceux qui gênent le bonheur... Je suis obsédé par les choses laides ou vilaines dont personne ne veut parler comme les dates de défaites que l'on n'apprend pas aux enfants.* Le décor se place, et *La Fanette, Jacky, Les Bourgeoises, Les Flamandes, l'Ami Jojo, Grand Jacques,* et *Jef* arrivent, et vous parlent, d'un travers, d'une peine, d'une bêtise, d'une hypocrisie. Et si quelques-uns n'ignorent pas à Bruxelles que la scène que raconte *Jef* eut bien réellement lieu sur un trottoir de la ville, devant la caserne du Petit-Château, que le héros en est un vieil ami de Jacques Brel, toujours vivant, l'auteur lui a prêté suffisamment d'autres traits — et peut-être des siens propres — pour qu'il demeure anonyme en dehors des rares initiés.

« ...où se tiennent plus volontiers les putains. »

L'aventure, c'est le contraire d'une existence mécanisée. C'est la vieillesse qui apprend si la vie a été comme « la fleur est en pot et l'oiseau en cage... »

M.M. : Malgré toutes les bassesses de notre pauvre monde ou justement à cause d'elles, Brel était-il amoureux de l'humanité ?

P.B. : Orgueilleux, bien que dépourvu de tout ce qui ressemble à de la vanité (son affectation – la seule – étant dans le secret dont il protégeait jalousement sa vie privée, en ce domaine, sa pudeur était devenue proverbiale), se voulant et se pensant un homme de série, un « artisan » comme il disait, je me demande si ce qui contribuerait à le caractériser avec le plus d'efficacité, ce ne serait pas son « sens profond de l'humain ». *Brel,* a très justement remarqué Georges Coulonges, dans « *la Chanson en son temps* », *ne se mêle pas aux hommes ; tout naturellement il est parmi eux. Quand il fustige les bourgeois, il se sait susceptible de devenir l'un des leurs. Quand il parle du cœur il ne veut pas être Casanova, dans lequel tant d'hommes croient se reconnaître. Il supplie : ne me quitte pas. Quand il parle de l'amour trompé, il ne cherche pas selon l'inusable procédé, à mettre les rieurs de son côté, il est le cocu et les rieurs soudain restent bouleversés d'angoisse devant « Le Moribond ».* Comment, dès lors, s'étonner que les tenants des idéologies qui proposent aux hommes une montée vers la fraternité aient prétendu s'annexer ce poète, si lucide avec soi-même et qui, justement, chante – d'une façon remarquable – l'amour et la fraternité.

Un bon catholique ?

M.M. : Qu'entendez-vous par là ?

P.B. : Pour bon nombre de catholiques, Brel a longtemps été l'un des leurs — ne racontait-il pas, alors, l'histoire du Christ-Jésus avec au refrain : *Dites, si c'était vrai ?* – « l'abbé Brel », comme on l'avait surnommé, une sorte d'émule du père Duval. Ce qui, à l'époque, faisait rire Brel, mais un peu jaune, car il ne pouvait pas souffrir le père Duval. *Duval n'est jamais qu'un cow-boy qui s'est fait curé et chante des âneries absolument aberrantes pour le public et l'ensemble du clergé. Si Dieu existe, il ne doit pas être heureux, je vous le jure...* Tandis que, dans le même temps, pour beaucoup de marxistes, il était, il ne pouvait être que communiste. N'avait-il pas donné son concours à la fête de l'*Humanité* et au Congrès mondial de la jeunesse à Helsinki ? *C'est oublier,* confiait-il à Jean Clouzet *que je ne participe à ce genre de réunions ou de galas, qu'ils soient de nature politique ou religieuse, que lorsque je crois y découvrir quelque chose qui ressemble à la générosité,* et il ajoutait : *la générosité, pas la charité. Je déteste la charité. Je passe mon temps à la faire, simplement parce que je suis trop faible pour imposer la justice.* Depuis il y a eu l'admirable *Jaurès* de son dernier disque, *Jaurès* que Georges Marchais avait choisi sur R.T.L. lorsqu'il a été le rédacteur en chef du *Journal inattendu* et dont, à la mort du poète, l'*Humanité* a publié le texte.

M.M. : Brel ne voulait surtout pas être un « chanteur à messages » m'avez-vous dit. Alors que représentait pour lui une chanson ?

P.B. : Il en a donné une célèbre définition. La chanson, disait-il, *c'est un ballon qu'on lance ! Entre le moment où l'on y pense et le moment où on le balance au public, il passe comme une sorte de courant continu. Après ? C'est le trou. Le noir. Ce que devient votre ballon dans la stratosphère des strapontins ? Difficile à dire. Ainsi, en quinze ans de bastringue, seules trois ou quatre de mes chansons ont, me semble-t-il, gardé leur allure originelle. Parmi les trois ou quatre « le Moribond », intact à l'arrivée comme au départ.*
Souvenez vous :
Adieu l'Emile, je t'aimais bien
Adieu l'Emile je t'aimais bien tu sais

M.M. : L'aimer, c'est attraper ses ballons ?

P.B. : Oui ; plutôt que de lui tresser des couronnes qu'il n'aimait pas ou d'entasser des chrysanthèmes sur la tombe, posons un de ses disques sur le plateau de l'électrophone. A travers ces couplets, alors que nous les connaissons par cœur pour les avoir écoutés et réécoutés, pour en avoir lu le texte, joué la musique, pour les avoir prêtés, vantés... au hasard nous le retrouverons, par delà notre peine irrésistible, avec sa belle voix généreuse qui nuance si bien ce qu'il exprime et ses grands coups de gueule, lui, fidèle, piaffant, tendre, vindicatif, déchirant, fraternel, ironique, fascinant, unique, bouleversant toujours, et combien étrangement présent du fond de son absence même.

M.M. : A qui appartenait-il en réalité ?

P.B. : A personne ! En réalité, résolument athée : *Je ne crois pas en Dieu et je n'y croirai jamais,* tout en n'ayant *ni envie, ni haine pour les croyants,* Brel, trop jaloux de son indépendance, trop ferme dans sa foi en l'autonomie des êtres, en la liberté de chacun, pour accepter la discipline d'un engagement politique précis, était par sa générosité, son amour de la liberté, authentiquement un homme de gauche. *On naît homme de gauche, on ne le devient pas* aimait à remarquer Jean Rostand. De même que de naissance, on est brun ou blond. Mais un homme de gauche, auquel il aurait apparu, je pense, aussi pénible de lever le poing ou de crier avec tout le monde que d'engager tout le monde à le faire avec lui...

L'AVENTURIER

M.M. : L'idéal brélien, c'est l'élan vers le haut. Etait-il inséparable du besoin d'espace, ou comme l'ont écrit B. Hongre et P. Lidsky, de l'extansion « d'un moi » qui veut s'approprier le monde ?

P.B. : Vous pensez au *Nous aurons dans nos mains, amis le monde entier,* de *Quand on n'a que l'amour,* et au même espoir que l'on retrouve dans la *Fanette : Et tenant l'autre et l'une, moi je tenais le monde. La conquête du monde,* s'accompagne évidemment de départ. A vingt ans, abandonner l'assurance du confort, cesser d'être celui *dont on devine que le papa a eu de la chance* pour devenir une sorte d'*heimatlos* sans feu ni lieu, lui a semblé moins fou que de dicter à longueur de journée ouvrable, du courrier au siège d'une société à vocation multinationale. Lui Jacques, ce qu'il voulait, c'était être heureux. Mais le bonheur qu'est-ce donc ? Il ne savait pas au juste. Pas la richesse en tout cas. Ni la respectabilité bourgeoise. Il a toujours méprisé d'instinct — un mépris à la Flaubert — cette classe qui possède et s'estime de posséder. *Etre heureux, c'est peut-être ne plus sentir le poids d'aucune chaîne ;* c'est rêver, c'est faire ce que l'on veut quand on le veut, c'est aimer pour qu'on vous aime. Le bonheur, c'est l'immédiat, l'accessible, plus encore que les promesses de l'avenir. Pour beaucoup, le bonheur, c'est ce qui arrivera demain. A-t-on le temps d'attendre ! Un quart de siècle plus tard, en ayant acquis les moyens, il a renoncé en plein succès, en pleine gloire et, quand les contrats signés auraient pu assurer sa vie pour les trois années à venir — fait unique dans les annales du monde des artistes — à son titre et à ses cachets de vedette. Larguant les amarres de l'Occident, il s'est abandonné aux alizés, navigateur anonyme, afin d'entreprendre, par petites étapes successives, le tour de la vaste terre. Car il aimait la mer : « homme libre, toujours tu chériras la mer », il l'aimait par-dessus tout, en digne fils de ce plat pays qui est le sien.

Rappelons-nous :

Avec la Mer du Nord pour dernier terrain vague

Et des vagues de dunes pour arrêter les vagues...

M.M. : Puisque nous parlons de son attirance pour les espaces libres, avez-vous une explication à son départ anticipé ? Des explications autres que celles que nous connaissons ?

P.B. : Il les a toutes données lui-même, encore une fois : *J'arrête le tour de chant. Pourquoi ? Parce que j'ai besoin de solitude et de liberté. J'ai envie de faire tout ce qui m'était interdit jusqu'à maintenant. Je veux partir en bateau et lire, lire. Et puis je veux vivre. Et comment vit-on mieux, comment se prouve-t-on que l'on vit sinon en changeant de vêtements, de bagages, de peau ? Comment vit-on sinon en étant d'accord avec soi-même ?* Cette retraite anticipée, ce besoin farouche de solitude, Jacques se les est-il imposés à cause du mal qui déjà le rongeait ? C'est possible ! Par pudeur, par discrétion et par dignité parce qu'il ne voulait pas laisser à ses amis et au public immense qui était le sien, l'image pitoyable de son déclin, des ravages en lui de la maladie inexorable dont il se savait définitivement atteint. C'est probable ! Pourtant, qu'on ne s'y trompe pas, il y a dans une telle volonté d'évasion un côté Rimbaud. Comme l'adolescent de Charleville, Jacques Brel estime que *sa journée est faite* et s'il rompt avec le passé c'est déjà — malgré l'intermède du cinéma qui suivra — dans l'espoir que *l'air marin brûlera ses poumons* et que *les climats perdus tanneront sa peau.*

M.M. : Qu'espère-t-il réellement, à votre idée ?

P.B. : Rappelez-vous sa chanson *Les Singes.* « Une vie où la fleur est en pot et l'oiseau est en cage et nous un numéro... » Il espère ainsi échapper, non seulement au caractère conventionnel des rapports sociaux, au diktat de la profession, à l'indiscrétion parfois blessante des reporters mais, d'une façon générale, à ce tourbillon d'une existence mécanisée, deshumanisée qui lui donne la nausée, pris dans le même bruit, le même mouvement, la même inconscience, entassés les uns sur les autres, pressés les uns par les autres et incapables de distinguer nettement si l'on pousse ou si l'on est poussé — si l'on pense ou si l'on est pensé.

« On est des dentifrices »

M.M. : Son métier, la chanson, ne suffisait-ils plus à compenser ?

P.B. : Ecoutez ! Encore une fois il suffit de se remémorer ses propres mots. Il est très précis. Notamment sur son propre métier. Il a déclaré à un journaliste : *On prétend que c'est à cause des guerres que les gens ne s'intéressent plus à rien. Je ne crois pas. Ils sont conditionnés. Voilà tout, fabriqués. Empaquetés. Il n'y a plus aucune poésie. La pensée s'est évanouie. Nous sommes en plein matérialisme. Regarde maintenant, comme on usine les chanteurs. Les ingénieurs du son peuvent corriger à l'enregistrement une voix qui détonne. Ils tournent un bouton dans leur cabine et on monte ou on descend d'un demi-ton. Quelquefois même, on découpe la bande — pas en largeur, comme autrefois, pour faire des raccords, mais en longueur, pour séparer les graves des aiguës. Comme ça si ta voix est mauvaise dans les basses par exemple, tu peux corriger. Tiens, je vais te dire, même sur scène il y a des types qui font semblant de chanter. C'est l'enregistrement qui passe : je te dis, on est fabriqué... on est des dentifrices !*

M.M. : D'après vous, a-t-on maltraité Brel, l'a-t-on un peu chassé en quelque sorte ?

P.B. : *Ce métier est devenu un métier de « gonzesse »* a-t-il un jour déclaré. *La plupart du temps, on ne vous connaît pas en tant que chanteur, on vous connaît parce qu'on vous a photographié dans les situations les plus invraisemblables ou parce que vous allez épouser une telle.* Brigitte Bardot (qui n'a pas toujours parlé ainsi !) n'avait-elle pas elle-même crié : « Pouce ! » et supplié qu'on la laissât en paix. Et certes, à lire avec quelle impudeur assez ignoble, sont traités, sous de gros titres, à la une de certains journaux, les amours ou prétendues telles, les chagrins intimes, les maladies, les opérations chirurgicales ou les déboires conjugaux et extra-conjugaux des personnages dits « publics », on comprend que la tentation doit être irrésistible, quand on n'a aucune disposition à l'exhibitionnisme, de se déficeler de toutes les contraintes pour se réfugier, quel que soit le prix dont on doive le payer, dans une vie privée qui ne mordra plus sur la vie sociale. Vivre incognito ! Vivre inconnu !

M.M. : Il n'avait pour ainsi dire pas le choix, si je comprends bien ?

La solitude n'est pas l'absence.
C'est un état intérieur.

P.B. : Un seul. L'occasion en somme, lui étant offerte de choisir entre l'univers de Kafka et celui de Jules Verne, il a choisi l'univers de Jules Verne. Et comme on le comprend !

SOLITUDES

M.M. : Mais malgré tout, la solitude restait-elle la seule possibilité ?

P.B. : En 1964, il n'avait pas manqué de faire remarquer la différence qu'il établissait entre la solitude et l'absence. *De toute manière, la solitude est un état intérieur différent des phénomènes d'absence ou de présence* disait-il... *On est tout seul. Les femmes l'ignorent en général à cause de leur rôle beaucoup plus physique, parce qu'elles pondent un œuf et que, de ce fait elles éprouvent moins le sentiment de solitude. L'homme est un animal parfaitement seul, c'est certain ! Qu'il vive tous les jours avec sa femme et ses enfants ou qu'il vive seul sur une île déserte, l'état de solitude morale de l'homme reste le même.* Cette solitude qu'il a exprimée dans une chanson, à elle consacrée, minutieusement construite et qui, nous menant de solitude en solitude, nous rappelle qu'à deux, dix, mille ou un million, de toute façon *lorsque l'on voit venir en riant la charogne, on se retrouve seul.* Rentrant moi-même vers la même époque d'un voyage en Tunisie et comme je lui laissais entendre que je me voyais très bien vivant là-bas jusqu'à la fin de mes jours, il m'avait répondu : *Si je comprends ça ! J'aime l'Afrique du Nord, ses couleurs, son ciel, j'aime le mode de vie des Arabes. Ils disent qu'« un homme pressé est un homme mort ». Rien de plus vrai. On peut aller vite mais intérieurement.* J'ai toujours en mémoire une chanson qu'il chantait naguère et qui commençait par *Quand je serai vieux.* Et il disait :

J'habiterai une quelconque Belgique
Qui m'insultera tout autant que maintenant
Je serai fui comme un vieil hôpital
Par tous les ventres de haute société...
Toutes mes morues m'auront laissé tomber.

UN PROVINCIAL

M.M. : Je voudrais revenir encore sur « l'homme ». Brel était-il un « provincial type » comme je l'ai maintes fois entendu ?

P.B. : Un provincial, non. Un homme de la province, oui. C'est-à-dire une retenue, une pudeur, un sens des valeurs et des choses que l'on dit ou non, que l'on fait, ou l'on ne fait pas. Déjà, à l'époque où il appartenait encore au petit peloton de ceux pour lesquels c'est presque une obligation de manquer d'humilité, Jacques Brel montrait beaucoup de répugnance à s'acquitter des « devoirs » de sa charge. Jamais on ne l'apercevait dans les cocktails mondains, rarement aux grandes premières, et, détestant les « palabres » comme il disait, s'il acceptait de se prêter au jeu de l'interview, c'était bien davantage par gentillesse de nature que par goût de la publicité. Obtenir, alors, qu'il parle de lui, quelle entreprise !

On aurait dit que les mots lui répugnaient, les mots qui n'arrivent jamais à exprimer ce que l'on ressent vraiment. *Si je vous dis j'aime le ciel bleu, cela ne traduira pas la nuance de bleu que j'ai dans la tête. Vous interpréterez en pensant à votre bleu à vous.* Il y a des chanteurs dont on parle et d'autres que l'on écoute. Jacques Brel a toujours fait partie de cette dernière catégorie. Son existence intime était d'une platitude désespérante pour les amateurs de pittoresque et de scandale. Pas de *Club Jacques Brel.* Pas de légende alimentée par *les Potins de la commère.* Exclu le lot habituel d'anecdotes croustillantes. Aucune rumeur badaude. On ne l'a jamais entendu donner son avis sur les élections, sur la pilule, les hommes politiques, la mini-jupe, ou les crises monétaires. *Je ne sors pas,* disait-il gentiment. *Je ne m'engueule avec personne. Les seules distractions de ma vie privée, ce sont mes rages de dents.* Pudique et discret à l'extrême, il s'est constamment débrouillé pour ne pas être épinglé par une certaine presse dans la série des suicides antidatés ou des divorces à rebondissements, voyant rouge chaque fois que l'on parlait de lui à tort et à travers. Comme me le faisait remarquer, un jour, un de ses amis : *Visiblement il charrie, il ne vit pas avec sa femme, s'occupe de ses enfants, les élève, à ce qu'on dit, très sévèrement, et n'est même pas homosexuel.* Il est probablement le seul artiste qui n'ait jamais déclaré d'un air extasié, lorsqu'on venait l'interviewer, qu'*il adorait Paris, cette ville merveilleuse, cette ville qui, cette ville que...* Il s'y est, au contraire, toujours senti un peu mal à l'aise. Comme devant les trop grandes salles. Il n'était entièrement heureux et détendu qu'en tournée dans les bastringues de sous-préfectures. En province donc. Il aimait à y rencontrer ces gens très ordinaires dont il se pensait proche, avec lesquels son plaisir était de rire, de bavarder en vidant de grands pots de bière et dont il nous a laissé, dans ses chansons, une galerie de portraits. Ils ne font pas penser à Saint-Simon, évidemment, mais plutôt à Henry Monnier, avec parfois le trait féroce de Daumier.

L'AMOUR

M.M. : Brel a chanté ses amours. Déceptions, trahisons, dérisions en sont les leitmotive. Rend-il les femmes « responsables de tout », dans le sens le plus large ? En un mot, était-il misogyne ?

P.B. : *Une lutte éternelle en tout temps en tout lieu*
Se livre sur la terre, en présence de Dieu
Entre la bonté d'homme et la ruse de femme a écrit Alfred de Vigny.

Il existe, dans la chanson française, où, pourtant, *amour* rime si souvent avec *toujours, je t'aime* avec *quand même,* une solide tradition de misogynie. Tradition qu'on pourrait pister à travers les siècles jusqu'au Moyen Age, où, à côté des chansons dites « courtoises » (chansons de cour), certains refrains populaires, s'apparentant aux fabliaux, sont parfois dépourvus de la plus élémentaire galanterie.

L'amour : une lutte entre
la bonté d'homme et la ruse de femme.

Et qui ne se souvient que la bête noire de Jean de Meung, l'auteur du second *Roman de la Rose* (fin du XIIIe siècle), ce sont les femmes. Qu'elles soient nobles, bourgeoises ou vilaines, il les met toutes dans le même sac :

Toutes êtes, serez ou fûtes
De fait ou de volonté, putes...

Nos chansonniers contemporains ne se font pas faute, eux non plus, de régler vertement son compte à ce « compagnon dont le cœur n'est pas sûr ».

Et toi dans ta p'tite tête de femme
T'as pas compris qu'j'étais foutu,
Alors j'ai bu... chante Georges Ulmer, tandis que Brassens trace ce portrait de celle qu'il a aimée :

Elle n'avait pas de tête, elle n'avait pas
L'esprit beaucoup plus grand qu'un dé à coudre

Mais pour l'amour on ne demande pas
Aux filles d'avoir inventé la poudre

Même Aznavour, le tendre Aznavour, favori des âmes sentimentales, apostrophe, certains soirs, sa compagne :

J'en ai assez faut bien que j'te l'dise
Tu m'exaspères et m'tyrannises
Je subis ton sal'caractère
Sans oser dire que t'exagères
Oui, t'exagères tu l'sais maintenant
Parfois je voudrais t'étrangler !

Et Léo Ferré, ô combien méprisant et féroce, dans *Ton style* par exemple : *Ton style c'est ton c...* !

Ô ravissante gourde ! murmure Nougaro à l'adresse d'une de ses conquêtes et Gainsbourg interpellant un jeune dragueur :

Quand t'auras douze balles dans la peau
Deux duchesses et dix dactylos
Qu'est-ce que tu auras de plus sinon
Un peu de plomb dans l'aile
Et rien dans la cervelle !

Ailleurs, il ne craint même pas de dénuder sans pudeur l'intimité du couple :

Quand par hasard dans mon lit je te rencontre
On ne peut dire que tu sois pour, ni que tu sois contre.

Le refus d'aimer

M.M. : Brel s'inscrivait donc dans une tradition, mais c'est à lui qu'on fait le plus grief de tirer à boulets rouges sur les femmes. A votre avis, était-il plus sincère que les autres ?

P.B. : Du temps qu'il se produisait encore sur scène, dans son tour de chant, certains de ses amis avaient même soin de vous conseiller, si on manifestait l'intention de le rejoindre dans sa loge pour l'interviewer, de ne pas être accompagné d'une « somptueuse blonde ».

M.M. : Que leur reproche-t-il plus précisément ?

P.B. : Il faut reconnaître que Brel, dans beaucoup de ses chansons, dresse un réquisitoire impitoyable. L'inconstance des femmes, leur infidélité ou simplement leur refus d'aimer, qui est déjà, à ses yeux, une trahison ; leur égoïsme, une sensualité débridée...
...

Ça vous donne son corps
Ça se donne si fort
Que ça donne des remords...

écrit-il dans *Les Filles et les chiens*. Il leur reproche leur vénalité qui explique pourquoi elles se prêtent volontiers mais ne se donnent que rarement, leur perfidie avec un air d'innocence, et tous les moyens dont elles se servent pour séduire et cacher leur double jeu. Il leur reproche encore leur incohérence, leur méchanceté, consciente ou non, les armes qu'elles ne craignent pas d'employer quand la guerre est déclarée, autant de traits du caractère de l'Ève éternelle dont il se plaît à donner des exemples concrets.

Les Biches, leurs cils en accroche-faon
Qui passent toute vertu dehors
Alors que c'est de tout leur cœur
Alors que c'est de tout leur corps
Qu'elles trichent...

Elles sont notre « pire ennemi » les filles qui *jouent à aimer*, dont *le don dépend des sous*, les filles dont l'art consiste à faire *semblant de donner :*

M.M. : Les considérait-il comme irresponsables des malheurs qu'elles provoquent ?

P.B. : Ça serait sans compter la médiocrité possessive de celles qui emprisonnent l'homme dans un ennui sans histoire, car une femme ne veut pas seulement qu'on lui donne sa vie, elle exige qu'on la lui consacre :

Tu m'auras gaspillé
A te vouloir bâtir
Un bonheur éternel
Ennuyeux à périr
...
Et mille jours pour une nuit
Voilà ce que tu m'as donné
Tu as peint notre amour en gris
Terminé notre éternité

Des vampires voilà ce qu'elles sont. Des vampires extrêmement séduisants mais des vampires (!) Sans compter *Mathilde* qui est revenue. Une sacrée garce Mathilde ! Et *Madeleine* qu'il attend en vain. Une autre garce ! Toutes d'ailleurs tellement instables.

« Le mariage est frustrant »

M.M. : Donc, pour Brel, l'amour ne peut être qu'une escale qui vous détruit si on s'y attarde ?

P.B. : Comme l'a affirmé Brel à Jean Clouzet : *Les femmes ne peuvent pas apporter à un homme l'équilibre, tout simplement parce qu'elles prennent toujours plus qu'elles ne donnent.* Et un autre jour : *J'aime les femmes parce qu'elles sont des femmes. Je les hais parce qu'elles jouent. Elles jouent à l'amour, elles jouent au travail, elles ne font que jouer.* Et il ne se montre guère plus tendre dans son dernier disque avec *Les Remparts de Varsovie :*

Madame promène son cul sur les remparts de Varsovie
Madame promène son cœur sur les ringards de sa folie...

M.M. : Allait-il dans ce sens lorsqu'il disait que toutes les femmes ont besoin de paille pour pondre un œuf, que l'homme est obligé d'aller la chercher, et cela au détriment du rêve ?

P.B. : Pour Brel, l'homme dans le mariage est celui qui éprouve, avec le plus d'intensité, un sentiment de frustration car il ne peut s'empêcher de penser qu'il se passe des choses ailleurs auxquelles il est dans l'impossibilité de participer, que la femme se dresse comme un obstacle à son plein épanouissement, qu'elle a été « le piège » que lui a tendu l'amour.

LES FEMMES

M.M. : Donc, il aimait trop l'amour pour aimer les femmes. A votre avis, les femmes, étaient-elles pour Brel continuellement en retrait de l'amour ?

P.B. : Drame du fossé qui sépare les sexes malgré leur attirance. Problème de complémentarité ou, si l'on veut, de réciprocité dont la solution est seule capable de créer un climat de bonheur et d'épanouissement humain et qui, pour tant de couples condamnés à « deux solitudes », demeure insoluble. Le silence de certains vieux ménages en dit long. *Si tu veux pas que ta femme t'emmerde* chantait-on dans les caf'conc' du début du siècle, *te marie pas, te marie pas !...* Les célibataires ne connaissent pas leur bonheur. *Un célibataire, ça représente l'avenir total* dit Brel. *C'est le futur avec un grand F.*

M.M. : Ses chansons d'amour sont désespérantes ou féroces... Pourtant, dans son dernier disque Orly, *ce roman d'un adieu, la femme n'est pas accusée de tous les maux de la rupture.*

P.B. : C'est vrai, de temps en temps Brel a « dérapé » si l'on ose dire et l'on a *Orly* et même avant, des chansons comme *Le prochain amour.*

On a beau faire, on a beau dire,
Qu'un homme averti en vaut deux ;
On a beau faire, on a beau dire,
Ça fait du bien d'être amoureux.

Tandis que dans *Heureux* où l'on reconnaît comme un écho lointain des béatitudes —

souvenir sans doute d'une éducation chrétienne — il proclame :

Heureux qui sanglote de joie
Pour s'être enfin donné d'amour
Ou pour un baiser que l'on boit...
Heureux les amants épargnés
Et dont la force de vingt ans
Ne sert à rien qu'à bien s'aimer.

M.M. : Un homme qui a écrit cela et qui, en général, parle des femmes avec tellement de violence, n'est-ce pas, pour reprendre la formule de Brassens, qu'il leur appartient complètement ? Ne haïssait-il pas sa propre faiblesse plus qu'un sentiment faible ?

P.B. : Jacques Brel, comme tout homme normalement constitué et qui aime les femmes, a parfois des crises de mauvaise humeur, de la « grogne », contre sa partenaire et cela d'autant plus souvent et d'autant plus intensément qu'il se sent plus faible et plus vulnérable. Souvenez-vous de : *Litanie pour un retour :*

Mon aube, mon cri, ma vie, ma foi,
Mon cœur, ma mie, mon âme,
Mon ciel, mon feu, ma flamme,
Mon corps, ma chair, mon bien,
Voilà que tu reviens !

L'amour qui met « dans nos mains le monde entier », Brel en fait le but unique et suffisant de l'existence, celui qui comble toutes nos aspirations et nous permet de triompher de tous les obstacles *« Quand on n'a que l'amour »* en est l'illustration. Aux amants dont le sentiment est partagé, rien d'impossible.

Vers un mépris des femmes

M.M. : Et les autres ?

P.B. : On comprend le risque d'une telle attitude : « L'amant n'existe plus que par sa bien-aimée ont écrit messieurs Bruno Hongre et Paul Lidsky, il est livré aux caprices de son amour. Aimé, il règne ; mal aimé, il se fait esclave et mendie une tendresse dérisoire — *Laisse-moi devenir... L'ombre de ton chien.* — D'où la série des personnages bréliens qui, pour trop courir après l'amour, ne tardent pas à ramper aux pieds de la femme. Tout miser sur l'amour, c'est risquer dans le même mouvement la conquête et la défaite qui souvent se suivent ».

M.M. : L'expérience des femmes apprend aux héros bréliens qu'on ne peut aimer sans tomber ?

P.B. : Brel a même dit : *On ne peut exister sans faillite.*

M.M. : Comment réagissaient les femmes à cette haine quasi viscérale qu'il éprouvait pour elles, ou du moins pour certaines catégories d'entre elles ?

P.B. : Jean Clouzet qui lui a consacré une étude attentive dans la collection « Poésie et Chansons » chez P. Seghers s'est posé la question. « En effet, il est étrange que les femmes aiment écouter les chansons « d'amour » de Jacques Brel. Il doit entrer dans leur plaisir une bonne part de masochisme, écrit-il. A moins qu'elles n'oublient vite des œuvres comme *Les Filles et les chiens, Les Biches* où Brel parle d'elles en tout bien, toute horreur, pour ne retenir que celles plus nombreuses, où elles peuvent contempler à loisir un homme affaibli, humilié, vaincu. »

M.M. : Comment Brel s'est-il forgé ce mépris des femmes ? Cette idée que l'amour ne peut exister sans faillite ?

P.B. : Il faut prendre garde d'oublier combien la connaissance première que Brel nous communique de la femme est idéaliste.

J'aimais les fées et les princesses
Qu'on me disait n'existaient pas.

La fille qui *danse à midi,* sur la place, ne symbolise-t-elle pas, à ses yeux, *une flamme, le bon Dieu, l'amour, la charité, le jour, la bonté ?* Et quand il nous décrit la femme pour lui idéale, *la fille que j'aimerai* comment la voit-il ? Elle *aura le cœur si sage qu'au creux de son visage mon cœur s'arrêtera.* Elle *vieillira sans tristesse entre mon feu de bois et ma grande tendresse.* Elle *aura des soirs de veille où elle me parlera des enfants qui sommeillent.* Il rêve, comme beaucoup de très jeunes gens, d'une vie à deux qui lui apporterait la paix, la tendresse et le bonheur, d'amours presque platoniques *des amours en robe blanche que nous jalousent les anges.* Nostalgie inconsciente de l'amour maternel ? Mystérieux refoulements enfantins ? Peut-être. Dans une pareille disposition d'esprit, comment imaginer qu'il n'ait pas été déçu ?

M.M. : C'est la banale histoire d'amour de tant d'adolescents romantiques. C'est l'histoire des désillusions. Pourquoi Brel condamne-t-il toutes les femmes ?

Un certain type de femme

P.B. : Il ne condamne et ne rejette pas toutes les femmes. Au cours d'une rencontre qu'il a eue en 1965 avec de jeunes canadiens, Jacques Brel s'est longuement expliqué là-dessus. Dans un livre publié aux Éditions France-Québec, Jean-Yves Richard écrira qu'il croit pouvoir affirmer que Brel n'est pas misogyne. *Il aime les vraies femmes, celles qui savent être une présence libératrice de féminité et de tendresse. Il a même déjà chanté dans ce sens « mon cœur sait des navires ennemis partant ensemble pour pêcher la tendresse ». En fait ce que Brel déteste c'est un certain type de femme, celle qu'il appelle : La femme bourgeoise. Ce sont des femmes qui prennent plus qu'elles ne donnent, celles qui écrasent l'homme par leurs exigences et leurs caprices.*
« ... Celles-là nous obligent à leur fournir tout ce que nous possédons ». *C'est celle qui renie sa féminité une fois mariée, celle qui ne réalise pas que la conquête de son mari est une œuvre de tous les jours. Et il arrive ce qui doit arriver.* « Tu m'auras perdu rien qu'en me voulant trop. » La bourgeoise, un certain type de femme, pas une catégorie sociale, croit que tout lui est dû parce qu'elle a mis au monde deux ou trois gosses. Elle « s'installe » *parce que mariée, elle exige tout et cesse de donner. La bourgeoise que Brel déteste, c'est cette mante humaine*

« L'amitié au-dessus de tous les autres sentiments. »

qui croit obtenir avec l'amour le droit de « dévorer » progressivement son mari ! De son côté, Marcel Carné, lors du tournage de son film *Les assassins de l'ordre* dont Jacques Brel était le principal interprète, avait de longues conversations détendues avec lui. Il raconte que leurs *bavardages interminables avaient trait au cinéma bien sûr, mais aussi à une multitude de choses* et qu'il avait *remarqué que bien souvent, il orientait la conversation de telle sorte qu'on en arrivait infailliblement à parler des femmes. Il les haïssait d'une manière presque viscérale. A un point tel que je crois n'avoir jamais entendu un homme dire autant de mal d'elles* disait Carné. *Non pas à la manière méprisante et gratuite de certains homosexuels — pas tous — mais avec quelque chose de douloureux dans la voix et comme une blessure secrète au cœur. Je pensais qu'une femme qu'il aimait avait dû terriblement le faire souffrir, peut-être même se jouer de lui, et que la plaie ne s'était jamais cicatrisée.*

M.M. : Je pourrais remarquer comme Carné et d'autres, qu'un homme qui accepte d'être « l'ombre de l'ombre », « l'ombre du chien » d'une femme, n'a pas trouvé de tels accents pour implorer, dans la quiétude et la sérénité !

P.B. : Comme je faisais à peu près la même remarque à l'abbé Deschamp qui connaît bien Brel, qui a été son professeur à l'institut Saint-Louis, son initiateur aux joies de la lecture et qui, le premier, l'a fait monter sur les planches, il m'a répondu : « Sujet délicat. Dans le groupe d'acteurs du collège Saint-Louis fort occupés par leurs études et par les pièces que nous montions, "les filles" ne constituaient pas une obsession comme c'est malheureusement devenu aujourd'hui le cas. Le sujet n'était pas tabou. Il était inexistant. » Alors que Brel était déjà marié depuis quelque temps, un de ses anciens condisciples lui a, un jour, demandé non sans une certaine perfidie : *Mais enfin quand dans tes poésies, tes chansons, tu parles d'amour, à qui penses-tu ?* et Jacques de répondre : *A ma femme tiens.* Il avait, je pense, une très haute idée de la femme et de l'amour. Peut-être est-il trop exigeant, et la réalité le déçoit toujours un peu. Il semble ignorer le pardon, la miséricorde inhérente à un monde où l'on doit toujours tendre à mieux s'aimer.

AMITIÉ ET TENDRESSE

M.M. : Les chansons d'amour de Brel peuvent donc donner l'illusion, en certains points, qu'elles sont comme un passage, de l'inconscience à la lucidité, pour d'autres, de l'espoir au désespoir. En réalité, n'est-ce pas simplement que l'homme a du cœur ?

P.B. : Jacques Brel, d'ordinaire si avare de confidences, a cependant lui-même saisi souvent l'occasion de faire le point sur ce chapitre. Rappelons-nous ce qu'il déclarait : *On dit que je suis misogyne parce que je ne cavale pas. Alors que ce sont ceux qui ouvrent les portes aux dames et s'effacent devant elles pour mieux leur mettre la main aux fesses qui sont le plus misogynes... Moi, je ne méprise personne. Dans mes chansons, les gens sont comme je les vois avec ce que la vie m'a appris. Mais je les aime pour eux, pour ce qu'ils sont sans me faire d'illusions. Car lorsqu'on aime une femme en s'imaginant qu'elle est une locomotive, ça fait très mal lorsqu'on s'aperçoit qu'elle n'est qu'une femme et pas une locomotive.* Et quelques années plus tôt, en bavardant avec Olivier Todd : *L'amour est une expression de la passion. La tendresse c'est autre chose. La passion disparaît un jour ou l'autre alors que la tendresse est immuable... Je crois que ce que j'appelle amour dans mes chansons est, en réalité, de la tendresse.*

M.M. : Donc, la défaite de l'amour, la non croyance en l'amour, assure le triomphe de la Tendresse ?

P.B. : En quelque sorte. « Plaisir d'amour ne dure qu'un moment » chante le poète. Ce triomphe de la tendresse, il l'a particulièrement exprimé dans sa très belle chanson *Les Vieux :*

Ils se tiennent la main, ils ont peur de se perdre
Et se perdent pourtant
Et l'autre reste là, le meilleur ou le pire
Le doux ou le sévère
Cela n'importe pas celui des deux qui reste se retrouve en enfer

La tendresse dans l'œuvre de Brel représente un sommet ; c'est la trame même de nos jours tissés de menus riens, un mot clef qui englobe aussi bien l'amitié que l'amour.

Pour un peu de tendresse
Je changerais de visage
Je changerais d'ivresse
Je changerais de langage

La tendresse pure de toute sensualité et de tout élan d'érotisme, on l'éprouve aussi bien pour un chien, pour son cheval que pour un enfant, un copain, voire une femme et même, en coup de foudre, pour quelqu'un dont on vient de deviner brusquement la détresse et a qui spontanément, on accorde son amitié.

M.M. : Vous avez établi une sorte de clivage entre son amour et sa tendresse. Peut-on établir ce clivage entre sa tendresse et son amitié ? Il a tout de même dit : les gens que je « retrouve » ont un dénominateur commun, la tendresse. Un homme qui n'est pas tendre n'est pas un homme. Un homme qui ne pleure pas, me terrorise...

P.B. : C'est l'amitié que Brel a toujours mise au-dessus de tous les autres sentiments, même au-dessus de ceux que devraient faire naître les liens du sang : *Un ami, un bon copain, un vrai, c'est pour moi beaucoup plus important. C'est quelqu'un à qui l'on peut s'en remettre. On ne demande jamais rien à un ami étant donné qu'il devine, qu'il sent ce qu'on souhaiterait lui demander. Ce n'est pas comme une femme avec qui il faut être toujours sur son quant-à-soi, avec qui il ne faut pas être grossier...* Et une autre fois : *Je crois aux copains, comme les enfants. Je m'emmerde dans le monde des adultes.* L'amitié, la tendresse,

Brel, d'une générosité immense, les étend à tous ceux qui sont malheureux et qui souffrent et qu'il voudrait aider dans un grand élan de fraternité. Souvenez-vous : *Non Jef t'es pas tout seul.*

Croire malgré tout à l'amour

M.M. : Ne pensez-vous pas qu'il existait entre Brel et le « monde », un décalage, un simple malentendu linguistique. L'Amour, il y croyait, mais par-dessus les sexes ?

P.B. : N'avait-il pas un jour déclaré *vivre, pour moi, c'est aimer. Aimer, c'est répondre aux gens. Aimer, c'est répondre aux événements.*

M.M. : Mais quand on s'obstine à rechercher la « tendresse pure », c'est comme vouloir trouver « l'amour idéal ». C'est contourner le mensonge, la bêtise, la méchanceté, au risque d'être dans un état de méfiance continuelle. Y a-t-il échappé ?

P.B. : Voilà qui le fait rebondir en plein, non pas dans le catholicisme, mais dans cet esprit évangélique que beaucoup avaient décelé chez lui dès ses débuts, au point d'en faire une sorte de socialiste chrétien, proche de Péguy ou d'Emmanuel Mounier...

L'IDÉE DE DIEU

M.M. : On a vu en Brel tantôt un anticlérical forcené, tantôt un catholique engagé ; voire même une sorte d'illuminé. Qu'en est-il exactement ?

P.B. : Contrairement à Rimbaud, qui, dès l'époque où il suivait les cours du Cathéchisme, affirmait une impiété exemplaire, griffonnant au charbon « Mort à Dieu » sur les murs de Charleville à la face des dévots qui sortaient de la messe, Jacques Brel a eu, quant à lui, une enfance pieuse. Né dans une famille catholique, sinon dévote, et élevé par des prêtres, ayant même connu, assurent ses anciens professeurs, quelques moments d'adolescence mystique, militant dans un mouvement de jeunesse d'inspiration plus ou moins chrétienne, il a commencé, bien qu'il l'ait nié, sur une lancée un peu scoute. Souvenez-vous d'une de ses premières chansons, une de celles qu'il chantait déjà à la « Franche Cordée » : *Sur la place* (et qui d'ailleurs, est une chanson ravissante) le couplet décrit une fille qui danse *sur la place chauffée au soleil*, couplet plein de sensualité et presque d'érotisme. Mais vient le refrain :

Ainsi, certains jours, paraît
Une flamme à nos yeux
A l'église où j'allais
On l'appelait le bon Dieu
L'amoureux l'appelle l'amour
Le mendiant la charité
Le soleil l'appelle le jour
Et le brave homme la bonté

Et comment oublier le temps où, dans la petite salle des Trois-Baudets, il s'avançait, tout à coup, presque au milieu du public, pour demander, sur le ton de la confidence :

Dites si c'était vrai ?
S'il était né vraiment à Bethléem
Dans une étable ?

M.M. : Donc, à son arrivée à Paris, Brel était encore obsédé par l'idée de Dieu ?

P.B. : Je dois même dire que cela créait un certain malaise, car enfin, on ne va pas au cabaret pour subir un sermon ou écouter un prêche. C'est de ce passage aux Trois-Baudets et de cette chanson que date le surnom que certains donnèrent à son auteur — on assure que ce fut Brassens — « l'abbé Brel ». La France, en cet hiver 1954, sortait à peine du bourbier d'Indochine et bien que le conflit Franco-Algérien ne soit pas encore entré dans sa phase la plus critique, beaucoup de catholiques commençaient à se poser des questions concernant la liberté, les limites à apporter à l'autorité, l'emploi de certaines méthodes de combat. Un grand remue-ménage bouleversait l'Église qui devait aboutir au concile réuni par Jean XXIII. Un froid cruel s'était abattu sur le pays. L'abbé Pierre lançait son offensive de charité, sa grande croisade en faveur des sans-logis et l'on discutait avec passion à propos des prêtres-ouvriers, en qui étaient en train de renaître, disait-on, la lettre et l'esprit des Évangiles *Voici* chantait Brel

qu'en nos faubourgs délavés
des prêtres en litanies
sont devenus ouvriers
Voici
des mains usées de courage
qui caressent l'établi
d'où jaillit le bel ouvrage.

Chanter Dieu à sa manière

M.M. : Pour le jeune Brel de l'époque, aimer les hommes, c'était aimer Dieu, en somme ?

P.B. : Il chantait Dieu à la manière d'un chrétien de gauche révolté par l'injustice et l'hypocrisie. Il voulait la paix, l'amitié, l'amour entre le hommes. « Aimer les hommes, c'était aimer Dieu ».

Quand on n'a que l'amour
A s'offrir en partage
Au jour du grand voyage
Alors sans avoir rien
Que la force d'aimer
Nous aurons dans nos mains
Amis, le monde entier !

Bien avant le fameux « Faites l'amour, pas la guerre » c'était célébrer l'amour total qui exprime l'être universel et devancer le rêve hippy, « Love and Peace » d'une communauté idéale.

M.M. : Une sorte de prêtre-ouvrier du music-hall ?

P.B. : La veine de Brel paraissait tonifiante et saine. Il était de ceux qui se refusent à ne voir dans le monde que noirceur et laideur :

Il nous faut regarder
Ce qu'il y a de beau
Le ciel gris ou bleuté
Les filles au bord de l'eau

Au milieu du scepticisme général, il était le chantre des bons sentiments et, tout révolutionnaire qu'il se voulait, restait l'ennemi de la violence :

Chacun relit l'Evangile à sa façon.

On a détruit la Bastille
Et ça n'a jamais rien arrangé
On a détruit la Bastille
Quand il fallait nous aimer !

Il n'en fallait pas davantage pour qu'en cette période où les gens d'église se montraient très remuants : l'abbé Pierre, les prêtres-ouvriers le cataloguèrent « Chanteur Catholique de choc » aux côtés des bons pères de toutes bures : le père Duval, le père Cocagnac en France, le père Bernard de Brienne au Canada et Marie-Claire Pichaud.

Les voyageuses de bénitier

M.M. : Très vite, Jacques Brel va chanter des chansons beaucoup moins catholiques, sinon moins chrétiennes. Les fameuses Flamandes *qui font plaisir à leurs parents, mais aussi au bedeau et même à son Eminence l'Archiprêtre en menant une vie de tradition et de réputation, d'où sortent-elles ?*

P.B. : Brel, petit à petit, découvre le monde tel qu'il est. Elles ne sont pas seules, les Flamandes. Il y a aussi la *Dame patronnesse* qui a ses pauvres à elle, qui n'hésite pas à « rayer de ses listes une qui fréquente un socialiste », et qui se sert de la pauvreté des autres pour augmenter sa fortune au ciel. Impossible de ne pas reconnaître ceux « qui donnent aux pauvres mais prêtent à Dieu » étant bien entendu que « Dieu rend au centuple ce qu'on lui prête » ? Une commode assurance pour l'Éternité en quelque sorte. Autre portrait éclair, celui des *bigotes* dont le vocabulaire choisi et le rythme musical lui-même rend si bien la petitesse et la mesquinerie des personnages. Jamais ne furent mieux décrites et en si peu de lignes, ces « saintes femmes » qui se permettent de juger les autres et se révèlent incapables de charité quand elle n'est pas payée en retour. Relisez l'Évangile. Tous les pharisiens se ressemblent. Du coup, Jacques Brel a rompu avec la religion « bondieusarde » et l'orgueilleuse suffisance des « bons chrétiens » qui offrent de Jésus, une si décevante image. Ces *Flamandes, Bigotes, Dames*

« Le flic sacerdotal vous escorte comme un larbin du ciel. »

Patronnesses et autres grenouilles de bénitier peintes par lui avec le trait et les couleurs d'un Breughel (« *Dommage que le côté breughelien fasse, ces dernières années, un peu trop surface...* » regrettera l'abbé Dechamps) sont les héritiers d'une église médiévale et de ses serviteurs,

... bardés d'intolérance
pour chasser en apôtres d'autres intolérances
Car ils ont inventé la chasse aux Albigeois,
La chasse aux infidèles et la chasse à ceux-là...

Cette église, qui écarte la vie, qui enseigne que « l'amour est un péché », qui recommande aux bigotes de se préserver des garçons, qui trafique sur la mort, alors que se présente... *le flic sacerdotal*

Penché vers moi comme un larbin du ciel

qui fait baisser les yeux et vient s'interposer entre le regard de l'enfant et la beauté des choses, cette église, Brel l'a rejettée.

M.M. : Les Flamandes, *ces* Bigotes, *et autres voyageuses de bénitier, sont des personnages qui habillent des idées. Ne pensez-vous pas qu'il rejetait un culte, une idéologie, mais avait gardé la foi, du moins sous une certaine forme ?*

P.B. : Sans cesser de revendiquer pour les pauvres, les paumés, les opprimés, pour la justice qui est bafouée, pour l'honnêteté qui n'est jamais récompensée, contre l'indifférence et l'hypocrisie, Brel, dépassant la satire, en était venu à appeler un chat un chat, aussi rabelaisien que son ami Brassens, à fustiger, à se moquer, à violenter, ne fuyant pas la bonne gauloiserie quand, dans son imagination, fortement picturale et concrète, affluent des souvenirs de Breughel et de Jérôme Bosch. *Un Jérôme Bosch qui dessinerait dans les quotidiens* a-t-il un jour déclaré. « *Comme beaucoup de jeunes idéalistes* m'a écrit l'abbé Deschamp, déjà si souvent cité, *Jacques est passé par une période « mystique ». Peut-être a-t-il cru, à tort bien sûr, que l'église était composée de « purs ». Il a dû déchanter en voyant tant de chrétiens inconséquents. Il faut, en effet, une belle maturité chrétienne pour accepter que le chrétien soit un pécheur.* » Mais Brel lui-même s'en est expliqué, avec cette franchise non exempte d'une certaine brutalité qui formait le fond de son caractère : *Je ne crois pas en Dieu et je n'y croirai jamais.* Affirmation bien catégorique. La tentation du divin étant une des constantes du comportement humain dans l'histoire multimillénaire de la « diaspora » internationale des races. Ce qui n'est peut-être que l'envie qu'a tout être pensant, à un moment de sa vie, de s'en remettre à une idéologie. *Cette manière élégante de tricher* disait Brel. Il n'est pas nécessaire, en tout cas, d'attacher foi aux miracles de Lourdes, à la liquéfaction du sang de Saint-Janvier, ni même au mystère de l'Incarnation, pour — croyant ou non croyant — souscrire à l'appel du fraternel amour lancé par le Christ et que le Christianisme, dans son ensemble, a presque toujours trahi ! Pour Brel, Dieu, ce sont les hommes, et la mort un retour au néant. La boucle est bouclée quand « on redevient petit enfant dans le ventre de la terre ».

Une affaire entre Dieu et Brel

M.M. : Vous serez d'accord avec moi quand je prétends que la foi de quelqu'un reste un mystère. N'est-ce pas une affaire entre Dieu et Brel ?

P.B. : Le curé d'un petit village de l'Ariège, l'abbé Casy-Rivière, dédicataire de la pièce d'Henry de Montherlant *La ville dont le prince est un enfant*, familier de Claudel, de Mauriac, de Jean Guitton et vieil ami de Brel (ce « curé qu'il aimait bien, malgré qu'il ne soit pas du même bord, puisqu'il cherchait le même port ») a déclaré aussitôt qu'il apprit la mort du poète : *Je me suis réfugié en Dieu puisqu'il n'y a plus d'autre chose à faire. J'ai célébré la messe pour Jacques Brel que j'aimais, que j'aime, pour que le Seigneur le reçoive dans la joie. Un seigneur en qui, je peux en témoigner comme prêtre et comme ami, il a cru sans l'avouer toute sa vie. Il ne croyait certes pas aux choses de l'église, mais il se savait enfant de Dieu.* Un jour, en montrant l'autel, Jacques Brel lui avait dit : *Je ne crois pas à ce que tu vas faire sur ton « truc ». Ce que je sais, c'est qu'il faut que tu y fasses quelque chose, que les prêtres doivent célébrer la messe, comme les autres font l'amour.* C'est magnifique n'est-ce-pas ?

M.M. : Brel a toujours dit : Dieu n'est rien. *Croyez-vous que Brel fut quelque chose pour Dieu ? Je veux dire un chrétien ?*

P.B. : Finalement, par delà les lois qu'il récuse, établies par l'Église qui n'est, après tout, qu'une forme de gouvernement comme tant d'autres, Jacques Brel — plus hippy qu'abbé — nous apparaît en réalité, mieux qu'un authentique chrétien, pétri d'esprit évangélique pas seulement dans son œuvre mais — ce qui est plus important — dans les actes de sa vie quotidienne. Il sait ce que c'est que la richesse puisqu'il a passé sa jeunesse dans une famille aisée ; il sait ce que c'est que la pauvreté pour avoir été très démuni au temps de ses débuts à Paris. A la vérité, s'il a gagné beaucoup — beaucoup moins qu'on ne le croit — il a aussi distribué beaucoup — beaucoup plus qu'on ne le sait... en cachette. Il n'a jamais eu le sens bourgeois de la propriété. *L'homme le plus riche du monde ne peut manger qu'un steack par repas* disait-il. Et, avec son gros rire, il bouffonnait : *qu'on soit dans une Alfa-Roméo ou dans une 2 chevaux, on est toujours assis sur ses fesses !* Toujours cette générosité éperdue ! Il avait peur d'être « bouffé par l'argent » alors il le distribuait autour de lui. Il a « prêté » à l'un et à l'autre et tant de galas auxquels il a offert bénévolement son concours, car ce n'est pas que dans ses chansons qu'il avait le sens profond de l'humain. Mais de cela, de sa générosité inépuisable, il ne parlait jamais et n'aimait pas qu'on en parle. *Je n'appelle pas ça générosité* m'a-t-il un jour vertement répliqué, mettant les choses au point. *Mais nous sommes trop souvent égoïstes. Certaines choses m'empêchent de dormir tranquille.* Oui, si Dieu existe, il le considère comme l'un des siens.

« Mais vieillir, ah ! vieillir !
Et qu'y a-t-il derrière la porte ? »

M.M. : D'après vous, Brel serait donc un personnage de l'Évangile transplanté dans notre époque ?

P.B. : Pourquoi pas ? En empruntant, en tout cas, les voies de saint François, le tendre vagabond de Toscane plutôt que celles d'Ignace de Loyola. Une foi démystifiée, une foi sans église avec tout ce que représente d'insolite et d'ambigu, l'irruption d'une telle manière d'être à l'ère de l'audiovisuel, l'ère des ordinateurs, des robots conditionnés par l'électronique où le *playback* a remplacé la spontanéité, les leçons sur la sexualité, la tendresse, et quand la préférence est donnée au miracle d'un voyage interplanétaire plutôt qu'à celui de la multiplication des pains.

LA VIEILLESSE

M.M. : En définitive, comme il l'a dit lui-même, la seule crainte de Brel, était de devenir un vieux *chanteur ?*

P.B. : Absolument ! La vieillesse est la pire des morts car elle entraîne une lente dégradation de l'être tout entier : c'est une agonie qui n'en finit plus. Les vieux ont honte de leur état, on les voit : ...*« Traverser le présent en s'excusant déjà de n'être pas plus loin » ; Les vieux* ou les bigotes qui toute leur vie ... cimetièrent à petit pas... pour mourir : ... *« A petit feu, en petits tas... »*

Mourir de se dissoudre chantait-il
Mourir de se découdre
Mourir cela n'est rien
Mourir la belle affaire
Mais vieillir ah vieillir !

C'est à Charles Aznavour qui, par amicale plaisanterie, le traitait un jour de « déserteur », qu'il avait répliqué avec une pointe d'amertume : *je ne veux pas devenir un vieux chanteur.* Vieillir, malgré les encouragements et les consolations que depuis le commencement des siècles on a voulu leur apporter, reste l'effroi de la majorité des humains, et ni la sagesse déployée par les philosophes, ni la science accumulée des médecins n'ont encore réussi à détourner notre chemin d'un si horrible épouvantail.

Mourir la belle affaire
Mais vieillir, ah vieillir !

chantait Jacques Brel et il avait raison. Si « la vie ne fait pas de cadeau », la mort, du moins, l'a exaucé. Il a disparu avant le temps des abandons, l'heure du renoncement. Il ne donnera pas le spectacle de sa décrépitude. Nous vieillissons. Il ne vieillira pas, restant dans le souvenir de tous, ce jeune homme de quarante-neuf ans qui aimait tant la vie. La mort seule éternise la jeunesse.

Une obsession

M.M. : Un vrai « sage » n'aurait pas peur de vieillir, qu'en pensez-vous ?

P.B. : Cette faiblesse le rend plus proche de nous encore.
Pitié même pour les « bigotes » :

Puis elles meurent à petit pas
A petit feu, en petit tas
Les bigotes...

Révolte blasphématoire dans *Le Dernier Repos*

Et puis je veux encore
Lancer des pierres au ciel
En criant « Dieu est mort »
Une dernière fois

Reflux crispé vers la vie, quand parlant à sa propre mort il lui crie :

J'arrive
mais qu'est-ce que j'aurais bien aimé rester encore un peu

Résignation aussi parfois *(Les Vieux)* :

Les vieux ne meurent pas ils s'endorment un jour et dorment trop longtemps
Ils se tiennent la main ils ont peur de se perdre et se perdent pourtant
Et l'autre reste là, le meilleur ou le pire, le doux ou le sévère
Cela n'importe pas, celui des deux qui reste se retrouve en enfer.

Angoisse personnelle :

Mourir de faire le pitre
Pour dérider le désert
Mourir face au cancer
Pour satisfaire l'arbitre...

Quoi qu'il en soit, dans la lignée des premiers jazzmen, la mort est une grande fête :

...*« J'veux qu'on rie, j'veux qu'on danse*
Quand c'est qu'on me mettra dans le trou »

(*le Moribond*).

M.M. : Pendant des années, on retrouve dans les chansons de Brel, une obsession : l'échec à la mort. Estimez-vous que cette obsession provient de la non-reconnaissance d'un « au-delà » ?

P.B. : L'existence ou l'absence d'un au-delà est un problème qui, de son propre aveu, n'a jamais préoccupé Jacques Brel.

Mais qu'y a-t-il derrière la porte
Et qui m'attend déjà
Ange ou démon qu'importe

(*La Mort*).

Sans doute avait-il horreur de la mort, lui qui aimait tellement la vie mais il ne la redoutait pas.

LA MORT

M.M. : A votre avis, peut-on aimer vivre et ne pas redouter la mort ? La nature n'aime pas ce déséquilibre !

P.B. : *La vie ça ne sert à rien mais c'est passionnant* avait-il coutume de répéter, sachant fort bien que tout ce qui est vivant, naît, grandit et meurt. Dans les chansons comme dans la vie. *Mourir est le seul acte naturel* a-t-il un jour déclaré. *Être bien portant est une maladie honteuse.* La mort n'est-elle pas la réalité biologique ultime ? Une lumière qui s'éteint. L'aboutissement logique et inévitable de la vie. Dès le moment où nous sommes sortis du ventre de notre mère, nous avons commencé à mourir. Pourquoi, dès lors, concevoir la nécessité qu'il y ait quelque chose après la mort puisqu'il n'y a rien eu avant la naissance, la vie n'étant, en quelque sorte, qu'un bout de couloir étroit entre deux portes donnant sur le néant. Le sentiment religieux augmente les craintes. L'athéisme au contraire les diminue. L'un fait tout craindre, l'autre supprime les angoisses autres que purement physiques, notre propre mort n'existant pas du moment que nous ne saurons jamais que nous sommes morts et que ne saurait exister un événement dont on n'a pas conscience.

M.M. : Mais avant d'être mort, il y a mourir !

P.B. : Mais avant d'être mort, il y a mourir, c'est exact ! C'est cela seulement qu'il nous faut redouter. Partir, le grand arrachement et la grande frousse. « Quiconque meurt, meurt à douleur » même si, grâce aux progrès accomplis par la médecine depuis Villon, ce n'est plus toujours aujourd'hui exact ;

Et dans l'odeur des fleurs
Qui bientôt s'éteindra
Je sais que j'aurai peur
Une dernière fois...

chante Jacques Brel dans *Le dernier repas*. La mort, comme son ami Georges Brassens qui, après avoir écrit son testament, a voulu y ajouter un codicille pour demander à être enterré au cimetière de Sète, Jacques Brel l'a évoquée souvent dans sa conversation et dans ses chansons. Il s'en était expliqué un jour publiquement. *Tout va s'arrêter, ce n'est pas important de vivre* disait-il, *ça ne sert à rien, à personne, pas même à soi. Alors je parle de la mort. C'est la justice, la vraie justice. Si je l'utilise dans mes chansons, c'est parce que c'est l'idée la plus absurde qui soit accessible à tout le monde. La théorie ondulatoire, c'est sûrement étonnant, mais qui connaît ? La mort est bien plus étonnante encore et tout le monde connaît. Mais la mort, moi je m'en fous. Je m'en contrefous...*

Humain, trop humain !

M.M. : Dans ses chansons pourtant, on dirait qu'il a voulu passer en revue les sentiments classiques.

P.B. : Parce que la mort n'est pas « la » limite de la vie, c'en est seulement la dernière. Comme disait Guynemer, chaque homme a ses limites et il doit les dépasser. La mort c'est la vie qui nous fait mourir à petit feu.

...La mort m'attend comme une vieille fille
Pour mieux pleurer le temps qui passe...

On ne meurt pas brusquement, mais un peu chaque jour, à partir du moment où on a perdu l'espérance.

...J'arrive mais j'ai jamais rien fait d'autre,
Qu'arriver...
(J'arrive).

Dans *Le tango funèbre* il s'insurge contre toute la mascarade qui entoure le mourant. Entre deux larmes forcées, les faux amis et la famille indifférente ont le toupet de lui demander :

... De ne plus trousser les filles
... Et de crier vive le roi

M.M. : Quelle image Jacques Brel a-t-il laissée à l'homme de la rue ?

P.B. : Lorsqu'au printemps de 1976, les éditions Solar m'ont demandé d'écrire une biographie de Jacques Brel, mon premier soin a été de me rendre à Bruxelles. Dans toutes les villes du monde, les meilleurs initiateurs aux mœurs et à la vie secrète d'un pays, ce sont les chauffeurs de taxis. C'est fou, ce qu'ils peuvent en savoir des choses, les chauffeurs de taxis ! Mais je dois dire qu'à Bruxelles, ils sont particulièrement cordiaux et bavards. Et lorsque je lançais alors, comme sans y penser, le nom de Jacques Brel, tout un flot d'anecdotes jaillissait aussitôt. Brel, quelle belle histoire, dans un pays comme la Belgique où les distinctions sociales dépendent, plus que partout ailleurs, de la fortune, que celle de ce riche qui ne voulait pas être riche et qui, s'étant une première fois sauvé, ayant tout quitté, partit au loin, afin de gagner sa vie comme un pauvre. Le prestige des « îles » aidant, les choses se corsaient, prenaient un tour plus romanesque. On ne pouvait s'empêcher de faire le rapprochement avec ces saints, issus de familles patriciennes qui, prononçant les vœux d'humilité et de pauvreté, s'en allaient de l'autre côté des mers, soigner les lépreux ! Il n'a même pas manqué aux récits exemplaires, que j'entendais, la note de scepticisme. Car à tout Jésus correspond son saint Thomas : « Tout ça c'est du bluff, de la publicité m'assurait un automédon albinos à la bonne bouille semée de taches de rousseur. « Jacques Brel, vous savez pas où il est ? Il est à Las Vegas qui joue à la roulette dans les casinos avec Line Renaud ! » (*sic*). Ou encore : « Il a insulté les Flamandes » glapissait sur de terribles intonations une vieille dame au parapluie, croisée avenue Louise, notre avenue Foch, promenant un teckel fatigué. Éloignée de quelques pas, elle s'était retournée et frappant le sol de son parapluie, avait lancé encore : « Il a mal barlé de Dieu ! » Mais d'ordinaire, ce ne sont que des : *je l'adore !, C'est le plus grand !, les vieux ? Je ne peux pas l'entendre, savez-vous, cette chanson sans avoir envie de pleurer, il est unique ! Le Plat Pays, c'est aussi beau que la Marseillaise ! (! ! !) Le mec, il en avait ras-le-bol du show business, alors, il s'est tiré. Nous on est d'accord ! Vous n'avez pas son pareil en France, même pas Brassens !* s'écrie comme pour me clouer le bec, à l'ombre imposante et gothique de Saint-Gudule, la cathédrale, cette étudiante, occupée à dévorer à pleines dents un énorme sandwich. Un peu plus loin, comme je vais franchir la grande porte vitrée de l'immeuble du *Soir*, quelqu'un, que j'interroge par hasard, et qui se trouve, m'assure-t-il, connaître notre chanteur depuis plus de trente ans, me confie *sotto voce : C'est une tête de cochon. Je connais des Flamingants qui sont prêts à lui faire la peau...* » et, aussitôt, il corrige en criant presque : *...Mais un cœur d'or, un cœur d'or !*

FLAMAND, BELGE OU FRANÇAIS ?

M.M. : Après sa mort, une Belge francophone déplorera que Brel ne soit pas resté en Belgique : Quand on a quelque chose de bien, on n'en prend pas soin ; il a dû partir en France pour s'améliorer *dira-t-elle. Était-il de culture belge, française, ou flamande ?*

P.B. : Cette question amène plusieurs réponses. Laissez-moi d'abord vous rapporter une anecdote : Grâce à Monsieur Pierre Brel et à Madame Jacques Brel, j'ai pu entrer en contact avec les anciens professeurs de Jacques, ses condisciples, ses amis d'adolescence et de jeunesse. Et c'est au cours d'une visite à l'institut Saint-Louis, le collège de garçons le plus huppé de Bruxelles, que je devais apprendre de la bouche même d'un des directeurs, l'origine de l'incompatibilité entre Jacques Brel et quelques-uns de ses compatriotes. Mes enquêtes à travers la ville m'en avaient apporté l'écho, me rappelant que Bruxelles n'est ni en dehors ni au dedans de la Flandre, mais, capitale d'un royaume créé il y a cent cinquante ans, le creuset où devraient se fondre et où trop souvent s'affrontent deux ethnies.

Le sens du comique

Alors qu'il n'était encore qu'un élève médiocre de l'institut Saint-Louis, il y avait une heure de classe entre toutes que Jacques Brel ne pouvait pas souffrir, celle dont était chargé monsieur Termote, professeur de néerlandais. Il avait pris l'habitude, dès que monsieur Termote commençait son cours, d'élever devant lui un rempart au moyen de ses livres et, derrière ce rempart, ne cessait pendant tout le cours de dessiner, choisissant ses modèles suivant l'inspiration du moment mais avec une préférence marquée pour la tête du magister. Il possédait le sens du détail comique, et ses caricatures, souvent très ressemblantes, faisaient pouffer de rire ses camarades. Si bien que monsieur Termote prit vite, lui aussi, l'habitude d'ordonner avec son impayable accent : *Prel, brenez fos hardes et voudez-moi le gamp !* Et Brel s'en allait sans réclamer son reste. A la longue, il n'attendait même plus, paraît-il, d'être mis à la porte et lorsqu'entrait monsieur Termote, ayant rassemblé ses livres et ses cahiers, il levait aussitôt le doigt : *Monsieur, je peux m'en aller ?*
Bien qu'à présent majoritaires en Belgique, devait m'expliquer Jacques Brel *les Flamands ont gardé un complexe d'infériorité. Ils ont tellement empoisonné mon enfance avec leurs histoires et ils ont tellement continué à m'empoisonner depuis que je chante, qu'un beau jour, n'y tenant plus, je leur ai balancé mon :* « Vive les Belgiens. Et merde pour les Flamingants ! » *Les Flamingants étant ceux qui veulent imposer à tout prix la langue et la culture flamandes à la Belgique entière !*

Menaces de mort

C'est à partir de ce moment-là que le feu a vraiment pris aux poudres, que des menaces de mort commencèrent à arriver, presque quotidiennement, dans le courrier du chanteur ou dans celui des directeurs des établissements où il se produisait. En octobre 1966, au moment même où son récital d'adieu s'achevant dans les larmes, les ovations et les fleurs lancées par des admiratrices éperdues, deux mille parisiens l'acclamaient frénétiquement sur la scène de l'Olympia de Paris, un inconnu déposait un paquet à son nom entre les mains du gardien de l'entrée des artistes. Quelle ne fut pas la stupeur de notre chanteur, en défaisant le paquet, d'y découvrir un petit cercueil en carton accompagné d'une note manuscrite rédigée en flamand dont voici la traduction :
Monsieur,

J'ai lu dans les journaux que vous avez décidé de venir chanter à Bruxelles, malgré l'avertissement du « Mouvement Populaire Flamand ». Je vous avertis que, à mon grand regret, vous avez été condamné à mort par le « Conseil Secret du Lion Flamand ». L'objet qui accompagne cette lettre doit vous donner une idée de votre future demeure en Belgique.

Et c'était signé : *le Lion Flamand.*
On ne saura jamais s'il s'agissait là de l'œuvre d'un mauvais plaisant, d'un déséquilibré, ou si « quelques éléments incontrôlés », comme on dit, de l'association qui s'intitulait « Armée de Libération Flamande », avaient eu vraiment l'intention de faire peur à Jacques Brel. Pas plus d'ailleurs que l'interdiction, les menaces, ni le « cadeau », ne devaient l'empêcher de dormir. *Voilà des gens que personne ne comprend et qui veulent obliger l'univers à parler leur langage. A la poste de Knokke-le-Zoute, on ne peut pas remplir les formulaires en français. En flamand il faut les écrire. Bien sûr, il y a une culture flamande : Verhaeren, Ghelderode... Personne ne le saurait s'ils n'avaient pas écrit en français. Tu connais, toi, un pays qui a deux cultures et qui n'en veut plus qu'une* avait-il déclaré à Jean Durieux. Il est généralement admis que cet antagonisme entre une des deux communautés et Jacques Brel avait commencé par une poussée de fièvre nationaliste, au moment de sa création des *Flamandes* cette chanson où ses compatriotes étaient décrites, sur un rythme de polka endiablée, en des termes tellement dépourvus d'aménité qu'ils avaient suscité une véritable levée de boucliers de la part des citoyens plus épris, sans doute, de confort moral que de poésie.

Contentieux avec les Flamands

Pareille mésaventure était déjà advenue à un autre poète, belge flamand d'expression française, Émile Verhaeren, à propos d'un de ses premiers recueils intitulé justement, lui aussi, *Les Flamandes* et auquel on reprochait de n'avoir voulu voir les filles de son pays qu'à travers les peintures de Jordaens. Est-ce possible que nos amis de par delà la Lys, demeurent à ce point réfractaires à cette forme de comique que l'on appelle l'ironie ? *La Parisienne* d'Henri Becque, bien plus diffamatoire, fait partie du répertoire de la Comédie française, théâtre national, et l'on ne sache pas que les Marseillais se soient fâchés des innombrables traits attribués à Marius et à Olive. Ils ont, au contraire, été les premiers à en rire et à en inventer de nouveaux. Ceci pour expliquer son « contentieux » avec « certains Flamands ». Pour répondre maintenant précisé-

Royaume créé
il y a cent cinquante ans,
creuset où devraient se fondre
et où, trop souvent,
s'affrontent deux ethnies.

ment à votre question, je dirais que si la littérature française doit beaucoup à la Belgique, la littérature belge, en tant que telle, n'existe pas. On a tort de croire qu'il peut s'agir d'un produit national comme le *Witloof* ou la *gueuze lambic.* Belge à cent pour cent, Jacques Brel, qui écrit comme peint Breughel, n'en est pas moins un poète français et il est même en passe de devenir un poète français classique (celui qu'on étudie en classe) puisque les éditions Bordas ont récemment publié, pour les élèves des classes de cinquième, un manuel intitulé *Lire*, dont l'auteur, monsieur Pierre Descazaux, offre, pour la première fois dans l'enseignement secondaire, à l'attention des lycéens, un poème tiré d'une chanson.

Une langue d'homme

M.M. : Une question encore. Si le jeune Brel, à l'institut Saint-Louis avait été un bon élève en classe de néerlandais, aurions-nous connu le même Brel ? Brel aurait-il pu s'exprimer en dehors du français, construire la même œuvre ?

P.B. : On a l'impression, quand on étudie son œuvre, que Jacques Brel doit beaucoup à la Flandre et que s'il a choisi de s'exprimer en français, d'être un « Fransquillon » (1), ou encore un « Flamand géographique » ainsi qu'affectent de le traiter avec un certain mépris les flamingants inconditionnels, si même il ne parle que très incorrectement une langue qu'il s'est refusé d'apprendre de la bouche de monsieur Termote, il n'en est pas moins pétri de « flamanditude ». Ce qui l'exaspérait, c'était le côté absurde de certaines situations de son pays, les contraintes linguistiques, les mesquines querelles entre Flamands et Wallons, l'imbécilité de certains extrémistes et de certains politiciens qui défiguraient l'image du « plat pays qui est le mien ».

Et je vous interdis d'obliger nos enfants
qui ne vous ont rien fait
A aboyer flamand... chantait-il.

Cela dit, à l'époque où il était enfant, le flamand ou plutôt le néerlandais, n'était en effet pas assez riche pour permettre d'exprimer une pensée. Tout du moins l'a-t-il déclaré, précisant que, de ce fait, même si depuis la langue s'est peu à peu formée, et a évolué, à l'époque, le problème du choix entre les deux cultures, entre les deux langues, ne s'était donc pas posé pour lui. Il en aimait le ton guttural, cette étrange musique qui déferle avec des roulements, mais lui reprochait d'être une langue d'homme, qui, contrairement au français, ne convient pas à une belle femme.

M.M. : Vous m'avez dit, Brel est un poète français, mais d'autres disent, Brel est belge, Brel est flamand, flamand à deux cents pour cent, a affirmé de son côté un auteur flamand. Qui a raison ?

P.B. : Les brumes, les embruns, les ciels bas, le vent, le sable, les canaux, les champs de blé et les beffrois carillonnants construisent le décor de la plupart de ses histoires. C'est en Belgique qu'il a voulu tourner ses deux films. En rejoignant son enfance dans son œuvre c'est la Flandre qu'il a naturellement retrouvée. Liesse et ripaille. Aimer, danser, boire et chanter. On boit beaucoup chez Brel. On s'y soûle, on s'y étreint, depuis *l'Ivrogne* jusqu'à La *Bière* en passant par *Jef.* On mange aussi, on « bouffe », on « baffre », s'empiffrant jusqu'à l'apoplexie. Goinfrerie épique, cuisine plantureuse, appétits épanouis... La fête est omniprésente. Même *Le Moribond,* sur le rythme endiablé d'une f-ete paienne réclame qu'on danse à son enterrement :

J'veux qu'on rie, j'veux qu'on danse
J'veux qu'on s'amuse comme des fous...

Cela aussi, c'est très flamand. On chante, on danse mais au cœur des réjouissances, comme dans l'antique danse macabre, où un squelette grimaçant, un mort au ventre ouvert, entraîne les hommes et les femmes dans une ronde infernale, se dissimule l'angoisse de la mort. Et c'est parce qu'en lui sont réunies, unies, confondues deux ethnies, la vitalité flamande et l'anticonformisme wallon scellés ensemble par l'énergie, l'obstination, l'optimisme des deux races (sans compter l'apport espagnol, héritage des siècles d'occupation de jadis : un côté mystique et absolutiste qu'il a toujours revendiqué) que suivant l'expression dont se sert l'abbé Deschamps, Jacques Brel est « un Belge cent pour cent, un vrai Flamand *d'expression française, attaché à la Flandre par toutes les fibres de son être* ». Et je finirai en vous disant qu'il y a des écrivains belges qui écrivent en français et d'autres écrivains belges qui ont choisi le néerlandais. Mais lorsqu'on écrit en français — qu'on le fasse à Namur, à Bordeaux, à Lausanne, à Montréal ou à Dakar — on appartient à la Littérature Française. La carte d'identité d'une œuvre n'a rien à voir avec le lieu de naissance ou même le passeport administratif de son auteur. La nationalité d'un écrivain, c'est la langue qu'il emploie qui la lui donne. Qui aurait l'outrecuidance de prétendre que Beckett, par exemple, est un écrivain irlandais, Jean Moreas (Papadiamantopoulos) un écrivain grec, Guillaume Apollinaire (Wilhelm de Kostrowitsky) un écrivain polonais ou Ionesco un écrivain roumain ?

Jacques Brel
Le Plat Pays
1

Jacques Brel
La Chanson des Vieux
2
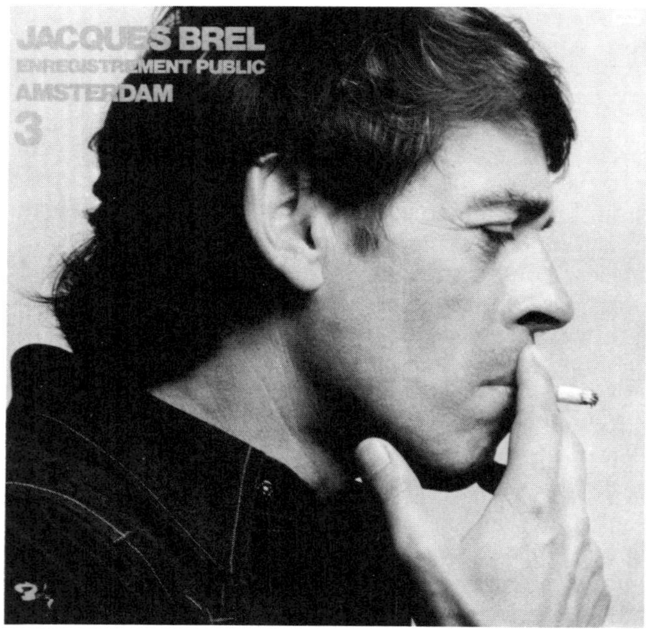
JACQUES BREL
ENREGISTREMENT PUBLIC
AMSTERDAM
3

JACQUES BREL
VESOUL
4

JACQUES BREL
La Fanette
5

Jacques Brel
Les vieux
6

Jacques Brel
Ces gens là
7

JACQUES BREL
NE ME QUITTE PAS
8

Discographie

PHILIPS

DISQUES 45 TOURS

1re série : Ça va (le diable) ● Grand Jacques ● La Haine ● Sur la plage. *Orchestre André Grassi.* PHI 432.018 BE

2e série : Il nous faut regarder ● Il peut pleuvoir. *Orchestre André Grassi* ● La Bastille. *Orchestre André Popp* ● Qu'avons-nous fait bonnes gens ? ● Les Pieds dans le ruisseau ● S'il te faut. *Orchestre Michel Legrand.* PHI 432.043 BE

3e série : Les Blés ● Dites, si c'était vrai (poème) ● Prière païenne ● Quand on n'a que l'amour ● Saint-Pierre. *Orchestre André Popp.* PHI 432.126 BE

4e série : L'Air de la bêtise ● La Bourrée du célibataire ● Heureux ● Pardons. *Orchestre André Popp.* PHI 432.260 BE

5e série : Demain l'on se marie (la chanson des fiancés). *Orchestre André Popp* ● L'Homme dans la cité ● La lumière jaillira ● Voici. *Orchestre François Rauber.* PHI 432.260 BE

6e série : Au printemps ● Je ne sais pas *(avec les chœurs « La joie au village »)* ● L'Aventure ● Voir. *Orchestre François Rauber.* PHI 432.326 BE

7e série : Les Dames patronnesses ● Ne me quitte pas ● La Tendresse ● La Valse à mille temps. *Orchestre François Rauber.* PHI 432.371 BE

8e série : La Colombe ● Les Flamandes ● Isabelle ● Seul. *Orchestre François Rauber.* PHI 432.425 BE

9e série : Dors ma mie. *Orchestre André Popp* ● Litanies pour un retour ● Ne me quitte pas ● Seul. *Orchestre François Rauber.* PHI 432.517 BE

10e série : L'Ivrogne ● Le Moribond ● On n'oublie rien. *Orchestre François Rauber.* PHI 432.518 BE

11e série : Clara ● Marieke ● Les Prénoms de Paris ● Le Prochain Amour. *Orchestre François Rauber.* PHI 432.531 BE

12e série : Les Bourgeois ● Madeleine ● Les Paumés du petit matin ● Les Singes ● *Enregistrement public à l'Olympia. Avec aux deux pianos : François Rauber et Gérard Jouannest. A l'accordéon : Jean Corti. Orchestre sous la direction de Daniel Janin.* PHI 432.766 BE

DISQUES 33 TOURS

1955 - La Haine (Jacques Brel) ● 1955 - Grand Jacques (Jacques Brel) ● 1955 - Il pleut (Les Carreaux) (Jacques Brel/G. Powell) ● 1955 - Ça va (Le diable) (Jacques Brel) ● 1955 - C'est comme ça (Jacques Brel). *Orchestre André Grassi* ● 1955 - Il peut pleuvoir (Jacques Brel/G. Powell) ● 1955 - Le Fou du roi (Jacques Brel). *Orchestre André Grassi* ● 1955 - Sur la place (Jacques Brel). *Orchestre François Rauber* ● 1955 - S'il te faut (Jacques Brel) ● 1955 - La Bastille (Jacques Brel). *Orchestre Michel Legrand* ● 1956 - Prière païenne (Jacques Brel). *Orchestre André Popp.* PHI 6325.202

1957 - L'Air de la bêtise (Jacques Brel). *Orchestre François Rauber* ● 1955 - Qu'avons-nous fait, bonnes gens ? (Jacques Brel). *Orchestre Michel Legrand* ● 1957 - Pardons (J. Vigouroux/Jacques Brel) ● 1956 - Saint Pierre (Jacques Brel). *Orchestre André Popp* ● 1955 - Les Pieds dans le ruisseau (Jacques Brel). *Orchestre Michel Legrand* ● 1956 - Quand on n'a que l'amour (Jacques Brel). *Orchestre François Rauber* ● 1957 - J'en appelle (Jacques Brel) ● 1957 - La Bourrée du célibataire (Jacques Brel) ● 1957 - Heureux (Jacques Brel) ● Les Blés (Jacques Brel) ● 1958 - Demain l'on se marie (la chanson des fiancés - Jacques Brel). *Orchestre André Popp.* PHI 6325.203

1958 - Au printemps (Jacques Brel) ● 1958 - Je ne sais pas (Jacques Brel). *Orchestre François Rauber* ● 1958 - Dors ma mie, bonsoir (F. Rauber/Jacques Brel) ● 1958 - Dites, si c'était vrai (Poème Jacques Brel) ● 1958 - Le Colonel (Wagenheim/Jacques Brel). *Orchestre André Popp* ● 1958 - L'Homme dans la cité (Jacques Brel). *Orchestre François Rauber* ● 1958 - La lumière jaillira (F. Rauber/Jacques Brel). *Orchestre André Popp* ● 1959 - Seul (Jacques Brel) ● 1959 - Les Dames patronnesses (Jacques Brel) ● 1959 - La Mort (Jacques Brel). *Orchestre François Rauber.* PHI 6325.204

1959 - La Valse à mille temps (Jacques Brel) ● 1959 - Je t'aime (F. Rauber/Jacques Brel) ● 1959 - Ne me quitte pas (Jacques Brel) ● 1959 - Isabelle (F. Rauber/Jacques Brel) ● 1959 - La Tendresse (Jacques Brel) ● 1959 - La Colombe (Jacques Brel). *Orchestre François Rauber* ● 1959 - Les Flamandes (Jacques Brel) ● 1961 - L'Ivrogne (F. Rauber/G. Jouannest/Jacques Brel) ● 1961 - Marieke (G. Jouannest/Jacques Brel) ● 1961 - Le Moribond (Jacques Brel) ● 1961 - Le Prochain Amour (G. Jouannest/Jacques Brel) ● 1961 - Vivre debout (F. Rauber/Jacques Brel) - *A la guitare B. Rosso - Orchestre François Rauber.* PHI 6325.205

1961 - Les Prénoms de Paris (G. Jouannest/Jacques Brel) ● 1961 - Clara (Jacques Brel) ● 1961 - On n'oublie rien (G. Jouannest/Jacques Brel) ● 1961 - Les Singes (Jacques Brel). *Orchestre François Rauber* ● 1958 - Voir (Jacques Brel) ● 1958 - l'Aventure (Jacques Brel). *Orchestre François Rauber et les chœurs « La joie au village »* ● 1962 - Madeleine (Jacques Brel/J. Corti/G. Jouannest) ● Les Biches (Jacques Brel/G. Jouannest) ● 1962 - Les Paumés du petit matin (Jacques Brel/F. Rauber) ● 1962 - Zangra (Jacques Brel) ● 1962 - La Statue (Jacques Brel/F. Rauber) ● 1962 - Les Bourgeois (Jacques Brel/J. Corti) ● *Enregistrement public à l'Olympia. Avec aux deux pianos : François Rauber et Gérard Jouannest. A l'accordéon : Jean Corti. Orchestre sous la direction de Daniel Janin.* PHI 6325.206

COFFRETS

« Chansons de 1954 à 1962 »
La Haine ● Grand Jacques ● Il pleut (Les carreaux) ● Ça va (le diable) ● Il nous faut regarder ● C'est comme ça ● Il peut pleuvoir ● Le Fou du roi ● Sur la place ● S'il te faut ● La Bastille ● Prière païenne ● L'Air de la bêtise ● Qu'avons-nous fait bonnes gens ? ● Pardons ● Saint Pierre ● Les Pieds dans le ruisseau ● Quand on n'a que l'amour ● J'en appelle ● La Bourrée du célibataire ●Heureux ● Les Blés ● Demain l'on se marie (la chanson des fiancés) ● Au printemps ● Je ne sais pas ● Dors ma mie ● Dites, si c'était vrai ● Le Colonel ● L'Homme dans la cité ● La Lumière jaillira ● Voici ● Litanies pour un retour ● Seul ● La Dame patronnesse ● La Mort ● La Valse à mille temps ● Je t'aime ● Ne me quitte pas ● Isabelle ● La Tendresse ● La Colombe ● Les Flamandes ● L'Ivrogne ● Marieke ● Le Moribond ● Le Prochain Amour ● Vivre debout ● Les Prénoms de Paris ● Clara ● On n'oublie rien ● Les Singes ● Voir ● L'Aventure *(avec l'orchestre de François Rauber et les chœurs « La joie au village »)* ● Madeleine ● Les Biches ● Les Paumés du petit matin ● Zangra ● La Statue ● Les Bourgeois *(enregistrement public à l'Olympia).* PHI 6641.560

PRESSAGES ÉTRANGERS

Canada
Quand on n'a que l'amour ● Qu'avons-nous fait bonnes gens ? ● Les Pieds dans le ruisseau ● Pardons ● La Bourrée du célibataire ● Prière païenne ● L'Air de la bêtise ● Saint Pierre ● J'en appelle ● Heureux ● Les Blés *(poème)* ● Dites, si c'était vrai *(poème).* FL 205

La Valse à mille temps ● Seul ● Les Dames patronnesses ● Je t'aime ● Ne me quitte pas ● Les Flamandes ● Isabelle ● La Mort ● La Tendresse ● La Colombe. FL 249-Stereo FS 502

Ne me quitte pas ● Marieke ● Le Moribond ● Vivre debout ● On n'oublie rien ● Clara ● Le Prochain Amour ● L'Ivrogne ● Les Prénoms de Paris ● Les Singes ● Seul. FL 278-Stereo FS 526

Jacques Brel à l'Olympia (collection « Grandes Chansons ») ● Les Prénoms de Paris ● Les Bourgeois ● Les Paumés du petit matin ● Les Flamandes ● La Statue ● Zangra ● Marieke ● Les Biches ● Madeleine ● Les Singes ● L'Ivrogne ● La Valse à mille temps ● Ne me quitte pas ● Le Moribond ● Quand on n'a que l'amour. B. 77. 386 L

Japon
Jacques Brel à l'Olympia. Même couplage que le B. 77.386 L. SLF 7051

BARCLAY

DISQUES 45 TOURS

Ne me quitte pas ● Les Biches.	61676
Madeleine ● Rosa.	61837
Les Bourgeois ● Bruxelles.	61838
Le Plat Pays ● Les Bigotes.	61839
Les Vieux ● Mathilde.	61840
La Fanette ● Titine.	61841
Jef ● Au suivant.	61842
Les Bonbons *(1re version)* ● Ces gens-là.	61843
Amsterdam ● Jacky.	61844
La Chanson des vieux amants ● Les Bonbons *(2e version).*	61845
Vesoul ● La Bière.	61846
Le Moribond ● Quand on n'a que l'amour.	62023

DISQUES 33 TOURS

1962. Le Plat Pays
Les Bourgeois (Jacques Brel/J. Corti) ● Les Paumés du petit matin (Jacques Brel/F. Rauber) ● Zangra (Jacques Brel) ● Une île (Jacques Brel) ● Bruxelles (Jacques Brel/G. Jouannest) ● Chanson sans paroles (Jacques Brel/F. Rauber) ● Les Biches (Jacques Brel/G. Jouannest) ● Casse-pompon (Jacques Brel) ● La Statue (Jacques Brel/F. Rauber) ● Rosa (Jacques Brel) ● *Orchestre François Rauber.* BARCLAY 90.015

1966. Les Vieux
Les Bonbons (Jacques Brel) ● Les Vieux (Jacques Brel/G. Jouannest/J. Corti) ● La Parlotte (Jacques Brel/G. Jouannest/J. Corti) ● Le Dernier Repas (Jacques Brel) ● Titine (Jacques Brel/G. Jouannest/J. Corti) ● Au suivant (Jacques Brel) ● Les Toros (Jacques Brel/G. Jouannest/J. Corti) ● La Fanette (Jacques Brel) ● J'aimais (Jacques Brel/G. Jouannest/F. Rauber) ● Les Filles et les chiens (Jacques Brel/G. Jouannest) ● Les Bigotes (Jacques Brel) ● Les Fenêtres (Jacques Brel/G. Jouannest) ● *Orchestre François Rauber.* BARCLAY 90.020

1966. Ces gens-là
Ces Gens-là (Jacques Brel) ● Jef (Jacques Brel) ● Jacky (Jacques Brel/G. Jouannest) ● Les Bergers (Jacques Brel) ● Tango funèbre (Jacques Brel/G. Jouannest) ● Fernand (Jacques Brel/G. Jouannest) ● Mathilde (Jacques Brel/G. Jouannest) ● L'Age idiot (Jacques Brel) ● Grand-mère (Jacques Brel) ● Les Désespérés (Jacques Brel/G. Jouannest) ● *Orchestre François Rauber.* BARCLAY 90.021

1967. La Chanson des vieux amants
Mon enfance (Jacques Brel) ● Le Cheval (Jacques Brel/G. Jouannest) ● Mon père disait (Jacques Brel) ● La, la, la (Jacques Brel) ● Les Cœurs tendres (chansons du film « Un Idiot à Paris ») (Jacques Brel) ● Fils de... (Jacques Brel/G. Jouannest) ● Les Bonbons 67 (Jacques Brel) ● La Chanson des vieux amants (Jacques Brel/G. Jouannest) ● A jeun (Jacques Brel/G. Jouannest) ● Le Gaz (Jacques Brel/G. Jouannest) ● *Orchestre François Rauber.* BARCLAY 90.016

1967. Amsterdam *(enregistrement public)*
Amsterdam (Jacques Brel) ● Les Timides (Jacques Brel) ● Le Dernier Repas (Jacques Brel) ● Les Jardins du casino (Jacques Brel/G. Jouannest) ● Les Vieux (Jacques Brel/G. Jouannest/J. Corti) ● Les Bonbons (Jacques Brel) ● Au suivant (Jacques Brel) ● La Fanette (Jacques Brel) ● Les Bigotes (Jacques Brel) ● Les Filles et les chiens (Jacques Brel/G. Jouannest) ● *Orchestre François Rauber.* BARCLAY 90.017

1968. Vesoul
J'arrive (Jacques Brel/G. Jouannest) ● Vesoul (Jacques Brel/Marcel Azzola) ● L'Ostendaise (Jacques Brel/F. Rauber) ● Je suis un soir d'été (Jacques Brel) ● Regarde bien petit (Jacques Brel) ● Comment tuer l'amant de sa femme quand on a été comme moi élevé dans la tradition (Jacques Brel/G. Jouannest) ● L'Éclusier (Jacques Brel) ● Une Enfant (Jacques Brel/G. Jouannest) ● La Bière (Jacques Brel) ● *Orchestre François Rauber.* BARCLAY 90.018

1969. La Fanette
Mathilde (Jacques Brel/G. Jouannest) ● La Fanette (Jacques Brel) ● Jef (Jacques Brel) ● Titine (Jacques Brel/G. Jouannest/J. Corti) ● Rosa (Jacques Brel) ● Jacky (Jacques Brel/G. Jouannest) ● Fernand (Jacques Brel/G. Jouannest) ● Zangra (Jacques Brel) ● Madeleine (Jacques Brel/G. Jouannest/J. Corti). BARCLAY 90.019

1972. Ne me quitte pas
Ne me quitte pas (Jacques Brel) ● Marieke (Jacques Brel/G. Jouannest) ● On n'oublie rien (Jacques Brel/G. Jouannest) ● Les Flamandes (Jacques Brel) ● Les Prénoms de Paris (Jacques Brel/G. Jouannest) ● Quand on n'a que l'amour (Jacques Brel) ● Les Biches (Jacques Brel/G. Jouannest) ● Le Prochain Amour (Jacques Brel/G. Jouannest) ● Le Moribond (Jacques Brel) ● La Valse à mille temps (Jacques Brel) ● Je ne sais pas (Jacques Brel) ● *Orchestre François Rauber.* BARCLAY 90.022

1977
Jaurès (Jacques Brel) ● La ville s'endormait (Jacques Brel) ● Vieillir (Jacques Brel/G. Jouannest) ● Le Bon Dieu (Jacques Brel) ● Les f... (Jacques Brel/Joe Donato) ● Orly (Jacques Brel) ● Les Remparts de Varsovie (Jacques Brel) ● Voir un ami pleurer (Jacques Brel) ● Knokke-le-Zoute tango (Jacques Brel) ● Jojo (Jacques Brel) ● Le Lion (Jacques Brel) ● Les Marquises (Jacques Brel) ● *Arrangements et direction d'orchestre : François Rauber. Piano : Gérard Jouannest. Accordéon : Marcel Azzola.* BARCLAY 96.010

L'Homme de la Mancha
L'Homme de la Mancha ● Un animal ● Dulcinea ● Vraiment je ne pense qu'à lui ● Le Casque d'or de Mambrino ● Chacun sa Dulcinea ● Pourquoi fait-il toutes ces choses ● La Quête ● Sans amour ● Gloria Aldonza ● Le Chevalier aux miroirs ● La Mort. 80381
Musicassette : 4-80381

COFFRETS

Volume 1 - Le Plat Pays
Les Bourgeois ● Les Paumés du petit matin ● Le Plat Pays ● Zangra ● Une île ● Madeleine ● Bruxelles ● Chanson sans paroles ● Les Biches ● Casse-pompon ● La Statue ● Rosa.

Volume 2 - Les Bonbons
Les Bonbons ● Les Vieux ● La Parlote ● Le Dernier Repas ● Titine ● Au suivant ● Les Toros ● La Fanette ● J'aimais ● Les Filles et les chiens ● Les Bigotes ● Les Fenêtres.

Volume 3 - Jef
Ces Gens-là ● Jef ● Jacky ● Les Bergers ● Tango funèbre ● Fernand ● Mathilde ● L'Age idiot ● Grand-mère ● Les Désespérés.

Volume 4 - Les Bonbons 67
Mon enfance ● Le Cheval ● Mon père disait ● La la la ● Les Cœurs tendres (chanson du film « Un idiot à Paris » ● Fils de... ● Les Bonbons 67 ● La Chanson des vieux amants ● A jeun ● Le Gaz.

Volume 5 - Amsterdam
Amsterdam ● Les Timides ● Le Dernier Repas ● Les Jardins du casino ● Les Vieux ● Les Bonbons ● Au suivant ● La Fanette ● Les Bigotes ● Les Filles et les chiens ● Les Fenêtres.

Volume 6 - Vesoul
J'arrive ● Vesoul ● L'Ostendaise ● Je suis un soir d'été ● Regarde bien petit ● Comment tuer l'amant de sa femme quand on a été comme moi élevé dans la tradition ● L'Éclusier ● Un enfant ● La Bière.

Volume 7 - Ne me quitte pas
Ne me quitte pas ● Marieke ● On n'oublie rien ● Les Flamandes ● Les Prénoms de Paris ● Quand on n'a que l'amour ● Les Biches ● Le Prochain Amour ● Le Moribond ● La Valse à mille temps ● Je ne sais pas.
8002
Musicassette : 4-90081/86

PRESSAGES ÉTRANGERS

De nuttelozen van de nacht *(Les Paumés du petit matin)* ● Mijn vlakke land *(Le Plat Pays)* ● De burgerij *(Les Bourgeois)* ● Rosa.
BARCLAY 70.907

FILMOGRAPHIE

1967 Les Risques du métier (André Cayatte).

1968 La Bande à Bonnot (Philippe Fourastié).

1969 Mon oncle Benjamin (Édouard Molinaro).

1970 Mont-Dragon (Jean Valère).

1971 Les Assassins de l'ordre (Marcel Carné).

1971 Frantz (Jacques Brel).

1972 L'aventure, c'est l'aventure (Claude Lelouch).

1972 Le Bar de la fourche (Alain Levent).

1973 Le Far West (Jacques Brel).

1973 L'Emmerdeur (Édouard Molinaro).

1976 Jacques Brel is alive and well and living in Paris (Denis Héroux).

BIBLIOGRAPHIE

Brel, poète d'aujourd'hui, Jean Clouzet, Seghers, 1964.

Profil d'une œuvre, Bruno Hongre et Paul Lidsky, Hatier, 1976.

Jacques Brel... une île au large de l'espoir, Jean-Yves Richard, éd. France Québec.

Jacques Brel, seul mais réconcilié, François Pierre, éd. Foyer Notre Dame.

Jacques Brel is alive and well and living in Paris, Eric Blau, éd. Dutton.

Remerciements

L'auteur réaffirme ici son sentiment de gratitude à tous ceux qui l'ont aidé dans la longue et difficile élaboration de ce livre.

Parmi les personnes dont la collaboration a été précieuse, l'auteur remercie particulièrement M. Pierre Barlatier qui, par sa gentillesse et son concours providentiel, a permis en grande partie la réalisation de cet ouvrage.

Il remercie également pour leur concours Mme Danièle Heymann, et MM. Alain Bosquet, Renaud Matignon, Dominique Jamet, Jean-François Kahn, Didier Decoin et Louis Nucera, qui l'ont autorisé à utiliser les hommages à Jacques Brel qu'ils avaient publiés dans leurs journaux respectifs. Il remercie également les directeurs de ces publications pour avoir donné leur accord.

Il remercie Mmes Battistelli et Arnold de Radio-France ; Mmes Janine Delerue et Jacqueline Bourgoin des archives de *France-Soir ;* Mme Chantal Blondeau des archives de *l'Express ;* M. Christian Bugat des archives de *Paris-Match ;* MM. Pierre Sberro et Alain Marouani des éditions Barclay ; M. Marcel-Yves Poirot, M. l'abbé Deschamp, M. Pierre Brel pour sa gentillesse, M. Jacques Chancel pour sa participation à l'ouvrage ; et M. Charley Marouani, grâce auquel nous avons obtenu certaines autorisations de publier.

L'iconographie, rassemblée par l'auteur, est constituée de documents provenant des agences de presse suivantes : Asa-Presse — Agence Bernand — Agence Sipa — Agence Angeli — Agence Parimage — Agence Gamma — Agence Agip — Agence Valentin — Agence Rapho — Agence Fotogram - Agence Sygma — Archives *France-Soir* — Archives *Paris-Match* — Archives *l'Express* — Altas Photo — Magnum.

Un grand nombre de documents iconographiques proviennent des archives de MM. Marini, Jean Guyaux, Alain Marouani (dans le cadre des Éditions Barclay, avec spécialement celles de M. Jean-Pierre Leloir, en pages 100 et 103), André Bernard, Martin Monestier.

Certaines photographies sont dues à des photographes anonymes et de nombreuses autres à MM. Manuel Bidermanas, Garoffalo, Jean-Claude Deutch, Gibey, Damane, Gérard Gery, Patrice Habans, François Gragnon, Lefebvre, Maurice Vermerch, Michel Decamps, Jean-Paul Vandenhouten.